如何成为终身学习者

—— 基于学习和身份的启示

邱德峰 于泽元 ◎ 著

本书获得重庆市教育科学『十三五』规划2019年度重点有经费课题『建设学习大国的内涵、标准与路径研究：基于学习者身份的视角』（2019-GX-004）的资助。

西南师范大学出版社
国家一级出版社 全国百佳图书出版单位

图书在版编目(CIP)数据

如何成为终身学习者：基于学习和身份的启示 /邱德峰，于泽元著. —— 重庆：西南师范大学出版社，2021.4

ISBN 978-7-5697-0357-3

Ⅰ. ①如… Ⅱ. ①邱… ②于… Ⅲ. ①学校教育－教学研究－中小学 Ⅳ. ①G632.0

中国版本图书馆 CIP 数据核字(2020)第 150477 号

如何成为终身学习者——基于学习和身份的启示

RUHE CHENGWEI ZHONGSHEN XUEXIZHE——JIYU XUEXI HE SHENFEN DE QISHI

邱德峰　于泽元　著

责任编辑：张　丽
书籍设计：岜品视觉 CASTALY　周　娟　何欢欢
排　　版：杜霖森
出版发行：西南师范大学出版社
　　　　　地址：重庆市北碚区天生路 2 号
　　　　　网址：http://www.xscbs.com
　　　　　邮编：400715
　　　　　市场营销部电话：023－68868624
印　　刷：重庆市国丰印务有限责任公司
成品尺寸：170mm×240mm
印　　张：11.25
字　　数：245 千字
版　　次：2021 年 4 月　第 1 版
印　　次：2021 年 4 月　第 1 次印刷
书　　号：ISBN 978-7-5697-0357-3
定　　价：58.00 元

前　言

　　21 世纪是终身学习的时代,学习型社会(the learning society)已然成为全人类共同的发展理念及价值追求。建构学习型社会不仅是当今世界的一种社会趋势,也是进入知识经济时代世界各国的必然选择。① 早在 20 世纪 60 年代,学习型社会的理念就已经进入人们的眼帘,1968 年美国著名教育家赫钦斯在《学习型社会》一书中提出了"学习型社会"的理念,他认为学习型社会是一种以学习、自我实现、个性发展为目标的社会。1972 年在联合国教科文组织(UNESCO)发布的《学会生存——教育世界的今天和明天》报告中提到教育和社会的关系正在发生变化,反映这一变化的概念我们称之为"学习型社会"。② 1991 年美国政府提出了教育发展的"四大战略",其中"把美国变成人人学习之国"和"把社区变成大课堂"就蕴含了终身学习和建构学习型社会的发展理念。我国作为发展中国家,也迅速地融入创建学习型社会的潮流之中。2012 年党的十八大报告提出,努力办好人民满意的教育,完善终身教育体系,建设学习型社会。③ 2017 年党的十九大报告再次强调,要优先发展教育事业,办好继续教育,加快建设学习型社会,大力提高国民素质。④ 由此可见,构建学习型社会不仅是教育宏伟蓝图的重要组成部分,更是国家发展的重大战略支撑。可以说,终身学习的学习型社会必将成为未来社会的主要标志。

　　在学习型社会的脉络下,学习不是一种个体性的行为,而是全民性的活动,即在学习型社会中人人都是学习者。从身份的角度而言,学习者身份将是终身学习时代人们最为主要和显著的身份图像。然而,构建学习型社会并不是一蹴而就的,而是一项极具系统性、复杂性和前瞻性的浩瀚工程。它不仅需要外界环境的创设(如加大对学习基础设施的建设和投资,为终身学习创造外部条件),更需要人们拥有一个坚固稳定的身份作为内在支撑。然而在我们当前的教育中,并没有哪种身份能够促使终身学习美好愿景的达成。任何活动都需要一种身份,主体在世,必然是通过具体的身份来确定、展示并规范自我。⑤ 对于个体的学习活动而言,学习者身份也是个体从事任何类型学习活动的身份需

　　① 科学发展观丛书编委会.建设学习型社会[M].北京:党建读物出版社,2012:1.
　　② 联合国教科文组织国际教育发展委员会.学会生存——教育世界的今天和明天[M].华东师范大学比较教育研究所,译.北京:教育科学出版社,1996:199.
　　③ 本书编写组.十八大报告辅导读本[M].北京:人民出版社,2012:35.
　　④ 《党的十九大报告辅导读本》编写组.党的十九大报告辅导读本[M].北京:人民出版社,2017:45.
　　⑤ 文一著.身份:自我的符号化[J].山东社会科学,2017(08):61—66.

求,这种需求在终身学习的情境下尤为明显。学习者身份不仅是一种文化符号,还是对行为与意义的表征,更是学习型社会的重要标志与产物。拥有清晰稳固的学习者身份的个体能够坚定地认同自己是一名学习者,并自主地、持续不断地从事学习活动,对自身的学习行为负责,这一特征与终身学习的发展理念甚为契合。

此外,从教学与学习的关系来看,长期以来,教师教学和学生学习被看作学校教育最为基本的表现形态。教师的职责在于向学生传递知识、技能,学生的任务在于掌握和加工教师所教授的内容。这种思想有其历史根源,东汉著名学者班固在《白虎通·三教》中所言"教者效也,上为之,下效之"。运用到教育中可以理解为教师教什么,学生就效仿什么,教师教的内容即为学生学习的内容,教师和学生之间是"上教"与"下效"的关系,教师教学是学生学习最为关键的源头。基于此理念,以教师发展促进学生学习自然成为一种默认的改革逻辑。因此,人们习惯于把重点放在教师"教"上面,"应该教什么知识,应该如何去教"成为人们普遍关注的问题,与学生学习最为直接的问题则被巧妙地回避了,甚至可以说是被漠视了。事实上,教师的教和学生的学之间并不存在一种线性的对应关系,换言之,教师教学水平的提升并不一定能够促进学生的学习和发展。与此同时,这种单向的发展思维其实还隐藏着一个隐患,即教师教学替代了学生学习,教师取代了学生对学习的理解和关于事物意义的建构。然而,意义的建构需要个体自身的行动和参与,需要个体在所面临的情境中通过互动发展出一套解释的步骤,[①]这个过程是他人无法替代的。换言之,教师的教学无法替代学生的学习。联合国教科文组织也早已呼吁:"我们今天应把重点放在教育与学习过程的'自学'原则上,而不是放在传统教育学的教学原则上。"[②]

众所周知,学习是发生于生命有机体中的任何导向持久性能力改变的过程,[③]这种改变的载体正是作为学习者的个体本身,这就意味着任何学习都离不开学习者自身的参与,学生不是单纯的知识的接受者,而是自身意义的炼制者、信息的加工者、内容的创造者。只有学习者本人在场的情况下才能学习,而学习者也只有借助掌握的手段才能实现学习,例如,学习需要学习者具备一定的学习动机,需要学习者具有一定的情感参与,需要学习者具有一定的前期经验或知识基础,等等。言下之意,学习者本身才是学习最为核心的关键因素,教师只是学生学习的协助者和促进者,教师的作用在于帮助学生建立学习和自身的关联(如建立学习材料与已有知识结构的联系,激发学生的学习动机,提供适当的学习支持,引导学生自主学习等),以及理解意义的建构过程。那么,学生如何自主学习,如何自发主动地参与到学习活动当中,如何将学习视为一种本能的行为习惯。

---

① 于泽元,田慧生.让教师走上充满意义的课程改革旅程[J].教育研究,2008(10):47—52.

② 联合国教科文组织国际教育发展委员会.学会生存——教育世界的今天和明天[M].华东师范大学比较教育研究所,译.北京:教育科学出版社,1996:201.

③ 克努兹·伊列雷斯.我们如何学习:全视角学习理论[M].孙玫璐,译.北京:教育科学出版社,2014:12.

对于教师而言,最关键的就是要促使自身已有认知观的转变,即真正地意识到学生不仅是教育对象以及未成熟的个体,更是具有一定学习经验和无限潜能的自主学习者,教师应该将学习的自主权归还给学生,促使学生学习者身份的形成。当学生认同并获得了学习者的身份之后,学生在学习过程中会更加积极主动,能够自主地进行学习并克服各种困难和迎接各种挑战,同时也能更加深刻地感受学习的意义和自身的关联。

尤其是在当前科技日新月异的发展变革下,学生的学习方式及学习场域都已发生了深刻的变革。已有大量的研究表明,学习已并非以依靠教师教学为唯一形式,也包括自主学习、计算机辅助学习、个性化学习等。学习也并不仅仅是指发生在学校教育机构中的学习,也包括生活中的学习、工作场所中的学习等,非正式学习(informal learning)的提出也旨在说明这一问题。科学技术的革新极大地拓展了学习的多种可能,例如,移动学习(mobile learning)。移动学习是借助移动技术和移动设备,使学习者能在任何时间、任何地点,以任何方式学习任何内容的一种新型学习方式。[①] 学生可以使用电脑、智能手机等移动设备,在教室、博物馆、家中、道路上等校内外一切场所搜集资料,获取信息。又如,"跨界学习"(crossover in learning),即跨越不同领域边界的学习,糅合了正式学习与非正式学习、线上学习与线下面对面授课、课堂教学与信息技术的多维度边界,覆盖了不同学科、不同场所、不同社会文化的学习。[②] 再如,定制学习(customization in learning),即借由互联网技术的支持,针对个体学习者特定的学习需求、学习基础、学习风格以及文化背景而提供一系列有针对性的教学方法和技术支持服务。尤其随着人工智能技术的介入,出现了大量智能化的工具、机器,其在一定程度上扮演了教师角色。随着机器智能逐渐走向成熟,传统的教师将面临着巨大的挑战,教师的角色逐渐被弱化,在人工智能的帮助下,学生甚至可以在教师完全不在场的情况下自主地从事学习活动。可以说,学生学习方式和学习场域的剧烈变革已是不争的事实,而在此背景下,学生显然已不再符合传统的学生意涵,变成了更具开放性和包容性的学习者。传统的学生身份是一种短暂性的、情境性的身份,与当前的学习方式、学习情境在匹配度上有着一定的错位。因此,学习方式和场域的变革需要一种新的身份,一种开放的、可持续发展的、能够与新的学习方式相适应的身份,即学习者的身份。学习方式和学习场域的变革直接推动了学生身份向学习者身份的转变,既丰富了身份的多样性,又扩大了学习的无限可能。

基于此,我们认为,为了更好地应对未来终身学习社会的挑战,教育作为一种有目的、有计划、有组织的培养人的活动,应该积极着手对学生自主学习和终身学习能力的培养,充分挖掘学生自身的学习潜能,让其成为自身学习的真正主人。欲要实现此愿景,归根结底就是让学生成为一名学习者,建构学生作为学习者的身份。

---

① 刘静波.微学习:面向未来的学习方式[N].中国教师报,2012-10-10(014).
② 张韵."互联网+"时代的新型学习方式[J].中国电化教育,2017(01):50—57.

　　本书试图揭示如何促进"学生"向"学习者"转变,以及建构学生学习者身份的过程。要探究这一问题的答案,获得对这一过程的理解,首先要明白为什么要促使"学生"向"学习者"转变,"学生"向"学习者"转变的依据是什么,明白了这一问题之后才能寻找促进"学生"向"学习者"转变,建构学生作为学习者的身份的策略或路径。这一问题是建立在对"学生"、"学习者"以及"学习者身份"等基本概念的理解基础之上。知道了概念的内涵和所代表的意义,促进符号转化才具有意义。因此,本书的写作逻辑实际上可以转化为对五个问题的探究与回答,这五个问题是一脉相承、层层递进的逻辑关系。

　　首先,本书第一章主要是对"学习者身份是什么和有何价值?"等问题的回答。要回答学习者身份是什么,即对学习者身份的概念意涵的分析,首先要对学习和身份两个基本概念进行分析。学习是个体所从事的一种活动,一种既发生在认知领域,又发生在意义建构领域的持续性活动。丹麦著名教育家克努兹·伊列雷斯基于对众多学习理论的研究,从全视角学习理论进行分析,认为对任何学习都可以从互动和获得两个过程以及内容、动机和互动三个维度进行理解。身份表明了个体是谁,是一种文化符号,既用来区别自我与他人,也用来界定自我。身份一词仅仅镶嵌在个体所从事的活动中,由活动来界定,如教师身份由教学活动来界定,医生身份由医疗活动来界定。简言之,从事什么样的活动,个体便获得了什么样的身份。由此可知,学习者身份是由学习活动所决定的。学习是学习者所从事的活动,身份是学习者学习获得的结果,所以,学习者身份是学习和身份相遇后的产物。学习者身份的概念意涵也是在对学习和身份内涵分析的基础上而加以理解的。明晰了学习者身份的概念意涵之后,这一理论概念在教育层面有何价值,也是本研究需要进一步解释说明的。

　　其次,本书的第二章主要是回答为什么要促使"学生"向"学习者"转变,即回答"建构学生作为学习者身份的立论依据是什么?"的问题。众所周知,在社会文化学视角下,"学生"和"学习者"是两种不同的文化符号,因此,每种符号所具有的媒介作用和所代表的意义也就有所不同,这种不同会直接导致个体在行为表现上具有差异,进而影响个体的认知和意义的获得,更重要的是会影响到个体的认同感和信念。既然"学生"和"学习者"是两种不同的文化符号,那么到底哪一种符号才更加契合人们口中常说的"学生"个体呢?本研究认为学习者的概念术语更具有契合性,因此要促进"学生"向"学习者"转变,建构学生学习者的身份。这一命题的立论依据至少可以从三个方面获得理解:一是从词源学上对"学生"和"学习者"两个概念术语进行了区分,这个层面的区分是最直接和最本质的,既说明了概念的由来,又解释了概念之间的不同。二是以学习空间和学习情境的现代性变革为背景对二者的不同进行了分析,这一分析是基于个体所处的时空脉络和情境来加以理解的。"人在打铁中成为铁匠"很好地诠释了学习互动与"学习者"之间的关系。三是从未来学校教育哲学的转向视角进行了阐释。这个层面是从教育、学校、教师、学习等概念的哲学思考来加以分析的,教育的目的、教育的意义是什么? 学校的作用有哪些?

教师的角色如何,教师与学生是怎样一种关系? 学习的意义到底是什么? 对这些基本问题的思考直接关系到人们口中的学生究竟应该是"学生"还是"学习者",哪种身份更加适合。

再次,本书第三章主要围绕学习者身份理论模型问题展开探究,即从理论层面回答"学习者身份如何作为一种理论概念发挥其符号媒介的作用"。要回答这一问题就需要对学习者身份的理论维度及其基本结构要素进行分析和提炼。理论维度包括三个方面:一是个体与社会维度,二是时间和空间维度,三是稳定与变革维度。这是进行身份研究最基本的维度,任何身份均可以参照此维度进行分析。学习者身份的基本结构要素是理论模式建构的基础,学习者身份基本结构要素分析的基础依然是从基本的学习理论和身份理论中寻找原料,学习理论采用的也是伊列雷斯的全视角学习理论。身份理论所提供的基本结构要素是基于身份本身的基础属性以及温格所提出的身份与实践的关系,最终总结出可作为学习者身份的基本结构要素。在理解了学习者身份的基本结构要素之后,进一步对各基本结构要素之间的关系进行了解释和说明,以及厘清了各基本结构要素和学习者身份这一整体概念之间是怎样一种关系,在此基础上才建构起学习者身份的理论模型。

然后,本书第四章主要从实践层面探究个体在学习者身份各结构要素上的表现,以及在实践中个体是如何由"学生身份"向"学习者身份"转变的。本研究遵循目的性、抽样的基本原则,选取了四名不同背景的大学生作为研究对象,通过对四名大学生叙事资料的分析,以及结合第三章所建立的学习者身份理论模型的分析架构,了解个体从"学生身份"向"学习者身份"的实践转变过程以及可能的影响因素。影响因素分为五个层面,由近及远、由具体到宏观分别是个人层面、教师层面、同侪层面、学校层面以及社会层面,系统地分析了在学生向学习者的转变过程中,个体可能遭遇的阻碍和影响。

最后,本书第五章主要围绕"如何建构学生作为学习者的身份"这一问题而展开,即探究促进学生向学习者转变,建构学生作为学习者身份的可行策略或路径。策略的提出不仅顾及了第四章中提到的学生、教师、同侪、学校及社会等五大影响因素,更是深入课程、教学、学习、评估等具体过程当中,使得策略更加系统化、具体化和体系化。

第一章　什么是学习者身份

第二章　学生作为学习者身份的立论依据

第三章　学生作为学习者身份的理论模型

第四章　学生作为学习者身份的实践转向

第五章　学生作为学习者身份的培养

第一章　什么是学习者身份

　　法国著名生物学家弗朗索瓦·雅各布(François Jacob,1988)曾有这样一句饶有趣味的名言:"人是一台学习的机器。"现今看来,这句话颇具深意,其深刻地揭示和反映出了当前诸多不良的教育现状和问题。现实中教师经常会遇到这样的问题:"学生为了记住一个单词,需要几遍、几十遍地抄写,为了弄懂一个词语/短语,不惜反反复复地背诵默写,为了了解一个公式,他们往往要花上几个小时甚至更多的时间,然而遗憾的是他们始终未能真正理解其中之意。"教师经常也会有这样的抱怨:"为什么已经教了无数遍,学生还是不会?"日内瓦大学某实验得出这样一些数据:在法国,30%的理科高中毕业生一年后不知道把 DNA 与遗传疾病或遗传特征联系起来,60%的人不知道原子、分子和细胞各自的特点,80%的人无法描述太阳在天空的运行轨迹,90%的人辨别不出主要的星星,100%的人不会画欧洲地图。[①] 这种现象在我们周围也是屡见不鲜,比比皆是。这就不得不使人深省:"学习到底意味着什么? 学习对于学生自身究竟有何意义?"

　　视线再转移到我们当前的教学实践层面,现如今教师的教学成了人们关注的重点,五花八门的教学法、教学模式更是数不胜数,教师发展的议题也受到了前所未有的关注,所有这些举措都希冀通过教师能力的提升来促进学生的发展。然而,对学生学习问题的研究,对学生主体性的关注却被淡漠了,甚至被巧妙地回避了。这又不禁使人追问,教师的发展、教学质量的提升就一定能够改变学生的学习吗? 事实上,教师的"教"和学生的"学"之间并不存在一种直接的对应关系。[②] 联合国教科文组织、经济合作与发展组织(简称经合组织,OECD)也多次呼吁,21 世纪的关键能力是学习能力,教育应回归以"学习"为研究核心,把学习权交给学习者,提倡学校教育背景下学生学习权的回归。那么既然如此,教师在学生的学习中扮演了什么样的角色? 作为学习者的学生又是如何回应其自身学习的? 我们认为,学习者身份(learner identity)能够对上述问题做出有效的回应。为此,需要先探明两个问题:其一,学习者身份究竟是什么? 其二,学习者身份具有怎样的教育价值潜能?

第一节　学习和身份的相遇

　　如果从概念的起源来看,学习和身份是两个并不相交的概念。学习有三种含义:一是指发生在个体身上的心智过程;二是指发生在个体身上的学习过程的结果;三是指个

①　安德烈·焦尔当.学习的本质[M].杭零,译.上海:华东师范大学出版社,2015:1—2.
②　邱德峰,李子建.学习者身份的意涵及教育价值探析[J].国家教育行政学院学报,2018(08):86—94.

体与学习材料以及社会环境之间的互动过程。"学习"一词可以被应用于方方面面。身份最初主要是用来表示一种状态、位置或角色的概念，在政治学、社会学中应用比较广泛，身份被引入教育领域仅是近三十年来的事。随着社会文化的不断发展，人们对于学习和身份的研究也不断深入，越来越多的现象或事物都可以被囊括在学习或身份的意涵之中，学习和身份被赋予了多元化意义，而且这种现象还会随着人类的进步出现新的变化。在当前人类文明发展阶段，学习和身份的相遇是怎样一种图景，二者相遇后会产生怎样的变化和影响？这些都是值得我们当下去思考和关注的。

一、对教育的再认知

（一）什么是教育

教育是一个逐渐开放、包容和多元化的概念。从这个层面来理解，自人类文明诞生之日起，教育就以某种特定形态存在于人类的进步和发展之中，在人类社会发展如此迅速的今天，教育更是起到了难以估量的推动作用。既然教育的价值如此之重，那么究竟什么是教育？在人类文明的历史长河中，无数的哲学家、思想家、教育家或者其他个体都谈到了教育。我国古代的伟大先哲孟子较早就提到"得天下英才而教育之"的人生境界，东汉学者许慎的《说文解字》中也解释道："教，上所施下所效也。""育，养子使作善也。"教育作为一种与人发展相关的术语从古一直延续至今。当前社会，人人都在谈教育，似乎都可以对教育发表自己的看法和理解，那么他们所指的"教育"究竟是什么，是指同一个意思吗？如果说要给教育一个明确清晰的定义，这当然也是可行的，但是一定不是唯一的，因为任何定义都是基于特定时期的特定理解，总是不可避免地体现出历史的合理性和现实局限性的矛盾。昨天之于今天是历史，今天之于明天也将成为过去，我们对今天的认识只能是对当下及过去事物的概括或反映，无法准确地定义到未来的世界，这是历史发展的普遍规律之所在。例如，捷克伟大教育家夸美纽斯的教育观或许在那个时代具有显著的时代引领性，但在今天看来也少不了历史局限性的矛盾。

尽管我们对教育的确切概念暂未获得广泛共识，但这并不意味着教育陷入了不可知论的逻辑，相反，当前人们对教育的理解比以往任何时刻都更加接近教育的本质及核心。至少我们有足够的理由去相信，不论到什么时候，对教育的恰当说明都要在合理的多元主义与彻底的相对主义之间寻找出路。[①] 同时，我们也能更加清晰地认识到教育与"学习""教学""学校教育""人的发展"等概念有着显著的关系。当前，有两种关于教育的理解颇具代表性：一是将教育作为传递人类文明的一种方式或活动，例如以某种正式或非

---

① 戴维·卡尔.教育的意义[M].徐悟,译.北京:中国人民大学出版社,2015:3.

正式的形式对人类已有的生活经验(包括知识、技能等)、道德、社会风俗、规范、价值观等的传递和传承;二是将教育作为一种培养人的活动,而这种培养人的活动在很大程度上具有一种目的导向性的特征。其实,以上两种理解也只是视角上的差异,其在本质上似乎并无多大的不同。不过,随着当前人们更加关注自身的存在和发展,以及越来越将教育与学校组织形式紧密地联系在一起,把教育看作一种有目的的、专门培养人的活动似乎更适合当下的社会发展现状和水平。

基于人类自身的立场,人是教育或受教育的主体。我们可以发现,所有的关于教育的讨论均关涉人的生存和发展的命题。杜威认为,一切教育都是通过个体参与人类的社会意识而进行的,这个过程几乎在个体出生时就无意识地开始了。它不断地发展个人的能力,熏染他的意识,形成他的习惯,锻炼他的思想,并激发他的情绪和情感。教育引领受教育者,使之具有理性的接受能力、价值观与美德,以确保他们(归属人身份)的地位。教育是一种促进人生命健全发展的活动,是一种意涵"生命在场""意义""自由""尊重""创造"的活动。[①]

(二)教育目的

教育目的是教育工作的出发点,也是教育工作的归宿,对教育制度的建立、教育内容的确定、教学方法的选择以及教育质量的评价等起着制约作用。在不同时期,教育目的有不同的内涵及表述。早在16世纪,夸美纽斯就肯定了教育在社会发展和个人发展中的重大作用。他认为教育的直接目的是为现实的人生服务,培养具有"学问、德行和虔信"的人。[②] 夸美纽斯理解的教育目的有两个维度:一种是终极维度,另一种是当下或现实维度。不过,自此以后,关于教育目的的讨论多倾向于后者,即对当下教育目的的讨论。

关于教育目的,陈桂生教授也对此进行了多番思考和论证,他认为教育目的有"应然"和"实然"之分,"应然"的教育目的即教育目的应该是什么样子,"实然"的教育目的即实际的教育目的是什么样子的。例如,在我国,"应然"的教育目的应该是指德智体美劳全面发展,不过在实际当中,人们可能并不持有或忽略了这种教育目的。同时,教育目的还可以从以下两个维度来理解,这也是近代历史上两种主要教育目的取向:一是个人本位的教育目的的取向,如从裴斯泰洛齐、康德、赫尔巴特、福禄贝尔到斯宾塞,都倾向于关注"个人的自由发展"或"个体的全面发展";二是社会本位的教育目的的取向,如纳托普、凯兴斯泰纳、迪尔凯姆、杜威等,倾向于"实现个体的社会化"。这里需要提及的是,无论是个人本位的教育目的,还是社会本位的教育目的,二者之间不是非此即彼的关系,而是有很多的交集,例如,社会本位

---

① 于泽元.面向生命的教育[J].今日教育,2007(06):40—41.
② 夸美纽斯.大教学论[M].傅任敢,译.北京:人民教育出版社,1984:7—10.

的教育论者也会以实现个人发展作为对自己观点的辩护理由。此外,教育目的还可以从"外在"的教育目的和"内在"的教育目的两个层面来理解,"外在"的教育目的通常是根据一定国家或地区的一般情况与共同的教育价值观念做出的一般性的教育预想。而教师教育工作的目的属于"内在"的教育目的,可以被看作一种"实然"的教育目的。

当前,在经济浪潮的冲击下,教育目的出现了一定的异化,教育不再关注对人类社会经验、文明的传递,不再是以发展人类文明为前提从而帮助学生挖掘、发挥自己内在潜力的过程,也不再具有促进学生成长的意义,而是在很大程度上被狭隘地应用在训练学生的专门技能、技术和技艺等方面,以达到求职谋生的目的。不可否认,当前的教育(至少在很大程度上)已成为训练适合现代经济发展的专业技术人才的工具。当前社会中存在的"以文凭考试为教育目的""以升学就业为教育目的""以求职生存为教育目的"的现象比比皆是。尽管我们一再从各种层面宣称"教育的目的是促进学生的全面发展,让学生过上有意义的生活",但是在真实的教育实践当中,我们所真正认同的教育目的实际已经出现了偏差,变成了一再地追求教育所能够带来的效果,而非关注教育本身。学生发展实际上也成了某种教育利益相关者(包括学生本身)的工具,而不是出于对个体价值本身的考虑。那么,究竟什么是教育目的,相比其他各种理解,我更认同英国著名教育家约翰·怀特的理解,即教育的目的不应该只有一种,教育其实可以有多重目的。例如,教育目的是指让每个学生成为自主的个体,在道德允许的范围内自主做决定,自己选择自己想要的生活。又例如,教育目的在于把学生培养成为具有道德意识的个体,这种道德意识既体现在个人的人际交往活动中,也体现在个体作为社会公民、民族、国家乃至世界一分子的层面上。[①] 所以说,教育目的应该是多元化的诉求,基于不同的视角、立场或价值观,教育目的是有所不同的。

(三)教育的终极旨趣

教育目的是把受教育者培养成社会所需要的人的总要求。这个定义至少包含四个要义:一是教育目的关注的是人的规格;二是这个规格是先存于人脑之中的"观念";三是它是教育的出发点和归宿;四是它是由国家机关规定的,是国家和社会对人才的要求。[②] 既然教育目的是由国家规定的,那么不同的国家对于教育目的的认识和看法必然是不一致的。同理,教育目的是基于社会的需要而制订的,在不同社会形态及发展水平背景下,教育目的也必然是多元化的。杜威曾提到教育无目的论,认为教育除了它自身以外没有目的,教育的目的就是它自身。那么,这是否意味着教育真的没有目的,或者教育不存在共同视为核心

---

① 赵显通.再谈教育目的——约翰·怀特教授访谈录[J].高等教育研究,2016(02):1—5.
② 曹永国,韩绮君.人的终结和教育目的:后现代主义的现代意蕴[J].湖南师范大学教育科学学报,2006(01):5—10.

的东西？答案当然是否定的,尽管杜威提出了教育无目的论,但是他是基于这样一个前提,即"对个人本位和社会本位的教育目的二元对立弊端的批判",才提出了教育的目的即教育本身。值得提及的是,杜威最终还是滑向了社会本位的阵营。

随着后现代思潮的到来,所有的事物都可能处于被"解构"的危机,人是如此,教育目的亦是如此。后现代主义者认为,根本不存在什么普遍的、一般的、永恒不变的人性,也不存在什么人的核心本质。人只不过是虚构的,一个面具、一个角色、一个牺牲品、一个使人怀旧恋惜的肖像,人这个最近的产物,终将像画在沙滩上的画一样被抹去。[①] 而教育目的,它只不过是不同意识形态下的对人的描述和刻画,既然"人死了"(福柯等后现代主义者的结论),那么教育的目的自然就不存在了。以上观点看似说"人不存在了",教育目的也消亡了,但实际上恰恰相反,其是出于对人的存在及价值的思考而提出的。后现代主义毕竟终生都关心"人"以及"人的自由"。他们对人的消解并不是针对人自身,而是为了打破那种狂妄自大,将自己视为"上帝"之人的观念。他们所做的努力是将人从各种奴役和束缚中解放出来,打破束缚在人身上的各种枷锁,还原人的最真实最原本的面目。因此,从这个视角来理解,教育不是没有目的的,教育的目的恰恰是出于一种对人性的关怀,寻求人性的解放和自我的超越与实现。

我们常常能够听到这样一些意见:"教育的目的在于健全精神与健全身体""教育在使人的各项能力得到自然的、进步的与均衡的发展""一切教育努力的根本目的应该是帮助男女儿童尽其可能达到最高度的个人发展"等。这些都是在谈教育的目的,然而现代社会的教育实际上是一种违背了教育目的的教育。从上面的众多对教育目的的表述中我们不难发现,尽管各位前辈先哲对教育目的的表述不完全一致,但有一个相同点就是培养完整的人。教育并非是要制造学者、专家,寻找工作的人,而是要培养完整的个体。综上所述,夸美纽斯的思想时至今日也许更具有启示意义,即教育目的可以从当下的目的和永恒的目的来获得理解,如果说当下的教育目的在于适应社会的需要或者满足社会对人的各种需求,以及追求人在知识、技能、德行等方面的发展,那么教育的终极旨趣必然指向了对完整的人的追寻,充满了对个性的、充分的、自由的人的期待。

二、对学习的再认知

(一)源头:行为主义及其批判

通常,行为主义学习理论可追溯至桑代克等人的研究。桑代克(Thorndike,1874—1949)被认为是联结派学习理论的鼻祖,他提出了学习常常是通过尝试错误或借助选择

① 王金宝.后现代视角中的人的主体性及其困境[J].人文杂志,1997(04):23—27.

和联结而产生的,即现在所谓的"尝试错误学习"。学习在本质上是刺激与反应之间形成联结,即 S—R 之间的联结,这种联结是通过尝试与错误的过程而自动形成的,不需要以观念为中介。学校教育就在于让学生形成大量的刺激—反应联结,反复练习这些联结,并且奖励这些联结。著名的学习律(准备律、练习律和效果律)即可以视为他对学习规律的一种总结。随后,巴甫洛夫(Ivan Pavlov,1849—1936)提出了著名的经典条件反射学说,其基本原理是:一个中性刺激与一个原来就能引起某种反应的刺激相结合,而使动物学会对那个中性刺激做出反应。巴甫洛夫认为刺激从本质上可以分为两个类别:一是现实的具体的刺激,如声、热、味等刺激,称为第一信号,是人和动物共有的;二是现实的抽象刺激,即语言、符号、文字等,称为第二信号,是人类特有的。约翰·B. 华生(Watson,1878—1958)将经典性条件反射运用于学习领域并将其发展成为行为主义学习理论。他认为有机体的学习就是通过经典性条件作用的建立,从而形成刺激与反应之间联结的过程。华生坚信,有什么样的刺激,必定会产生什么样的反应,他否定遗传的作用,过分夸大环境和教育的作用,认为环境和教育是行为发展的条件。后来,斯金纳(B. F. Skinner,1904—1990)提出了著名的操作性条件反射理论,他认为学习是形成情境刺激与反应之间的联系或联结。学习是有机体在某种情境之中自发做出的某种行为,由于得到了强化而提高了该行为在此情境中的反应概率,从而获得行为经验的过程。

如果从具体的学习层面来理解,行为主义可以简单通俗地理解为:"在一个具体的环境刺激呈现之后,能够表现出一个恰当的反应,学习就算是发生了。"[①]例如,在纸上呈现一道"1+1=?"的数学题,如果学习者回答是"2",那么,学习就发生了。在这里,等式是刺激,而适当的回答是反应。从学习的结果来看,行为主义的效果是立竿见影的。不过,行为主义的局限也是非常明显的,这也引起了后来众多学者的批判。其中,最为突出的是行为主义简化了学习的过程,将复杂的学习过程视为一些简单的行为刺激之间的反应,从本质上来说,其未能区分人的学习和动物的学习本质上的不同。因此,行为主义只能简单地解释一些简单的、单一的学习活动,这种学习活动通常是机械的,无法揭示个体的学习意识性和能动性。行为主义不在乎学习者的知识结构或者评估哪一种心理过程对学习者运用知识来说是必不可少的,学习者被看成是对环境中的条件做出反应,而不是需要在环境中积极主动担负起责任的人。不仅如此,行为主义的局限还体现在其研究范式方面,以斯金纳的研究为例,其研究程序由图 1-1(费梅苹,2000)所示[②]。

---

① Ertmer PA,Newby TJ. 行为主义、认知主义和建构主义(上)——从教学设计的视角比较其关键特征[J]. 盛群力,译. 电化教育研究,2004(03):34—37.

② 费梅苹. 行为主义理论及其研究范式[J]. 华东理工大学学报(社会科学版),2000(04):61—65.

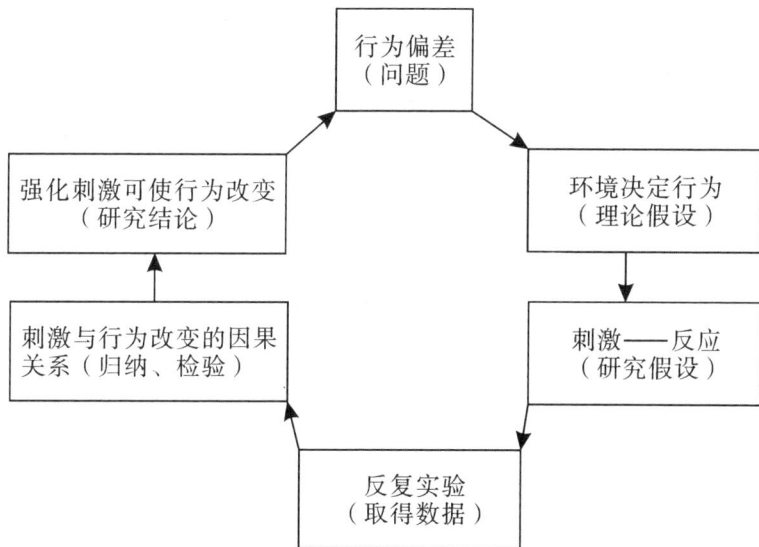

图 1-1　行为主义的研究程序

　　从上图可以看出,行为主义主要采用的是实证主义的研究方法,重在关注各因素的因果关系,技术性强。在研究立场方面,行为主义者保持着价值中立的立场,把行为者的行为、认知、主观世界等当作客观的研究对象来研究;在对行为的界定和判断方面,一定程度上主要是决于研究者的价值取向和理性角度,研究者本身并没有探讨和反思自身对研究对象所持的价值取向。那么,这种取向必然会导致一些问题,如当一个行为产生时,谁来界定这个行为的好坏?当对行为进行改变时,行为改变技术能否尊重人的意愿?行为主义学派注重行为改变技术的运用,其坚持实证主义的研究立场,强调价值中立,但忽视了对行为本身的理解。因此,在将行为主义学习理论应用到学习实践当中时,学生的主体性必然遭到了忽视,学生本身以及其学习的意义也极少被顾及和理解。

(二)过渡:认知主义及其反思

　　在行为主义受到猛烈批判之后,认知主义学习理论逐渐成为主流。早期的认知学习理论被称为"格式塔学习理论",其代表人物有韦特海默、苛勒、考夫卡等。例如苛勒在"黑猩猩摘香蕉"的实验当中发现,猩猩在遇到问题时,可能会预先审视一下周围的相关条件(例如周围的棍子),对行为成功的可能性存在一个大致的预估,当突然看到两个棍子连在一起与远处香蕉的关系时,它便产生了"顿悟",即意味着问题的解决。"顿悟"是突然察觉到解决问题的方法,它是通过学习者重新组织或重新建构有关事物的形式而实现的,这就意味着一个人的学习方式,通常是从混沌模糊的状态转变成为有意义的、有结构的状态,这种过程即所谓的知觉重组的过程。苛勒等人的"顿悟说"相对于以往的行为主义学习论来说,具有较大的进步,至少考虑到了学习过程中的意识性和能动性方面。

学习并不是形成局部的刺激—反应之间的联结,而是反映了整体联系与关系的认知结构,学习的过程是一种顿悟的过程而非试误的过程。

相对于早期的"格式塔学习理论",布鲁纳(J. S. Bruner)的发现更具有划时代的意义,布鲁纳在继承了皮亚杰认知—结构观点和发展阶段论的思想基础上,提出了著名的"认知—发现"说。他认为学习的过程是认知结构的调整、重组或改造,就学习经验而言,新经验本身如果是按照结构组织的,具有内在的逻辑性,那么就有助于儿童在学习过程中建立良好的认知结构或使已有的认知结构得到较好的改造,从而取得良好的学习效果。因此,他极力主张教育教学应该注重知识的结构性,在他看来,知识的结构是构成整个知识体系的框架,借由这个框架,与学科有关的许多概念、事实、数据等能够组成一个统一的可认识的领域。正如布鲁纳自己所言:"如果你理解了知识的结构,那么这种理解会使你独立前进;你无须为了知道各事物的属性而与每事每物打交道,只要通过对某些深奥原理的掌握,便有可能推断出所要知道的个别事物。"①此外,发现法也是布鲁纳思想的一个重要体现。他认为,学习是一个认识过程,如果认识者要使呈现在他面前的知识成为自己的,那么他必须亲自参与整个认识过程,亲自从事发现的行动。布鲁纳的"认知—发现"学习理论为教育改革提供了有力的支持和基础,它强调学习的主动性,强调学习者的独立思考与内在动机,强调学习的认知过程与认知结构的形成,比联结派的理论更能说明人类学习的特点。然而,这种学习理论也存在一定局限,其夸大了学生的学习能力,忽视了知识学习活动的特殊性,且并不是所有学习活动都适合采用发现法的学习模式。

为了克服布鲁纳"认知—发现"学习理论的局限,奥苏贝尔的有意义学习理论应运而生,与布鲁纳的发现法相反,奥苏贝尔认为学习应该是通过接受而发生,而不是通过发现。因此,他提出了"有意义接受学习"的主张,即学生将以定论形式呈现给自己的新的学习材料与其脑海中原有认知结构联系起来,通过理解所学材料的意义进而掌握新的学习材料,使新的学习材料与认知结构中已有的观念之间建立起实质性的非人为联系的一种学习方法。与布鲁纳自下而上的概括化学习过程不同,奥苏贝尔提出的是一种自上而下的同化过程,即学习者利用原来认知结构的已有观念与新知识建立实质的、非人为的联系,从而将新知识纳入原有的认知结构中的同化过程。为了能够更好地建立起与已有认知结构的联系,奥苏贝尔还提出了著名的"先行组织者"的概念,即它是一种具有普遍意义的背景观念材料或称之为引导性材料,能够促使学习者在已有的材料和需要学习的材料之间架起一道桥梁,建立二者之间的关联。奥苏贝尔的学习理论,澄清了长期以来对传统讲授教学与接受学习的偏见,以及对不同学习之间关系的混淆。"先行组织者"策略对改进课堂教学设计更具有重要的实用价值。不过,奥苏贝尔的学习理论也存在一定

① 杰罗姆·S. 布鲁纳. 教育过程再探[J]. 邵瑞珍,译. 教育研究,1979(01):61—66.

的局限:一是没有给予发现学习应有的重视,过于强调接受学习与讲授方法,虽然其被称为"有意义接受学习";二是偏重学生对知识的掌握,对学生能力的培养尤其是创造能力的培养不够重视。

总的来说,认知主义学习理论相对于以往的行为主义学习理论而言,其进步是非常明显的,其中最为显著的一点儿就是对于学习者的关注,无论是关注其认知结构的改变,还是关注学习材料对于学习者已有经验的意义,都离不开预先对学习者自身已有情况的考虑。不过它的局限也是明显的,这点儿从布鲁纳晚年的心理学研究转向也可看出。布鲁纳早期积极地参与了认知革命,不过后来又把目光从关注个体的认知结构转向了更为宏观的社会文化与社会互动领域,积极倡导以文化论为基础的心理学。他曾对自己的研究历程进行了回顾与反思:"30年后的现在回头来看,似乎觉得当时自己过于关注的研究领域是一种内在心灵中的独角戏,即个人的认知过程以及如何以合适的教学来促进这种过程。"①他还认为教育中的交往,应该是指向理解(意义),而不仅仅是对事实的呈现。心理的过程以及学习的过程更多地体现出了一种个体意义的建构。

(三)回归:建构主义及其发展

尽管行为主义学习理论和认知主义学习理论对学习理论的研究及学生学习的发展起到了巨大的推动作用,但是其理论本身存在一定的局限性,这是需要以客观的眼光去审视的。例如,认知主义者通常会持有以下理论假设:(1)思维存在于头脑中,而不是存在于人与环境的相互作用中;(2)学习和思维的过程对不同的人来说是相对一致的,某些情境比另一些更能促进人的更高级、更成熟的思维;(3)思维源于知识,相比于个人经验和先天能力的一般概念性能力,在正式教学环境下能够发展更多的技能。很明显,这些假说并不准确,至少建构主义并不接受这些观点,因为事实上思维发生在情境中,而认知作为一种功能,主要是个体通过环境中的经验建构起来的,建构主义的学习和发展观强调个体对学习的贡献。严格来说,建构主义并不算是一种学习理论,而是一种认识论,或是一种对于学习本质哲学层面的解释。但为了更好地与之前的理论观点对应,人们也习惯采用建构主义的称谓。建构主义强调个体与环境的互动在知识技能的获得与精炼中的作用,它与强调环境对人的影响的行为主义学习理论形成了明显的对立,也与经典的信息加工理论形成对照。建构主义的一个基本假设是把人看作主动的学习者,人必须为自己发展知识。同时,相对于把知识看成真理,建构主义更倾向于把知识当作主观的、个人的,是我们认知的产物。因此,一个人的建构只对他本人是有用的,对其他人却不一定,因为人们往往是基于自己的信念和情境中的经验形成知识。建构主义还有一个假

---

① 霍涌泉,宋佩佩,陈小普,等.试论布鲁纳晚年的心理学研究转向及其学术意义[J].心理学报,2017(03):416—426.

设,即教师不是以传统的集体传授教学的方式进行教学,而是组织情境使学生通过操作或进行社会互动从而主动参与内容学习。相对于"有意义传授式学习"而言,建构主义具有更多地发挥学生的主观能动性以及促使学生自主学习的潜能。

通常,人们倾向于将建构主义分为认知建构主义和社会建构主义,皮亚杰被视为认知建构主义的代表,而后者则以维果茨基为代表。在认知建构的学习理论中,皮亚杰认为人的发展依赖于四个因素:生物性成熟、有关物理环境的经验、有关社会环境的经验、平衡(化)。皮亚杰对平衡进行了特别的解释,他认为平衡是指认知发展中的一个核心因素和动机力量,它能够将前三个因素协调起来,使内部心理结构与外部环境现实相互一致。为了达到平衡,皮亚杰提出了两个重要的概念:同化和顺应。同化是指将外部现实纳入个体已有认知结构的过程,在此过程中个体的认知结构不需要进行调整;而顺应是个体通过调整已有的认知结构,从而将外部现实纳入认知图式当中。同化和顺应是相辅相成的过程,当现实被同化的时候,结构才得以顺应。由此可见,皮亚杰倾向于从个体的认知层面解释学习行为,他尽管也提到了相关物理或社会环境的因素,但是在对经验的认知加工方面,仍旧是站在个体认知或心智活动的层面。相反,维果茨基更突出社会背景、社会文化在个体学习中的作用,他认为人的学习和发展是无法脱离环境的。他的理论观点后来被称为历史文化观,该理论强调了人际(社会)关系、文化—历史和个人因素的互动是人类发展的关键。而在社会环境的互动中,维果茨基认为互动是需要借助一定的"中介"和"工具"的,这些"中介"和"工具"主要是指它的文化产品以及它的语言和社会机构等,正是这些文化工具的使用和掌握才促进了认知的发展。维果茨基的理论对教育最重要的启示可能在于文化历史环境和任何形式的学习都相关,因为学习不是孤立发生的。在后续的相关研究当中,我们可以发现,个体在与社会文化互动以及个体自身因素之间的互动中,有两点是极为重要的:一是对个体已有经验的关注,即无论是在教师的教学中,还是在学生个体自身的学习中,已有的经验(在皮亚杰看来可能是已有的认知结构)必须被充分地顾及,学习内容必须与已有的经验建立起联系,学习才能够发生;另一个是对学习意义的强调,这一点在后续的对于社会文化历史理论的拓展中表现得非常突出。

三、对身份的再认知

(一)通过我们之所"是"学习

学习是一项非常复杂的活动,其涉及的因素时至今日我们也无法全面地给予清晰的描述。学习的形式也有多种,例如,我们想要学会一门外语,可以通过听力训练、小组学习、阅读文献、口语练习等方式取得进步;想要学习一项游泳技能,我们可以先借助一定的外在辅助工具(比如游泳圈),或是在教练人员的陪同指导下进行学习,可先就某些简单的动作和姿势进行反复的练习。以上所涉及的因素对于学习者学习某项内容来说是非常必要的,但不是最重要的。用安德烈·焦尔当的话来说:"人们实际上是通过自己之所是在学习。学习者掌握的认知资源决定着他的学习。学习者根据自己的大脑潜力来阐释外部信息。他的过程经验和规划发挥着决定性作用。"①换言之,学习者在学习中占据着最为重要的位置。例如,一个人是否有动机进行一项活动,取决于他对这项活动、对自身能力的认识,以及他认为在活动中可以进行何种程度的调节。我们不否认学习者所处的社会环境背景的重要作用,不过,相对于学习者的学习而言,他们所处的社会环境仅是以协同的方式发挥作用,因此,可以被看作学习的内容、材料或学习的条件。当学习者的心智活动与他所处的环境之间建立起了丰富的互动时,他的认识水平就会有所提升。环境能够促进学习,不过赋予学习以意义的是学习者本身。换言之,只有当我们在自身思维系统内对所知进行阐释时,我们才真正地在学习。在需要进行管理的情境中,每个个体都拥有一些对周遭世界的解释以及相对明确或恰当的信念,这些解释和信念其实也就是我们之前所提到的已有经验或已有知识结构或现有概念,这个已有经验会决定着我们采用何种方式和途径进行学习。

一般而言,学习者自身的知识是先于教育(或文化)情境而存在的,因此,学习就是学习者改变自身的已有概念,更为确切地说,就是从一个解释网络过渡到另外一个更加合理的解释网络,以处理既定的情况。不过,这种改变或过渡是一个相对较为艰难的过程,它需要一定的条件。它需要引起学习者的注意和兴趣,使学习者明白这些新知识对于学习者而言有什么用(最好是在短期内能看到效果),能够给学习者带来什么样的"好处",并让他在解释、预测或行动时感受到这种好处,这样就能够减少改变已有概念的阻力,学习随之也就发生了。学习最初是源自学习者的一种意愿、一种需求,从而能够建立个体与环境之间的平衡,这里的"平衡"和皮亚杰的"平衡(化)"概念近似。如果这种平衡被打破,个体就会体现出一种"威胁"或"不适应感",因此,学习者就会想方设法去修补这种平衡的状态,以重新建立个体和环境之间的和谐。学习还要求学习者赋予其所炼制的知识以意义,这也就意味着学习者必须知道所学知识的结构和重要性,所学内容与已有认知结构的关联性,以及能够给学习者带来怎样的改变。现实中已经有无数的实例表明,只有在学习者意识到所学内容与自身意义的关联的时候,学习才是有意义的,否则只会是一些信息材料的机械式堆积,并不能够为学习者心智或行为的改变起到促进作用。此外,一个人赋予知识的意义并不能直接被传递给另外一个人,只有学习者本人才能炼制属于他自己的意义,并通过自身经验将这个意义与他之所"是"相兼容。例如,在现实中,

---

① 安德烈·焦尔当.学习的本质[M].杭零,译.上海:华东师范大学出版社,2015:59.

教师所掌握的知识实际上只是与他们自身的联系,他们掌握的所有经验成就了他们自己,但是他们并不能够直接赋予学生某些事物的意义,这也是教师所教授的与学生所理解和掌握的并不完全等同的原因。

(二)学习的核心即身份认同

身份,其英文中对应的词为 identity,从词源学的角度来看,该词是源于拉丁词 idem,是由词根 id-(意为"它、那一个")和后缀 dem 组成。而整个词的意义较为完整地保留在其衍生的释义"the same"(相同、一样)之中。通常用来表示某些事物是相同的、一致的,或者就是它本身(而不是其他东西)。其动词形式为 identify,意为识别、认可、确认、把……看成一样等意思。因此,在某种程度上,"身份"(identity)原有的语义首先是指向内在的统一、协调及其持续。用来说人时,强调的是人格、心理品质的确定性、同一性和稳定性。Identity 常常也被译为"认同"之意,作动词使用,认同的作用在于确认自己与他人的差异,认同的结果主要是用来定义自己的身份,尤其是在当下身份已经变得不确定和多元化的背景下,身份更需要通过"认同"这样一个过程去争取。因此,当 identity 作为认同时,其至少包含两层含义:其一,人只有在与他人比较和辨别中,才能认同自己的角色或身份,即确认自我与他人的异同;其二,对作为个体的人来说,认同的过程实际上是通过其在社会环境当中不断和自身以外的或未曾预料到的经验的相遇,并把这些经验转化为自身的一种属性,从而获得自身的同一性或一致性。

法国 Escol 小组将身份定义为:"身份"就是(使)他(个体)表现出恒久的、和谐的形式,并有别于他人(的东西)。该小组还提出了理解身份的五个参照点:(1)可以帮助个体把世界理顺归位的一套参照、表象、价值观;(2)按照这些参照、表象和价值观组织起来的一套针对世界的实践;(3)一套动机和目的;(4)包括三个时间点,即过去、现在和被规划的将来的一个经历;(5)自我认知等。① 这五个参照点实际上是对身份要素的一种反映,例如:参照点(1)所反映的是,身份实际上是对人或事物属性的一种分类,不同的人有不同的身份,同样的身份需要同样的参照,如规范和价值观等;参照点(2)所反映的是,每一种身份都会与一套特定的行为实践相对应,如教师身份所体现出的行为实践是教学,医生身份所体现的行为实践是医治病人;参照点(3)反映的是,身份的获得以及身份所体现出的个体行为实践都是一种目的导向性的活动,都离不开动机的参与;参照点(4)反映的是,身份的连续性和一致性问题,即身份是过去、现在和将来经历三者的统一;参照点(5)反映的是,身份最终实现机制和落脚点问题,无论是先天的赋予还是社会的干预,最终需要个体自我的感知、认同与确认,否则身份就没有实质意义。

那么对于学习而言,身份具有怎样的意义呢? 身份和学习之间有着怎样一种联系

---

① 汪凌."学生身份"的社会学思考[J].全球教育展望,2010(10):64—68.

呢？我们总是在追问这样一个问题，即对于学习者而言，学到的东西有什么意义？这个问题所关注的焦点已经超越了过去对知识的理解范畴，转而思考更加深层次的本源性问题，指向了对作为学习者本身的"人"的关注。其实，早在弗洛伊德时代，就已经能够感觉到其对人的关注，他所提出的"自我"、"本我"及"超我"的概念就蕴含了非常之多的人性话题。不过，弗洛伊德似乎并没有将其理念直接与学习建立起联系，这一点在后来的美国著名精神治疗学家卡尔·罗杰斯的推动下有了巨大的进步。罗杰斯发展了一种称为"患者中心疗法"和"学生中心教学"的程序，并提出了"有意义学习"的概念，"有意义学习"包含了"一种在自我的组织中的变化"，以及"完整的人，包括他的情感和认知等都被卷入了学习之中"。关于"有意义学习"，罗杰斯对此进行了清晰的描述。他指出这种学习不仅仅是知识的积累，它是一种造就差异化的学习——存在于个体的行为之中，存在于他未来进行选择的活动过程之中，存在于他的态度以及人格之中。它还是一种深入渗透性的学习，而且它与其个体存在的每一部分相互渗透和影响着。由此可见，罗杰斯的"有意义学习"的概念蕴含着丰富的"追寻完整的人"的价值思考，这种思考充分地体现出了学习的复杂性，以及在学习过程中个体投入的充分性和全面性。不过，在具体的学习活动中，"追寻完整的人"应该从哪些方面体现出来呢，如果"追寻完整的人"是学习的终极目的，那么实现这种目的的关键又是什么呢？

在对上述问题的回答上，"身份认同"的概念或许能够带来更多的启示。身份认同在今天已经是一种比较经典的理论，其主要是由具有"新弗洛伊德主义者"之称的美国心理学家埃里克森发展起来的。从埃里克森对于这个概念的理解中，我们可以发现，身份认同是一个个体对生活历程的认同，一种内在一致个性和内在一致生活历程的经验，与此同时，又作为一种社会的和人际交往的身份存在，一种在社会共同体中占有某种地位的经验。克努兹·伊列雷斯（knudLueris，2014）将身份认同置于学习的核心位置，因为身份认同既包括了个体学习的内容方面的考虑，也涵盖了学习的社会互动维度（如图1-2所示）。不过，他似乎只倾向于引出这个非常具有意义的观点，并没对这个观点试图做更多的阐释。从图1-2中，我们可以发现，处于学习核心位置的身份认同至少还有以下三点启示：其一，身份认同的形成需要建立在一定的学习内容基础之上，这些学习内容包括知识、技能、理解能力、意义和价值观等，例如，通过对医疗方面知识的专门学习，可以促进个体对医疗人员身份认同的形成；其二，身份认同与个体的动机是紧密地交织在一起的，具有非常明显的重叠，"我想成为什么样的人？""我想学习哪些方面的内容来促使自我理想的实现？"，这些都离不开个体动机的参与；其三，身份认同更是一个互动的过程，这一点已经在很多的地方得到了强调。个体在人际关系互动中，在社会文化互动中，在与学习材料互动中，最终逐渐形成了某种状态的自我。由此可见，身份认同的过程与学习的过程具有明显的交叉重叠。学习是建立在一定的学习内容基础上的，无论是什么类型的学习，学习内容总是不可或缺的。同时，学习的过程需要个体学习动机的投入，离开了学习动机，学习将会成为一种被动的接受,或趋向于行为主义早期的刺激—反应之间的联结。当然,互动是学习实际发生的条件,这一点早在前文已经多次提到过了。

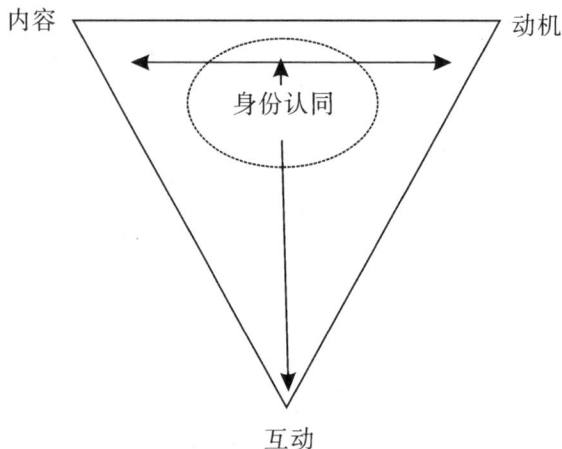

图 1-2　身份认同在学习中的位置

第二节　学习者身份的概念意涵

一、学习实践是成为学习者的必由途径

学习者是一种特定类型的人,他不是自然赋予的,而是后天逐渐形成的。辛哈(Sinha,1999)在参照了众多的学习理论之后提出了一个假设,即学习情境使得个体成为一个学习者,这就意味着个体成为学习者需要通过一个情境性的建构过程。此外,辛哈还指出了成为一名学习者这样一种情境性的过程本质,他认为成为或作为一个学习者是人类发展概念本身的一个关键性元素。不过,他并没有对此做出进一步的补充和论证,因此,就成为学习者的过程而言,仍旧还有待进一步论证。

休斯和路易斯(Hughes&Louis,2003)对学习者身份概念的发展做出了巨大的贡献,他们提出了学习者身份动态性、变革性以及情境性的本质,同时对学习者的个体学习经历和学习环境之间的联系也进行了一定的说明。不过,相对而言,戈拉德和里斯(Gorard&Rees,2002)的观点更具吸引力,他们认为根据韦伊(Weil,1986)的理解,无论个体的学习者身份可能会是什么,但它一定是个体社会经历的产物,总会受到其所处的历史和环境的影响。它不仅直接关注到了正式教育环境结构和组织的影响和作用,也非常明晰地指出了个体非正式学习经历的角色的重要性。与此同时,在他们对个体学习历史和学习轨迹的基本假设当中,他们也认为学习者身份是理解和概念化终身学习的一个至关重要的概念。[①] 众所周知,身份的形成要深受多种因素影响,性别的、家庭环境的、学校教育的等,可以说,个体所经历的所有体验都能够成为个人身份的一部分,而前提是这些经验能够被加工和生成意义。不论是什么类型的身份,如果脱离了关于自己的意义,那么这种身份也就没有存在的可能。

不过,尽管韦伊的观点非常具有参考价值,但是他的理解中似乎缺乏对身份动态性特征的考虑,例如,个体是如何从一个学习情境跨越到另一个学习情境的,以及在这个学习情境的变化过程中,个体形成了怎样的关于学习、学校教育和知识的价值观和信念。虽然,在起初的时候,信念和价值观可能随着时间的改变而发生变化,但是,一般而言,它们在面对学习情境变革时还是会起到抵制或是调适的作用。假设这些信念和价值观是个体对于自己作为一个学习者意义的一部分,那么当情境发生变化而给它们带来挑战时,这些信念和价值观又会发生怎样的改变,需要采取哪些举措才能重塑这些信念和价值观呢? 这是需要厘清的一个概念性问题。而当身份被定义为由价值观所构成的时候,那么将会很难把握身份所具有的动态性和情境性概念的特征。此外,韦伊的概念还有一个潜在的问题,其在一定程度上可以被看作前一个问题的延续,他所指的价值观其实是一种脱离了个体自我的,关于学习、学校教育及知识的价值观,而我们当前的关于身份概念的假设既包含了个体维度也包含了社会维度,它是二者交互作用的产物,而韦伊的定义主要倾向于社会性方面。换而言之,个体存在于他自身对某些特定事物的价值和信念之中,即个体对于自己作为一名学习者的认知是依赖于他对学习、学校教育及知识等外在因素的认识。虽然韦伊的定义存在一些问题,但关于先前学习经历是如何影响新环境的遭遇的见解还是非常具有贡献力的,他可以被看作第一位专门关注和引入学习者身份概念的人。

奥斯古索普(Osguthorpe,2006)对学习者身份的概念建构也具有很大贡献,他对学习和身份建构之间的关系进行了较为深入的探究。他认为至少有五种身份深受学习的影响:专业身份(professional identity)、个人身份(personal identity)、天资身份(talent identity)、特质身份(character identity)和学习者身份。其中,学习者身份会受到每一次学习经历的影响。他还认为其他几种身份都要围绕学习者身份而进行,它们的改变及发展都需要学习者身份提供条件,言下之意,学习者身份是其他身份建构的先决条件。在对学习者身份概念的理解上,他主要关注于一种长期的、个体是否能够达到自己所想所

① Gorard S,Rees G. Creating a learning society? learning careers and policies for lifelong learning[M]. Bristol: The Policy Press,2002:31.

学状态的一种感知,这种感知具有较为明显的主观性倾向。总体而言,奥斯古索普的定义对于我们理解学习者身份的概念意涵具有较大的启示,但是,他的定义和之前众多学者一样,也存在着较为明显的对身份建构的动态性的本质忽视。他对学习者身份的定义并没有充分地关注到身份建构的情境性以及脉络差异性,这种情境性及脉络差异性决定了促使或隐藏学习条件的主观感知。而在学习者身份建构的情境方面同样还存在另外一个问题,即个体所建构的身份是如何在不同类型的环境中保持一致的,这些来自不同环境中的经验之间是如何协调一致或是相互矛盾冲突的。

总而言之,对学习者身份概念的理解需要充分地考虑到情境的时间和空间维度以及跨情境间的一致性问题。不可否认,每一种身份都具有长时间的维度特征,其可以维持和支撑个体身份在不同时间和环境中的一致性和连贯性,但是这种维度特征需要与身份建构的情境特征保持平行和相关。对这种情境性和连续维度之间的二元性的处理是学习者身份概念化中的关键问题。学习者身份可能成为一种个体了解他们个人学习经历过程的中介性文化工具。通过了解这些经验是如何影响他们作为学习者的认知的,他们便可以理解自身是如何进行经验学习的。

二、主观学习经历:由标志到意义

经历是可以分享的,他人的经历也可被用来作为建构自己生活和自身意义的材料基础。虽然如此,他人的经历却永远无法取代个体本身经历所产生的作用,例如个体在某种活动中所感受到的个人主观经历。对于身份建构而言,个体主观经历起着至关重要的作用,其可以被看作身份建构的基础性原料,个体的理解以及意义的生成都来自经验。那么,个体中的哪些主观经历可以成为意义建构的原始材料呢?

一般而言,主观经历总是会给个体留下标志或痕迹,这些标志和痕迹会被加工成一定的意义。在这个概念化的过程中,标志的主要作用在于对于不同类型意义建构的原始材料进行一个潜在区分。例如,在个体主观性经历的叙事重构中,标志的深度和差异的启示可以潜在地辨别不同类型的主观经历。不过,标志所反映的是一种未被加工处理的整体印象,这些印象是在活动中留下来的。未被加工的标志具有高度的个人化的属性,它出现在个体内部,不能够以一种共享的或具体的方式呈现。但标志的意义是可以共享的,标志在本质上是一种主观性的实体。因此,标志意味着一种主要经历的情感表现形式,即活动的特征以及在活动中的表现。这些特征是相互融合在一起的,没有经过组织且未被定义的。标志已经成为活动中的一部分,但是它并不具有其他附加的意义以使得参与本身也具有意义。例如,在一个谈话交流中,一个人突然表现出一种很突然的反应,然后起身匆忙离开。面对这种情境,人们最有可能的第一反应是吃惊、疑惑,不知道发生了什么事。因此,很多事情是无法辨别的,人们能感觉到一定是发生了什么事情,但是,具体发生了什么就不得而知了。在大多数情况下，人们对所发生问题的回答是一种自动化的，他们其实并没有意识到这一点。

与标志的概念相似，贾维斯（Jarvis）在主要的感官经验中甄别出了"无知"（not-knowing）的感觉，正如他所解释的那样，这些经历贯穿在个体的一生当中。它们最初只不过是一种感觉，即之前的经历和对新体验的感知之间的差异。然而，随着个体逐渐学会识别和认识周围世界，许多感觉经验便慢慢失去了它们的价值。人们变得更加关注那些他们不理解或是不知道的或是在次要经验中出现的意义或词汇。次要经历（secondary experience）是通过语言、文字书写和可视化协商来进行调适的，这种体验可能是没有意义的，也没有办法把它写进文字里去理解它。一个常见的例子是当人们在描述他们在某一特定情况下的感受时常常会感觉到困难。然而，朗之万和瓦隆（P. Langevin&CH. Wallon）的看法又增加了一个新的有趣的维度，即通过语言来理解直接的经历或标志是如何被赋予意义的。从儿童的视角来看，使用语言本身就是一种经历或体验。借鉴这一观点，构建意义时所产生的理解可以被看作一种经验本色。伴随着这些意义，最初的直觉经历会发生变化，而变化本身也是一种经历。这一特定方面与透过叙事加工的经验重构有关，通过叙事加工，经历本身可以再经历和再体验。而在专门讨论叙事问题之前，还需对标志本身进行更深入的探讨。

就标志本身而言，它有时是深刻的，有时是独特的，但也不尽如此，关键是取决于发生了什么。标志的深刻性主要与情感因素有关，受个体的情感因素所影响。独特性在一定程度上主要指的是某一个标志与其他标志的区别。例如，工作中的平凡一天，如果有什么不平常的事情发生，那么这一天的标志将会是非常不同的。（例如，对于一个银行职员而言，如果遇到了一件抢劫事件，那么这一天的标志将会是非常深刻、难忘和独特的。）这一天将会在他们的一生当中被记住很长一段时间甚至是终生难忘，然而，其他的时间或事件可能就没那么容易被记住。在日常谈话中，人们可以参考那些具有深刻标志的经历，这段经历会对他们的生活和他们是谁产生重大影响。这个看法其实也反映着一种理论假设，即某些标志相比其他标志而言可能更具有记忆性和影响性。然而，也有一些并不是很独特的标志，假若在持续不断的重复下，它们也有可能被留下深刻的印记。例如，每天在银行工作的职员，他们可能没有经历抢劫或是其他任何不同寻常的事情，但是他们也可以留下深刻的标志和坚固稳定的意义，因为他们经历了一个持续不断的建构和重构的过程。不过，尽管这些标志可能很深刻，但是由于缺乏独特性，它们往往不太能够被赋予与那些独特经历同样显著的感知性。可以说所有的经历都可以留下标志，但有些标志本身由于缺乏深刻性和独特性，它们的价值可能显得不那么重要。同时，所有的标志也都可能随着标志本身的改变而被加工成意义。不断重复的建构过程能够在相当大的程度上改变标志的属性，使其或多或少变得有深度和具有独特性。

总而言之，标志是一种实体，它是客观存在的，其本身往往是不具有具体意义的。标志无处不在,它反映了个体的一种经历,这种经历有时隐藏在个体的情感和记忆中,有时存在于某个具体的标志当中。不过有些标志有时因为本身不具有深刻性和独特性往往容易被忽视,难以与人的经历发生联系,因此在一定程度上也就失去了意义。标志在本质上是属于符号中的一种,它们都是对某类经历的一种反映,不过相对而言,符号更具有抽象性,虽然有时符号也是一个具体的客观存在的事物,如一本笔记、一个广告牌,但更多的时候它是作为一种抽象的状态而出现的(例如文字、图像、标号等)。标志可能是一个事件、一段经历、一场活动等,它的形态通常并不显得那么抽象或理论化。标志一定是和个体的经历有关系的,尽管有时候人们并没有发现它的存在,但它确确实实存在于个体的完整的经历当中。在学习活动中,学习者的参与便是一种经历的过程,他们总会面临各种形式的互动,与教师、同伴、其他指导者、教学内容、学习媒介,甚至是教室里的光线、温度等因素互动。换言之,所有能够与学生学习发生关联的事物都可能成为个人经历的一部分,这些事物都可以成为一种标志。不过这些标志是否有意义,就要依赖于每个学习者自身的建构。而对于学习者身份而言,并不是所有的标志都能够对其身份产生作用,只有那些具有深刻性的、独特性的标志才具有意义,这些标志会涉及个体学习动机和情感投入的因素,因此,更容易引起学习者的关注。个体的完整学习经历有主观和客观之分,客观学习经历指的是实实在在所经历和发生的,如学习了某门课程,参与了某个项目,练习了某种技能等,而主观学习经历是指个体真实感受到的经历,例如,尽管某个学生参与了某门课程的学习,但是他的思想和情感始终游离于课堂之外,当课程结束的时候,他对本课程不具有任何的印象,那么此时的主观学习经历可能并没有发生在课堂之上。此时,黑板上所展示的学习内容作为一种标志可能对于该学生不具有多大的意义,反而书本上的随手涂鸦反映了学生的心智活动内容。因此,从学习经历的角度来讲,个体的主观学习经历可能对个体本身更具影响,这种主观学习经历反映了由标志展现到意义建构的过程。

三、对自我作为学习者意义的建构

前文中已经多次提到,学习是个体成为学习者的必由途径,而个体的主观学习经历是个体学习者身份建构的原材料和基础。学习经历是对个体从事学习历程的一种整体性描述,而个体在不同类型的学习活动中,学习经历的性质可能有所不同。为了能够更好地理解学生学习经历的特点,以及学习者身份的实质,我们首先将学生的学习活动做以区分,从不同类型的学习活动中来探讨学习者身份的形成。从当前对学习内涵的理解来看,我们认为至少存在四种学习活动类型,这四种类型的学习活动可以用来支持学习者身份的建构:(1)明确指向学习的活动,无论个体是否从中经历了学习;(2)产生了学习经历和学习结果的活动,即使这些活动本身并不指向学习,也就是说把学习作为这种活动的次要结果;(3)加工处理活动(1)或活动(2)经历的情境性的话语活动;(4)直接指向学习者身份建构的话语活动。

第一类活动指的是那些通常发生在正式的教育情境下的活动(如正式的课堂教学活动,测验、考试等),以及那些发生在非正式情境下但是具有明确的学习指向性的活动(例如,学习如何使用电子计算机,学习如何做一道饭菜,学习如何骑自行车,通过和朋友交谈学习如何说一种语言等等)。第二类活动指的是那些产生了学习经历和导致了学习结果的活动,然而这些活动本身没有明确的学习指向性。通常,人们所说的"you live and you learn",指的就是这种特殊类型的活动。因此,它可以指任何类型的活动,只要个体具有了学习的体验或产生了学习的结果。从学习者身份建构的观点来看,这些经历是非常有趣的,因为发生在它们中的学习可能并未在真实的/实际的学习中被经历到。

第一类活动和第二类活动本身并没直接指向身份的建构,但是它们中参与的经历可被视为身份建构的原始材料或基础。然而,正如在前面章节中提到过的,每当个体面临新的学习情境时,来自先前经历中已有的情感标志和意义就被激活了。它们的激活就意味着个人正试图理解和建立新旧情境和经验之间联系的意义。换言之,在已有意义或多或少被建构成新的意义的同时,其潜在地为新意义的建构起着中介作用。意义的协商和重新建构实质上是同时发生的,例如,身份既可以是一个中介物,也可以是一个建构的产物。

这种建构过程涉及了个体与新经历情境的条件之间的互动,这种互动有时是显性的有时是隐性的。而在这种互动中,意义被重新评估、尝试和重新建构。这种建构发生在个体心智(或身体)层面的活动、行为、参与中以及他的话语中等等。这些行为的动机或目的在于提高个体在某些活动中对自我作为一个学习者的认知意识。虽然任何行动都可以蕴含着个体对自己作为一个学习者的认知意识,但可能在一些行为中这种认知意识并不是一个主要的目的或次要的目的。而就学习者身份的建构而言,关注个体作为一名学习者的行为认知应该首先聚焦于第一类活动,因为这种活动明确地指向了学习。虽然在其他类型的活动当中学习也可以出现,但是通常不具有优先性和相关性。

行为识别(action recognition)既可以指向他人,也可以指向自我。因为识别无论是积极的还是消极的,总是意味着一种共同识别和一个互惠性的过程,对他人的识别或认识也可以作为认识自我的一个潜在来源。行为识别既可以包括一些明确的积极的或负面的反馈,如正面地回应一个问题,也可以通过口头或内隐的交流方式(例如面部表情)来做出回应。此外,参与本身就是一种识别的过程,因为,为了让参与有意义,个人需要让他们的参与得到他人的鉴别和认可。总而言之,任何能够导向个体对自我作为一名学习者的识别和认可行为都是一种行为识别。行为是对个体内部心理活动的一种表征和反映,行为之间的变化反映了个体心智活动的改变,因此,它们被认为是一个分析窗口,用来解释一个人在活动中建构作为一个学习者的意义。基于这一思路而言,个体在第一类和第二类活动中对自我作为学习者意义的重构,可以被视为一种短时间维度的在活动中的学习者身份建构。

　　第三类活动主要是一种话语活动(discourse activities),它的发生或出现在时间和空间上比较近似于学习活动。换句话说,它们可以发生在正在进行的学习活动当中,也可以发生在与学习活动有着非常紧密联系的情境之下,而这种发生或多或少以一种有组织的形式进行。例如:在午休时间与同侪交谈关于课堂、考试、教师、学习内容等经验,或者与家长讨论课程的进展,或者与教师进行评估性对话,或者任何形式的对话(这种对话可以不把学习者身份建构作为主要焦点,但是这种话语活动须与某种学习经历以及在这种学习经历中作为一个学习者的意义建构有关)。这些可以被理解为某种类型的局部小故事或者交互中的叙事。第三类活动可能并没有把作为一个学习者的认知意识的建构作为主要的目标,而判断这种话语活动是否旨在对某人作为学习者的意义进行建构,其中一个非常明显的证据就是活动中是否有任何的行为识别存在。而在第一类和第二类活动中,它们可成为行为识别发生的场所。例如,一个学生可以问他的同伴,他在课堂上说的事情是否对其他人产生了意义,或者是否他们在某种程度上也经历了同样的问题。总之,任何关注于作为学习者认知感和归属感建构的话语行为,都预示着对自己作为学习者的意义正在被重新构建。这种关于某人作为一个学习者的意义建构(或重构)与在一个特定活动中的参与紧密相关,它脱离该活动的时空环境之外,又或在一个情境相同而又平行的活动中(例如当学生的谈话脱离小组任务时),其被定义为关于活动(on-acitivty)的学习者身份建构。在这种意义上,协商的焦点被放在了一个具体、特定的正在进行的活动当中。为了能够更加具体地区分活动中(in-activity)的和关于活动的学习者身份建构,此处可以先简单地做以区分,前者是个体处于学习活动的环境内部(innner),而在后者中个体是从外部(outside)观察的。

　　第四类活动明确导向了学习者身份建构的话语活动。它们主要存在于真实发生或虚拟发生的学习活动中,学习者对主观性经历的重新组织、再体验、再加工的过程是对叙事策略的应用。与第三类活动相反,其关注的焦点不再只是一个特定的、具体的活动,而是所有活动中的经历。这种建构通常发生在特定的学习活动之外。活动空间的变化是由活动目标的变化所决定的,具体而言,这是对自身作为一个学习者的意义建构。因此,第四类活动是一种叙事活动,在这种叙事活动中,过去的经历能够被重新激活和再体验,经历中的意义也重新得到了组织加工、建立联结或是分离,已有的连续性和一致性的感觉受到了挑战,随之自我作为学习者的意义重新被建构。这种建构的基础材料来自许多不同真实的或构想的学习活动中的主观经历,因此它被定义为一种长时间跨度的学习者身份建构。

　　总的来说,学习者身份的建构发生在三个不同的模式之中:活动中的、关于活动的和跨活动的。虽然它们都旨在促进学习者身份建构,也都是学习者身份建构所不可或缺的,但是具体到建构模式和场景、时间跨度以及最终的作用方面,它们却又是不相同的。总的来说,活动中的和关于活动的建构更加关注在一个活动中的参与,而跨活动的建构更加关注的是协商的工具而不是参与所发生的意义。此外,对已有经历和意义的处理和加工方面,每种模式也是不一样的。活动中和关于活动的建构主要是关注先前经历的建构与新经历的联系,而跨活动的建构涉及了这些意义的再组织。通过这些联系,建立新的一般化的关于自己的跨活动的意义。活动中的和关于活动的建构可以自然发生也可以在计划下发生,而跨活动的建构需要一个叙事活动,这个叙事活动目的在于身份建构。但所有这些模式都是相关的和相互依存的,其中一个发生任何变化都会影响其他模式的建构。此外,建构是一种情境性的,是由活动所定义的。因此,无论是哪种类型的活动,都可能存在一些复杂的因素,例如由于活动结构本身太固化,其对意义的建构并不能起到促进的作用。在跨活动的学习者身份建构当中,它们可能既依赖于叙事活动本身,又依赖于已经协商了个体作为一个学习者的个体经历的活动特征。这些特征越是多元化,跨活动的学习者身份在叙事建构中可能就越具有多样性、差异性及流动性的特征,同时,也越有可能协商其他不同类型的经历。

第三节　学习者身份的教育价值探析

　　学习者身份作为一种新的概念工具,具有显著的教育价值及潜能优势,能够为我们重新审视教育现象,分析教育问题提供有益的视角,同时,也能为更好地理解学生的学习带来新的思考。学习者身份的教育价值可从内在价值和外在价值两个方面进行理解。

一、学习者身份的内在价值

(一)可作为分析教育研究的一面透镜

　　维果茨基认为人类的心理过程是由语言、标志和符号这样的心理工具充当中介(mediation)的,人类的发展实际上就是通过对中介工具(语言、标志及符号等)的掌握和使用来调节自身的思想和行为。从这种意义上来讲,学习者身份正如其他身份类型一样,作为一种概念或符号性的人工制品也具备中介工具的价值潜能。在学校教育环境中,学习者身份相对于其他身份而言更具优势。作为一种概念工具,学习者身份使得个体在理解他们自身学习经历和经验的同时,也对自我作为学习者的意义、情感和体验有了深刻的理解,同时也对所接受的信息、标志、符号、行为等刺激以及与他者互动的经验和意义建立起了与自身的联系。正如有研究者强调的,学习者只有建立了学习与自身的联系,赋予了学习以意义的时候,所学的知识才能够算是一种占有。这种意义不可能是别人给予的,而只能是学习情境互动的结果。反观我们的学校教育实践,学生的学习仍以被动的知识接受为主,对教师和学生的评价也多倾向于对教学计划的执行和教学内容的接受程度,而很少顾及与学生自身经验及意义的关联性。

吉(Gee,2000)将身份视为研究教育问题的一面分析性透镜(analytic lens),进而提出了四种身份的类型:(1)自然身份(nature-identity);(2)制度身份(institution-identity);(3)话语身份(discourse-identity);(4)亲和身份(affinity-identity)。[①] 这四种身份能够解释个体如何成为某种"特定类型的人"(certain kind of person),即在学校教育环境中,学生是如何成为一名学习者的身份。具体而言,自然身份,它是先天的或固有的状态,"我们是什么"主要是由我们的天性所决定的。例如,学生的性别、肤色、民族、种族、地域、阶层、认知风格等均可被视为自然身份中的一种,教育应关注的是如何跨越这些固有的身份局限,从一种发展的视角促使学生学习及认识自己。制度身份,它是一种位置身份,"我们是什么"主要是由我们在社会中所占据的位置和处境所决定的。例如,在传统的学校教育体制下,教师和学生是一种对立性的身份,教师是教授者而学生是接受者,二者之间是一种不平等的状态,未来的教育应尽力突破制度背后的不合理性,重塑平等的师生身份。话语身份,它是一种个人特质(an individual trait),个体是在与他人相互作用及对话的过程中进行认知和被认知的。例如,学生是在与教师对话、与同伴对话、与自我对话的对话关系中认同自己的。学校教育应塑造一种平等的对话关系与环境,关注学生的话语行为,与学生平等对话,避免对学生声音的忽视。而亲和身份,它是一种经验身份,"我们是谁"主要是由我们在某种特定关系团体中的经验和经历所决定的。例如,在由兴趣而组成的数学探究共同体,基于项目的学习型小组,以及以科技资讯分享为主题的师生共同体中,成员的合法性身份是由他们在该类共同体中的实践和经验所决定的,经验赋予了成员某种特定的身份。

(二)重塑学习活动平等性的对话性本质

马克思说过,人是一切社会关系的总和。但这种社会关系的基础是什么呢?用巴赫金的话来说,即"用话语所呈现出来的对话关系"。巴赫金指出,一切莫不都归结于对

---

① Gee J P. Identity as an analytic lens for research in education[J]. Review of Research in Education,2000(01):99—125.

话,……,一切都是手段,对话才是目的。[①] 对话是人类赖以生存和发展的必要条件,赋予了人类学习的可能。而语言和话语是对话的前提基础,离开了语言和话语的支撑,既不可能有对话关系存在,更不可能有意义的产生。语言是一种高级的心理工具,是人心理活动及思想情感的外部表征,而话语是联结自我与他者之间的桥梁,是传递意义和情感的具体通道,话语的正常表达和自然使用天然地具有对话的性质。也只有在对话中,人的思想情感才能够得到有效表达,人与人之间才能够相互认识和理解,在此基础上人们参与并从事人类发展所需的各种社会活动,显示出人之所以为人的本质特性。雅思贝尔斯在"对话"问题上也有深刻的认识,他认为对话是探索真理与认识自我的途径,是真理的敞亮和思想本身的实现。[②] 通过对话人们可以发现所思之物的逻辑及存在的意义,也只有通过对话个体才能够感知自我、认识世界。

据上述见解,学习从本质上来讲也可被视为一种对话活动,一种超越自身文化、书本及国界的对话,而其对话关系以学生与教师对话、与知识文本对话、与自我对话等为主要表现形态。对话的目的在于通过与他者、环境、知识及自我的互动来获得一种认知和行为的能力;而终极的目的在于"认识你自己",对学生而言,即为获得一种"学习者身份"。苏格拉底式的对话就是一个很好的例证,教授者通过与学习者的对话,使得学习者逐渐认识到了自身的不足,同时也习得新的经验和知识。具体到学校情境下的学习活动中,教师和学生之间应是一种平等的、相互尊重的对话关系,学生不仅是"学生",也可以是学习者,还可以是促进教师共同学习的伙伴,对话的结果是教师和学生都获得了一定的学习,该对话是一种教学相长的对话关系。而对话的内容既包括正式的、显性的课程知识,也含有非正式的、隐性的价值观念、行为规范、道德伦理和理想信念等。同时,学习也是学生同文本对话、同自我对话的一个过程——与文本对话即巴赫金所指的重新赋予事物以理解和意义的过程;而同自我对话最终回到了苏格拉底的"认识你自己"的层面。这也就意味着,通过对话,学生获得了关于新事物、新刺激的观念,习得了认识自我和行动的能力,建构了他们自身对世界的意义和与世界的联系,最终形成了一种身份。其实,这一观点也印证了诸多研究者所认为的,身份是对话和叙事的产物,或身份就是对话本身,通过对话我们维持了个人身份的连贯性和一致性[③]等结论。简言之,学习是一种对话活动,对话促使了学习者身份的建构和形成;反之,学习者身份的形成也强化和维系了学习平等性的对话性本质。

---

① 阿拉斯泰尔·伦弗鲁.导读巴赫金[M].田延,译.重庆:重庆大学出版,2017:108—109.
② 雅斯贝尔斯.什么是教育[M].邹进,译.北京:生活·读书·新知三联书店,1991:12.
③ Pasupathi M,Mansour E,Brubaker J R. Developing a life story:constructing relations between self and experience in autobiographical narratives[J]. Human Development,2007(02/03):85—110.

二、学习者身份的外在价值

(一)学习者身份对终身学习的价值

1.终身学习中的学习者身份元素

终身学习的理念中包含了丰富的学习者身份元素。从当前的社会变化中我们可以看出,学习已经无处不在了,学习不再仅限于在学校空间中的学习,越来越多如工作场所、网络、社交平台以及社区活动中的学习也都被开发和发掘出来。在一些更为发达的国家,旅游、参观、游戏以及各种其他活动都可以被作为学校学习活动的重要补充形式。从学习效果而言,发生在这些空间中的学习在某些方面甚至可以和学校教育/学习相媲美。这就意味着在终身学习的社会,现在的学习和过去的学习已经有了很大的不同。现在的学习有一个明显的特征,即学习内涵呈现出多元化、包容性及扩大化的趋势。这也就意味着过去学校机构所赋予学习个体的"学生身份"已经略显狭隘,已不适合当前及今后的学习形态及趋势了。反之,学习者身份也许更加适合当下及未来的终身学习的社会形态。终身学习是让个体在飞速发展的社会中,不仅能适应环境的变迁,更重要的是个人的能力能得到新发展。终身学习不仅意味着学习的便捷性、可获得性、时间和空间上的完整性,还体现着一种彰显学习者自主性和主动性的意味。在终身学习的时代,人人都可能是学习者,因为人人都有可能持续不断地从事学习活动(此时的学习不再仅限于学习场域中的学习),那么此状态必然有一种身份与之相对应。前文中已经提到过,学习是个体成为学习者的必由途径,因此终身学习的结果必然也就成就了个体的学习者身份。可以说,"学习者"是终身学习时代个体最显著的标签,而"学习者身份"则是终身学习时代个体最为突出的身份类型。

2.学习者身份之于终身学习的价值表征

学习者身份既是终身学习时代的重要标志,也是个体实现终身学习的一种关键元素。具体就学习者身份对于终身学习的价值而言,其主要可以体现在以下几个方面。其一,学习者身份有助于终身学习理念下教育目的的达成。其实,早在 1996 年联合国教科文组织就指出,教育的目的在于使人成为他自己,变成他自己或者使人成为"完整的人"。[①] 根据 UNESCO 的理解,完整的人不仅要获得知识、掌握技能、发展能力,还应该拥

---

① 联合国教科文组织国际教育发展委员会.学会生存——教育世界的今天和明天[M].北京:教育科学出版社,1996:14.

有完善的人格、美好的情感、正确的审美、健康的身体、良好的精神品质等诸多方面。显然，这些在我们当前的学校教育中是难以实现的。其中一个很重要的因素在于我们当前的学习多处于一种被动的学习状态，我们不是主动地寻求学习的机会，而是当我们面临困境，发现自己的所缺或不足的时候才进行填补，这显然不是终身学习理念所提倡和认同的。当我们采取被动的态度进行学习的时候，我们实际上是受外界，如学习内容、社会需求所奴役、所控制，此时的情感也是一种被动的、消极的情绪感受，学习者难以获得一种整体的、完整的体验，因此，终身学习理念下的教育目的也难以达成。学习者身份的建构有利于该目标的实现，学习者身份是个体对于自我作为学习者意义的感知与认同，如果个体获得了学习者身份，那么其会很容易、很自然地采取一种积极的、正面的态度来从事学习活动，从而主动地应对外界变革和社会需求。情感方面也更倾向于以一种积极的姿态投入学习之中，因此，与个体成为"完整的人"的目的不谋而合。其二，学习者身份有助于个体在终身学习时代和社会形态下对个体身份的认同。众所周知，社会中的个体总是以多元化的身份存在于世的，如某个人的身份可以同时是一名老师、一个摄影爱好者、一个舞蹈俱乐部的成员、一个学生的家长、一个擅长唱歌的民间歌手等，面对不同的对象群体，或者身处于不同的情境中，个体可能具有的身份及扮演的角色各不相同。在比较和谐的状态下，个体的众多角色能够协调一致，即处于一种身份认同的状态。而在大多数时候，随着外界环境的改变，个体实际上很难获得身份认同，或表现出一定的身份模糊，更为严重者出现身份认同危机。这种身份模糊和身份认同危机往往使得个体处于诸多困境之中。在终身学习的背景下，学习者身份将是个体各种身份类型中最为主要、基础和显著的身份，学习者身份使得个体能够主动地从事学习活动，当面临身份困惑时，个体总是能够围绕学习者身份，通过采取主动学习的策略，建构起能够适合当前情境的特定身份类型。

（二）学习者身份对自主学习的价值

1.自主学习中的学习者身份元素

当今社会日新月异，知识的增长方式及速度已经打破了以往的信息传递及获取途径，学校教育也在经历着剧烈的变革，尤其是在课程与教学改革的情境下，如何促进学生学会自主学习成为一个重要的议题。[①] 自主学习，也称自我调整学习（self－regulated learning），涉及个人的学习动机与自我监控的能力，个体在学习过程中运用各种学习策略，建立自我管理、自我调整的学习。自主学习不是一种心智能力或学业表现技巧，而是一种将心智技能转变为学业技巧而进行的自我管理或自我指导的过程。在这一过程中

---

① 李子建,邱德峰.学生自主学习:教学条件与策略[J].全球教育展望,2017(01):47—57.

学习被赋予了一种积极主动的概念,不再是对学习材料或内容的被动回应,学习者需要主动地调动自己的思想、情感、已有学习经验,对行为和环境进行调适。从自主学习的概念来看,自主学习具有自主性、自立性、自为性、自律性、主动性等显著特征。例如,自立性即意味着每个学习主体都是具有相对独立性的个体,学习是个体自己的事情,他的所思所行是任何人都无法替代的。自为性意味着学习是自我生成的,个体自我探索、自我选择、自我建构、自我创造,尽管外界(如老师)对学生的学习提供了支持和指导,但是实际认知加工的过程还是发生在学生的心智互动之中。自律性是指学习主体对自己的约束和管控,例如学习过程中注意力的集中、努力的持续性问题、对外界诱惑的抵制等。从自主学习的内涵和特征可以看出,自主学习也蕴含着丰富的学习者身份元素。自主学习所具有的特征,也是学习者身份及其建构过程中主要的特征反映。学习者身份的建构虽然会受外界因素的干扰,但是其本身是一个主动性的过程,是个体对于学习经历和经验的主动选择和加工,是学习者对经验意义的主动筛选、保留和建构。前文中已多次提到,学习者身份是个体对于自我作为一个学习者意义的感知与认同。学习者概念本身就体现了主动和自主学习的元素。

2.学习者身份之于自主学习的价值表征

学习者身份之于自主学习的价值主要体现在两个方面。其一,学习者身份能够为个体的自主学习提供内源性的动力。就自主学习和学习者身份的内涵而言,二者具有较大的相似性和内在的一致性。莱夫和温格(Lave&Wenger,1991)早已揭示了学习和身份之间的关系,他们认为学习和身份是同一事物的两个方面,学习的结果即身份的习得。根据他们的见解,自主学习的结果可以促使学习者身份的产生,因为学习者身份在学习过程中也是一种自主性的身份,是学习者主动建构的结果。而从学习者身份的形成机制来看,学习者身份必然是某种学习活动的结果,在这种类型的学习活动中,个体需要以积极的学习动机和学习情感投入其中,动机和情感既是身份建构的基础,也是身份建构的内在保障。如果没有一定的学习动机,学习者将无所适从,学习活动难以发生;如果缺少学习者情感的投入,学习者也难以获得关于自我作为学习者意义的体验。其二,自主学习在本质上是对个体主体性和自主性的彰显,这与学习者身份所表达和呼吁的理念不谋而合。自主学习是一种主动建构的学习历程,学习者在历程中自我设定学习目标,并监控与调整自己的认知、学习动机与学习行为,且根据设定好的目标和所在的环境,引导与约束自己的学习。在自主学习过程中,面对不同的学习情境和内容,学生会主动地根据他们的学习目标、学习条件等,适当地对自我和环境进行调适,从而达到理想的学习效果。而在身份的建构中,尽管已有经历和经验会建立起与新任务、新情境之间的联系,但是大多时候这些先前经历也会在一定程度上阻碍新的学习的发生,从而维持原有身份,阻止新身份的习得。面对如此情境,学习者也会采取类似于自主学习的策略,通过一定的技巧实现已有自我和新经验之间的协调,从而建构新的自我。

第二章　学生作为学习者身份的立论依据

英国大哲学家罗素说过："要了解一个时代或一个民族,我们必须了解它的哲学。"①
如果我们要了解学生,也应该先了解学生的哲学。学生既作为教育的对象,又作为教育
的主体,对学生的哲学的探究不仅是教学活动的前提,也是教育目的的一种体现。了解
学生的哲学,很重要的一点在于了解学生是谁,学生是作为哪种身份而存在的,学生又是
如何感知自身存在的,等等。人的身份有很多类型,社会的、文化的、政治的、生态的、历
史的等等诸多方面,学生作为一个"人"存在于世,必然要受到外界各种复杂的因素所影
响,学生在与这些因素的互动中也形成了某种特定类型的身份。具体到我们的教育和学
习实践层面,为什么说学习者身份是学生最为主要的身份类型? 其依据是什么? 这正是
本章节所要探讨的问题。

第一节　"学生"及"学习者"的辩证考究

"学生"和"学习者"都是对某个或某类人的指称,用来说明所指对象是什么或做什么
的一种特征属性,正如"身份"的概念一样,它们都是可用来定义自己和区别他人的一种
符号或标志。例如,我们说某人是"学生",我们就会很自然地联想到一些他所特有的行
为或活动特征(例如正在学校接受教育,有专业人员进行指导,进行系统化的学习,他需
要接受考试,会面临升学问题,思想相对不成熟、比较单纯等)。这些特征属性能够区分
"学生"和"非学生"的身份。相对而言,"学习者"的范围可能要比"学生"更为宽泛。那么
究竟什么是"学生",什么是"学习者"? 二者都作为某种特定类型的人,他们之间有着怎
样的联系和差异? 在当前的教育环境下,我们应把所教育的对象称为"学生"还是"学习
者",抑或是其他?

一、"学生"由来的历史考究

据考证,作为整体的"学生"一词,其最早出现在《庄子·达生》篇,原文为:"田开之见
周威公,威公曰:'吾闻祝肾学生,吾子与祝肾游,亦何闻焉?'"不过,此处的"学生"并不是
指某一个人,它译为学习养生之道的意思,做一个动词使用。在《后汉书·灵帝纪》中也
有关于学生的提法:"光和元年,始置鸿都门学生。"意思是在洛阳鸿都门这个地方专门设
立学校,招收一些具有尺牍辞赋及工书鸟篆一技之长的人进入鸿都门学习。结合当时的

---

①　罗素.西方哲学史(上卷)[M].何兆武,李约瑟,译.北京:商务印书馆,1963:12.

历史背景来看,此处的"学生"主要是对进入鸿都门学习的人的一种称谓,它表明了一种身份或资格。唐代韩愈的《请复国子监生徒状》中也有关于学生的表述:"国子馆学生三百人,皆取文武三品已上及国公子孙从三品已上曾孙补充;太学馆学生五百人,皆取五品已上及郡县公子孙从三品已上曾孙补充;四门馆学生五百人,皆取七品已上及侯伯子男子补充。"[①]这里的"国子馆、太学馆、四门馆"等均为我国封建时代的教育行政或学术机构,此处的"学生"主要是指进入上述机构学习的人,"学生"这一概念紧紧依附于机构,成为机构衍生出来的一个概念,只有进入该机构学习的人才被视为"学生",此时的学生概念具有明显的阶级性、等级性和封建色彩。

而从词的构成来看,"学生"是由"学"和"生"组成。"学"是一个较为常用且复杂的字,《汉字字源》中的解释是:"学"本义是"学校"。《孟子》:"夏日校,殷曰序,周曰庠;学则三代共之。"甲骨文的"学"字是一所房屋,上有"爻"(表声);有的字体有双手,表示合力兴学。西周金文阶段开始在屋内加"子",表示培养学习。《汉语大字典》中将学(學,xué)定义为:(1)学习。《诗·周颂·敬之》:"日就月将,学有缉熙于光明。"(2)模仿。杜甫《北征》诗:"学母无不为,晓妆随手抹。"(3)学问。如:治学。《论语·述而》:"德之不修,学之不讲……是吾忧也。"(4)学科。如:数学、生物学、政治经济学。(5)学校。如:小学、中学、大学。《礼记·学记》:"古之教者,家有塾,党有庠,术有序,国有学。"可见,"学"字的含义是十分复杂多样的,既有名词之意,又有动词之意。而"生"同样也有着极为复杂的含义,其基本意思就达20余种,《汉字字源》中的解释为:字形像地面上长出了一株嫩苗。本义是"生长""长出"。《礼记》:"王瓜生,苦菜秀。"其他的意义如"生育""生命""生活"等都是由本义引申而来的。而在甲骨文中,"生"字也是地上长草的示意图,由此产生有生命的东西的含义,引申表示为"生长""长出""生出""造出""活着""发生""生机"等。从只长叶没结果的形态中又产生出不成熟的含义,引申表示不成熟的果实、不熟的饭、没经过炼制的东西、不熟练、不熟悉、生硬、正在学习的人等。金文和篆文字形由草形和"土"构成。意思是土里长出草来,由此也能形成上述含义。汉字隶定时按取消逆笔的要求形成了现在的写法。

从上面分别对"学"和"生"的单字的字源及其含义的解释,我们可以发现,作为整体的"学生"一词,在本义上还是很大程度地延续了"学"和"生"的原始字义及用法。例如"学"字的"学习""模仿、效仿""学习之人"的含义,"生"字的"有生命力""不成熟"等含义。而我们当前所理解的"学生",从"学"的意义来看,主要是指学习他人、效仿他人的人,而且有专门的学习场所,例如孟子所指的"校、庠、序"等;从"生"的意义来看,主要是指"有生命力的、有活力的、生长的、不成熟的"人。这正与"学生"的概念及特点甚为匹配,用现代的话来说,他们是在专门的机构(如学校)从事学习活动的人,他们是正在成长中的鲜

① 逸凡点校.唐宋八大家全集(第1卷)韩愈[M].广州:新世纪出版社,1997:367.

活的个体,有着顽强的生命活动,但多数时候他们又是不成熟的个体,因此需要向他人学习、效仿他人,进而发展自我。

二、现代教育中的"学生"

　　"学生"是一个与时俱进的概念,我们当前所指的学生,在继承和保留历史意义的同时,更多的是具有了现代社会的特征。例如之前"学生"所包含的"学习养生之道""明清读书人或官场中自称的谦词""晚辈对自己的谦称""方言中的'男孩子'"等已经不多见,有的甚至不再使用了。当前人们所理解的"学生"主要是指在学校教育环境中接受教育,专门从事学习活动的人,特指在学校或其他研究机构学习的人。而就现代意义上的"学生"而言,它的准确由来时间,目前已经很难考证,当前已有的文献并没有就现代"学生"一词出现时间有明确的记载。其实这也并不奇怪,因为正如前文所言,"学生"作为一种文化符号,它是一种动态的存在。现代的"学生"概念并不是一个崭新的事物,也不是某一个时期突然造就的,而是随着教育本身的发展逐渐演变而来的,它与人类的教育活动一样,是一个连续性和继承性的事物。因此,现代"学生"的概念是蕴含在古代"学生"概念之中,随着教育形式的改变而渐渐地形成现在的意义。

　　学校作为一种主要的教育机构,对学生的学习产生了重要及深远的影响,其中,非常鲜明的一点儿是赋予了学习者以"学生"的身份。这种身份不仅影响外界对于他们的看法,也影响他们自身对"我是谁"的认识。处于学校教育情境中的个体,他们会很自然地、无意识地接受"学生"这个标签,他们能够轻易地认可"我是一名学生"或"我是某位老师的学生",而不是其他某种类型的人。因此,他们的认知、行为、话语、习惯等都表现出了"学生群体"以及"师生关系"的共性特征。然而,这种由学校所赋予的"学生"身份不可避免地带有某种局限,这种局限在一定程度上维持或加剧了学校教育中的不平等、对人个性的抹杀以及对人主观能动性的忽视。学校本身就是一种类别"标签",如有"双一流"学校、"985 工程"学校、"211 工程"学校、重点学校、公立学校、民办学校、普通学校、职业学校等之分。相应地,学生也被烙印上了"××学生"的身份。对于学生而言,这些身份并非都是他们的自主选择,而是学校或社会以一种隐性的、强制性的方式施加给他们的。由于外界对各种身份的期望和看法各有差异,这差异进而也影响到学生对自身的认同。这种由教育制度或学校所赋予的学生身份实际上是一种"先赋身份",它对身份持有一种静态的、固化的认识观,而否认了身份动态性、流动性的本质,忽视了学生的主观经验,也否定了学生可通过自身努力来获得改变这一事实,从而减少了学生向上流动(如选择好学校、好职业)的机会,强化或维持了社会的阶级性。而学习者身份只与学习活动相关,其打破了上述种种限制,是一种更为理想的身份图像。

三、何谓"学习者"

"学习者",顾名思义,学习的人。从构词法的角度来理解,"学习者"是由作为动词的"学习"和作为代词的"者"构成的。"者"在《汉语大字典》中,有如下释义:(1)代词。a. 相当于"这",如五代·王衍《醉妆词》:"那边走,者边走,莫厌金杯酒。"b. 与一系列词语构成"者"字结尾的短语,分别表示人、事、物、时间等。如《老子》:"知人者智,自知者明。"这里主要是用来指人。又如《论语》:"逝者如斯夫! 不舍昼夜。"这里主要用来指事或物。(2)助词。a. 用在句末表示语气完毕,如《孟子》:"大人者,不失其赤子之心者也。"b. 作为定语后置的标志,如唐·韩愈《杂说》:"马之千里者,一食或尽粟一石。"c. 表示祈使语气,如《西厢记》:"琴童接下马者!"(3)形容词。如《管子·君臣上》:"相总要者官谋士。"通"诸"zhū,表示众多。[①] 由此可见,"学习者"中的"者"字是其众多用法中的一种。在现代用语习惯中,"者"多用在形容词、动词或形容词性词组、动词性词组后面,表示有此属性或做此动作的人或物,如强者、老者、作者、读者、胜利者。在现代语境下,"学习者"中的"者"用在动词"学习"之后,表示具有学习属性或学习动作的人,而学习也有类似职业的性质,因此也有专门从事学习的人之含义。

学习者所对应的英语词汇为"learner",从构词法的角度来讲,learner 是由 learn(学习)加上后缀"－er"所派生的一个概念,通常被理解为学习者。那么,"学习者"到底是怎样的人? 作为"学习者"的他们有哪些特征? 从构词法的角度看,"learner"的属性是由"learn"所决定的,后缀"－er"只表示"什么人",但是具体是什么人,是由"－er"前面的词所决定的。例如,当"－er"前面是"work"时,这种人指的就是"工人";当"－er"前面是"teach"时,这种人指的就是"教学/教导的人"即"教师"。我们也可以发现,"work""teach"均蕴含着动作的连贯性、持续性和经常性的特征,因此,其与"－er"所构成的"worker""teacher"等也都体现了作为这种类型的人的一贯性和连续性,如 worker(工人)不是指某个瞬间、某一时刻或某种短期状态下才是 worker(工人),而是一种长期的属性。又如,teacher(教师)不是在某一瞬间或某一时刻所表现出的教学行为,而是一种长时间维度的状态。因此,这些词通常代表着某种职业或某类职业,体现着某种长期的角色和身份,他们所从事的活动及行为表现也是长期性的、连续性的。尽管人们没有对其进行时间限定,但从实际使用的语境来讲,无论是 teacher 还是 learner 都是较长时间或经常从事教授/教导或学习活动的人。

此外,就构词法而言,还可发现,"learner"不仅具有"learn"的属性,而且它的出现和存在是由"learn"所决定的,即无论是作为文化符号的"学习者",还是作为个体人的"学习

---

① 汉语大字典编辑委员会编纂.汉语大字典(第二版)[Z].武汉:崇文书局,2010:2972.

者"，它是由学习本身决定的而非其他，这就与"学生"这一符号或这一类型的"人"是由学校机构或教育制度所赋予、决定的有着本质上的不同。"学习者"是由学习或学习活动本身所决定的，它不是人为因素的结果；作为人的一种本能属性，它是不以社会差别为转移的，它本身并不带有"人为"雕刻的属性。因此，相对于"学生"这一符号而言，"学习者"更能够与"学习"保持内在的和本质上的一致性、趋同性。相对于"学生"这一符号而言，"学习者"更能体现出一种人在学习过程中的主体性、主动性和能动性。因此，"学习者"实际上是指能够根据自身的需要，进行自发的、主动的、专门的、长期的从事学习活动的人，他们能够对自身的学习负责，能够管理和调整自身的学习和行为。

四、"学生"和"学习者"的异同

前文分别从词源和构词法的角度对"学生"和"学习者"的概念定义进行了探究，我们发现二者之间存在着十分紧密的关联，以至于在很多情况下，人们都习惯于将二者作为同一个概念来使用。事实上，它们是两个有区别的概念，为了能在今后的使用中更加符合规范和语境要求，这里我们尝试对"学生"和"学习者"的异同作一简要区分。

（一）"学生"和"学习者"的联系

从维果茨基学派的视角来看，任何符号和语言都是一种特定的人类社会文化的产物，也可称为"人工制品"（artifact tools），它们共同为人类所特有，也共同为人类自身的发生、发展所服务。因此，这些文化符号总是或多或少存在一定的联系。而对"学生"和"学习者"而言，二者之间更是有着非常密切的联系，它们甚至被当作同一个概念使用。一般而言，"学生"和"学习者"的联系主要有以下几个方面：（1）二者都是一种用来指代某种特定类型的人的文化符号。例如，"学生"作为一种文化符号主要是指在学校教育机构中从事学习活动的人，当某人自称是"学生"或者被他人称为"学生"时，我们很容易就分辨出了这类个体/群体的某些特征或属性，而这些特征和属性是其他类型的人所不具有的。"学生"有专门的教师对其进行指导，他们需要在课堂上听老师讲课，课后还要完成一定的作业任务，需要面临一定的评价和考试升学等任务。"学习者"也是对某类特定人群的反映，它主要是对自主从事、长期从事、正在从事学习活动的个体的表征，而这种文化符号也能够用于区分"学习者"和"非学习者"的不同。（2）二者都在一定程度上指向了个体的学习活动。例如"学生"是指在学校机构中专门进行学习活动的个体，这就有别于学校机构中的其他人员，如"教师"主要从事教学活动，"管理人员"主要从事学校管理工作等，专门的学习活动是"学生"的一个重要标志。而"学习者"在这层意义上更为显著，因为"学习者"的概念本身就是来源于学习活动，所以它的指向性更为明确和直接。

(3)二者都具有一定的情境依赖性。我们说学习是一种情境性的活动,"学生"的学习主要依赖于学校教育中的正式学习情境,如课堂、班级活动、小组讨论、项目学习等,而"学习者"的学习既依赖于正式的学习情境,也依赖于非正式的学习情境,如日常生活中的学习、休闲娱乐中的学习、网络空间中的学习等。总而言之,无论是"学生"的学习还是"学习者"的学习,都离不开一定的情境支撑。(4)(理想情况下)二者具有一定程度上的内在一致性。"学生"和"学习者"都是用来表示从事学习活动的个体,因此,在很多时候二者被画为等号使用。如在理想的情况下,"学生"和"学习者"也可被用于表达同一个意思,即"学生"符合了学习者特征,满足了自主性、长期性和正在从事等几个要素的时候,"学生"可以被视为"学习者"。

(二)"学生"和"学习者"的区别

"学生"和"学习者"作为两个不同的概念,它们之间也存在着一定的区别。(1)从概念的来源上看,"学生"是由学校机构和教育制度等赋予的一个概念,具有非常明显的"人为性"特征。例如,同样是学生身份,不同类型的学校的学生身份是有差异的,这种差异不是由"学生"的个体差异所导致的,而是受学校本身所影响的。例如,一个重点院校的学生身份和一个普通院校的学生身份必然是不同的,在个体自我的认知以及社会对该学生身份的认知上是存在差异的,最为常见的诸如某些就业招聘中经常会遇到仅限于某类重点学校毕业的学生等,这都是学生身份差异的一种体现。而"学习者"身份是由学习活动本身所决定的,是一个平等的概念,不具有上述差异的特征,它重在突出个体的学习意识、习惯和能力。(2)在自我认知上二者存在一定的差异。"学生"对自我身份的认知是学生,而"学习者"对自我身份的认知是学习者,这两种认知是有着不同的取向和表现的。当"学生"将自我定义为学生身份时,这种定义的依据主要是依赖于一些外在的要素,如学校、教师、课程、考试等等,这些外在因素的综合作用导致学生形成了这种认识。与此相应,"学生"也会形成相应的认知和信念,并表现出来一些与此身份对应的行为特征,如学生可能并不把自己看作学习的主体,而是根据学校和老师抑或是家长的期望和要求完成任务而已,学习对于他们自身的实际意义要小于满足学校、教师或家长的需求。当"学生"将身份定义为学习者时,这种认知依据主要是内在的学习活动,他们认为学习不是外界强加于他们的东西,而是基于自身的兴趣和需求。"学习者"身份实际上意味着学习者个体已经意识到自己是学习的主体,并体验到学习对于自身的意义。(3)在学习的行为表现上,"学生"多表现为被动的学习特征,而"学习者"具有更多主动性的特征。这种倾向并不是绝对的,但往往在很多时候是真实发生的。由于个体被赋予了"学生"身份,即自从进入学校接受教育开始,学生的学习总是在计划之下发生的,校内的大多数学习均是如此,即使当学生离开学校学习情境回到家中学习时,他们的学习也只是学校学习任务的一种延续或满足家长的要求,他们很少有时间和能力对自己的学习负责,因此,学生的学习多表现为一种被动的学习,或是一种表层的学习。而"学习者"的学习却包含很多主动性的因素,因为他们需要通过学习的过程不断建构关于自身的意义,这种意义不是外界灌输或强加给他们的,而是基于自己的学习经历和体验所建构的。因此,相对于"学生"学习过程中教师是"教授者"的角色而言,在"学习者"的学习中,教师多扮演着引导者、协作者、学习兴趣的激发者的角色。因此,同样的学习个体,在不同的符号身份的情境下,学习倾向是不一样的。学生和学习者的对比如表 2-1 所示。

表 2-1 学生和学习者的对比

条目	学生	学习者
身份来源	学校或教育制度	学习活动本身
自我认知	顺从者、接受者	自主学习者、建构者
学习倾向	依赖性	自主性、独立性
学习时间	固定	灵活、随时
学习空间	封闭、固定(如学校、教室)	多元、开放、随地
学习途径	教师教学	教师指导下的学生探究、自主学习
学习方式	正式学习为主	正式和非正式学习相结合
学习属性	传统学习	个性化学习、终身学习
学习倾向	被动学习	自主学习
学习结果	知识技能	意义建构
关注点	学习什么	如何学习
自我属性	客我	主我
概念寓意	未成熟的人	发展中的人

第二节 学习空间及学习情境的现代性变革

任何学习活动都需要在一定的时空条件下进行,这种时空条件是学习活动得以发生的基础。学习空间可被视为学习环境的一个重要组成部分或表现形式,相对于学习环境,学习空间更侧重于学习活动发生的物理上的、位置上的、物质上的空间属性,网络虚拟学习空间也是其中的一种。有研究者曾对学习空间及学习环境进行了一定的区分,认为学习空间与传统学习环境最大的区别在于,学习空间高度重视学习资源、信息资源、技术资源、设备资源及人力资源的无缝链接和集成,为学习者的学习过程提供了全面的支持。[①] 其进而指出,学习空间是一种能让学习者获取资源、自由参与活动、互动交流协作的环境,它包括实体空间和虚拟空间。不同学习空间反映了不同的教育理念及教学方式,从身份的角度来看,在不同的学习空间下,个体的身份也存在一定的差异。

一、作为传统学习空间中的"学生"

从历史的发展来看,自学校作为一种主要的教育机构诞生之日起,它就成为学生学习的主要场所,这种情况一直延续至今。长期以来学校被视为传统教育形式的一种典型代表,学校学习空间因此也成为传统学习空间的一种主要表现形式。从物理空间的构成来看,学校学习空间主要表现在物理布局上,例如教室、图书馆、实验室、自习室、操场、学习角等,学生的学习形式主要包括课堂学习、课后和老师或同学交流讨论、参加各种报告和研讨会、其他类型的活动,总之是发生在学校围墙内的一切空间中的学习。其中教室是最为典型的学校学习空间的代表,发生在教室中的学习活动主要是由教师教、学生学这种传统的学习方式所产生的。在信息技术、多媒体手段还没有引入教室之前,教师、学生、黑板、教材构成了最为基本的学习模式,随着多媒体技术的介入,教师、学生、多媒体资源逐渐成为教室中的主流教学和学习模式。但这种学习模式只是一种外在的变革,相对以往的学习模式,其并没有在本质上发生明显的变革。

传统学习空间中的学习具有以下几个显著特点。其一,行为主义学习模式占主导。例如,以"教室"为代表的学校学习空间,其在设计时仅考虑到了对直接讲授和演示为主的传统教学方法的支持,而对建构主义等当代主流学习理论和新的学习科学所强调的协作学习法、发现法、探究法、课堂讨论、情境创设等教学方法和教学策略的支持不够。其二,学生经验获得的途径相对单一。在传统的学习空间中,教师既是学生的主要互动对象,也是学生获得知识的主要来源之一。一般情况下,教师根据一定的教学计划,将需要讲授的材料内容提前准备好,然后在课堂上通过一定的媒介将这些内容直接讲授或展示给学生,学生的任务主要是学习教师所讲的内容。学生获取知识、技能以及理解其他经验等全部都是来自教师的安排,教师课堂教授什么、课后安排什么,学生就学习什么,学生经验获取的途径非常单一。其三,无法满足学生的个性化需求。学生的个性化发展是教育目的的一项重要内容,而在传统的学习空间内,学生的个性化发展实际上是滞后的。例如,在传统的教室空间中,教师和学生之间是一对多的关系,信息传播渠道及沟通方式的局限,使教师无法同时满足学生的多种需求。所有学生的学习内容、学习进度、评价方式都趋近相同,这显然不利于学生个性的发展。其四,信息互动模式固化难以打破。在

---

① 王继新,郑旭东,黄涛.非线性学习空间的设计与创建[J].中国电化教育,2010(01):19—22.

传统的学校学习空间中,学校领导、教师、学生以及其他人员共同构成了学校人际交流网络,但是这种交流网络并不是一种开放式的结构,现实中他们之间的不同信息的交流需要在特定的结构以及不同的空间内进行。例如,教师的教学必须在教室中进行,学习资料的获得需要到图书馆或资料室去查阅,实验活动需在实验室中去操作,团队或班级活动就需要去更大的空间(大的教室或礼堂)中进行。① 这种传统的学校学习空间由于物理上的相互隔离使得信息的传递变得阻塞,这种物理上的阻隔又使得人与人之间的沟通只能限于特定的空间和场合。

学习空间不仅是学生学习活动所发生的场所,也是学生生活和成长的场所,因此,学习空间对于学生个性、人格的发展具有重要的作用。在传统的学习空间中(主要是指学校学习空间),"学生"这一符号正好与学校学习空间相匹配。换而言之,"学生"是与"学校学习"相对应的一个概念。其一,从"学生"的来源来看,"学生"本来就专门指在学校机构中进行学习的个体。随着班级授课制的出现,学校作为一种正式的、专门的教学和学习活动场所的地位更加突出,适龄的儿童、青少年等都纷纷进入学校接受教育,专门进行学习活动。其二,"学生"是一个倾向于被动的概念,这与传统学校学习空间中的学习个体甚为吻合。在传统的学习空间中,教师是知识的权威,是信息的持有者,是学习内容的计划者、学习过程的监控者、学习结果的评价者,"学生"获得学习的方式主要是依靠教师讲授,教师和学生之间的信息传递以及交流互动的模式是一种单向的教师主导的模式,学生通常是处于一种被动的接受者的状态。其三,"学校"和"学生"都是特定意识形态下的产物,"学校"承担了生产"学生"的职能。布迪厄认为学校的一种极为突出的功能是作为社会的功能,即国家的最为重要的合法化机构,将现有结构和意识形态条件合法化,并且将儿童社会化。因此,学校所培养的是能够为统治阶级服务的"学生",而不是"学习者"。

二、作为现代学习空间中的"学习者"

现代学习空间具有以下几个典型的特征:其一,建构主义和情境学习理论占主导地位。自 20 世纪 90 年代以来,建构主义学习理论、情境认知与学习理论、分布式认知理论等逐渐替代了认知主义和行为主义学习理论在教育领域中的主导地位,成为教育领域中的主流理论。建构主义认为,学习并不是由教师向学生单向传递知识的过程,而是学生主动建构自己知识的过程,学习者也不是被动的信息接收者,而是主动地建构信息的意义。情境学习理论更突出了学习情境的重要作用,认为任何学习活动都是发生在特定的学习情境之中,如果脱离了这种情境,学习活动便失去了其存在的基础条件。建构主义

---

① 王广新.网络环境下学习空间的特征分析[J].电化教育研究,2000(02):58—62.

和情境学习,前者突出了学习者个体在学习过程中的主体性,后者突出了学习赖以存在的环境。其二,学生经验获得的途径较为便捷、多元。相对于传统的教室和学校学习环境,现代学习空间变得越来越多元,除了传统的学校、课堂等学习空间以外,现代的学习空间范围已经拓展到了各个方面。不过,当前最具代表性、应用潜力最大的当属网络学习空间,网络学习空间是一种虚拟的学习空间,它是伴随着科学技术的进步,以及互联网通信技术发展而来的产物,这种学习空间在互联网出现之前是不存在的。在互联网的学习空间中,学生的学习途径变得非常多元化,他们可以通过移动终端随时随地获取信息,包括教师在课堂上所讲的教学内容。其三,有利于学生个性的养成。现代学习空间之于传统学习空间的一个显著优势在于,现代学习空间非常开放和多元。在这种开放和多元的学习空间中,学生具有更多的自主探究的机会,他们能够在更大限度上去表达自己的个性。同时,多元化的现代学习空间,使得学生的信息接触渠道变得非常多样。他们可以选择自己感兴趣的学习内容,以自己的学习步调进行学习,对于简单的学习任务可以加快学习速度,对于有难度的学习内容可以适当放慢学习脚步。

当前,学生的学习空间越来越多元化,学生的学习不再仅限于发生在学校空间中的学习,还包括各种多元空间中的学习,如日常生活中的学习、工作场所中的学习以及网络空间中的学习等等。既然学生的学习不再仅限于学校,那么学校所赋予的单一的"学生"身份必然要受到挑战。换而言之,这种"学生"身份已经不能与当前的学习相匹配,学校所赋予的"学生"身份已经无法涵盖学生的方方面面。在传统的学习环境中,学校是学习最为主要甚至是唯一的学习空间,学校赋予了学习个体"学生"身份,且这种"学生"身份能够在一定程度上与"学生"所从事的学习活动相一致。然而当下,尤其是随着终身学习理念的引入,这种"学生"身份明显已经无法再与个体的学习相适应。终身学习强调个体学习在时间上和空间上是连续的、一贯的,它可以发生在个体一生中的任何时刻和任何场合,而"学生"身份只有在特定时间的特定场合下才有意义。因此,作为一种由机构或制度所赋予的"学生"身份显然不能够代表当下既在学校空间中,又在其他多元空间中从事学习活动的个体。"学习者"恰能够也最适合用来反映这一类人——正在从事的学习活动的人,学习者的学习发生并存在于多种空间之中,如日常生活中的学习、工作场所中的学习、网络空间中的学习,而学校只是其中较为传统和典型的一种。"学习者"反映了一种动态的、多元化的特征,因为学习者的学习是持续一生的学习,是发生在所有空间中的学习。总而言之,随着学习空间的转变,传统的学习空间中的"学生"要转变成为现代学习空间中的"学习者"。

三、"在打铁中成为铁匠"

(一)学习是一种情境性的活动

所有的学习都是情境性的,学习情境本身也是学习的一个组成部分,这是情境学习者普遍认可的一个观点。学习情境总是在同一时间内,既被视为一个或多个学习者发现自己所在的直接情境,例如,在学校中、在工作场所中或休闲活动中,也被视为一种社会性情境,它普遍地受到当前社会规范和结构的影响。情境学习(situated learning)不仅仅是一种使教学必须"情境化"或"与情境密切相关"的建议,还是有关人类知识本质的一种理论。它是研究人类知识如何在活动过程中发展的,特别是人们如何去创造和解释他们正在做什么的表征。人们在一定的情境活动中,展示了他们的知识以及他们活动的意义。

在关于知识的看法上,情境学习者认为知识不是一件事情或一组表征,也不是事实和规则的云集,而是一种动态的建构与组织,正如我们想象什么事情要发生在我们身上,我们要谈什么和做什么一样,我们的行为建立在我们作为一个社会成员的角色之上。知识还应该是人类协调一系列行为的能力,适应环境动态变化发展的能力。我们在社会情境中对我们的各种活动进行构想,进而控制我们的思维和言行。人类学家还认为,在日常生活实践中,没有任何一种特殊的"学习",只有根据文化背景的差异而不断变化的参与性实践活动才是学习,或者说学习是日常生活中个体的"参与"在实践中改变理解的过程。在这里,学习被理解为现实世界中的创造性社会实践活动中完整的一部分,是对不断变化的实践的理解与参与。所以,在人类学家看来,所有学习都发生在社会生活里,存在于社会实践中,但这些实践永远处于生产、再生产、改革和变化的过程中。总而言之,不存在脱离情境的学习,个体是在与学习情境的互动下获得了知识,形成了实践中的身份。戴维·乔纳森分别从心理学视角和人类学视角对情境学习的不同关注点进行了归纳,由此来进一步促进人们对情境学习的了解。具体如表 2-2 所示。[①]

表 2-2　情境学习的心理学视角和人类学视角

维度视角	心理学视角	人类学视角
关注重点	认知	个体与共同体的关系
学习者	学校中的学生	实践共同体成员
分析单位	情境化活动	共同体中的个体

---

① 王红艳.新手教师在学校实践共同体中的学习[M].重庆:重庆大学出版社,2012:14.

续表

维度视角	心理学视角	人类学视角
互动结构	意义	意义、身份和共同体
学习场所	学校	日常世界
学习目标	为未来任务做准备	满足即时的共同体/社会的需求
对教育的意义	实习场	实践共同体

（二）学习活动促使了学习者的生成

法国教育家塞莱斯坦·弗雷内有一句经典的名言"人在打铁中成为铁匠"。这句话至少可以从两个方面来理解：一是突出了学习活动的情境性，二是说明了情境性活动的结果。正如一个人想成为一名铁匠，首先是要有打铁的活动情境，这种情境是专门性的，专指打铁活动的情境。这种打铁情境活动的结果是成为铁匠，即具有某种特别类型的人，不是石匠、花匠或其他工匠之类。"人在打铁中成为铁匠"这句话还表明另外一层含义，即打铁活动的过程是从事打铁活动和行为的人的自身意义炼制过程，这种意义炼制不仅使得个体具备打铁的知识，掌握了打铁的技能（例如可以单独完成一项打铁的任务，甚至可以指导、教授其他学徒打铁的技能），还使得打铁者形成了一种关于自身的认知，即"我是一名铁匠"。"人在打铁中成为铁匠"在某种程度上与进步教育所提倡的"做中学"有较大的相似性，即都强调了"做"的过程。

同理，在个体的学习活动中，学习是学习者个体自身的一种意义炼制活动，这种意义炼制的过程具有不可替代性，这也就意味着学习者对学习材料的加工，对学习内容的理解，与学习情境的互动都是发生在学习者的主动参与之下的。当个体处于情境性的学习活动中，并主动从事这项学习活动时，最终的结果就是个体成为一名学习者。学习者的概念有别于学校教育情境下学生的概念，学生总是无法避免地与教师和教学捆绑在一起，很多时候教学替代了学习，这也就意味着学习者的学习情境实际上转变成为教师的教学情境，尽管二者都存在于同一时空之中，但是这种活动使得师生双方被分割成了"主体"和"客体"的二元对立时空。作为学习者的学生无法主动地实现自身意义建构的心路历程，他们所获得的经验总是被加工好的，以一种强迫的方式灌输到他们的头脑之中，学习者的"打铁"过程被他人的"打铁"过程所取代。而一旦这种"打铁"的经历被他人所取代，那么发生在学习者身上的学习过程就已经被大大地削弱了，这与情境学习者所持有的观点显然是相悖的。因此，学习过程的发生，一定是个体在一定的情境中，通过自身的不断参与和实践完成的，个体在学习活动的实践和参与中实现了意义的炼制过程，而这种意义的炼制过程最终促使个体对于自我作为一名学习者身份的识别和认可。

第三节 未来学校教育哲学的转向

学校应着眼于学生未来的发展,服务于学生生命的延续和发展。在现代学校教育背景下,"学生"是教育对象最为主要的,甚至是唯一的"合法性"文化符号,"学生"一词常常出现在各种正式的或非正式的场合之中。"学生"作为一种文化符号的出现不仅与学校教育制度有关,更与教师及教学活动有着密切的关系。一方面,"教师"和"学生"是作为学校教育能动主体的两个极点同时存在的,二者是相互依存的关系。另一方面,教师的教学活动和学生的学习活动在某种程度上可以被看作同一事物的两个方面(尽管这个说法并不十分准确),例如,在理想的状态下,教师的教学内容即学生的学习内容。因此,"学生"的存在、表现及未来发展总是受教师的影响和制约,教师对学生的看法、认识和观念在很大程度上会作用于"学生"对于自我的认知和意识。从未来教师教学的发展变革来看,学生不仅是作为"学生"身份而存在,更是作为"学习者"身份而存在。

一、由被动的"接受者"到主动的"建构者"

对于人的充分自由发展而言,教育作为一种系统的、有目的的培养人的活动,总是一种外在的,或多或少有一些强加给他人的成分和因素。尽管到目前为止,还没有一种公开的声音反对教育的意义和价值,但是对教育某些方面和问题的批判还是比比皆是。在全世界范围内,义务教育是绝大多数国家都认可和赞同的,很多国家和地区甚至已经将义务教育作为一项基本的国策。尽管义务教育的实施在一定程度上对于缓解教育公平、增加适龄儿童的学习机会以及促进教育均衡发展具有重要的推动作用,但是义务教育毕竟是义务性的、强制性的,因此,在实施过程中也很容易使得整个教育要素都带有被动的特征,其中最为突出的就是学生的被动性。从学习空间的分配(如学生通常都被统一指定在某个教室学习,学生的座位安排也是由教师来分配的,而一旦被指定后就少有机会再变动)到学习内容的选择(学习内容是由学校或者教育部门统一规划的,学生很少能够根据自己的意愿主动选择学习内容),从学习过程的安排(所有学生的学习进度都是相同的,不管是学习余力者,还是学习困难者,都是由教师统一设定学习过程进度的)到学习效果的评价(从学生的学习过程到学生的学习结果都是由教师来统一评价的,通常是采用以考试为主的终结性评价的方式评估学生的学习效果)都是由学校及教师把控的,学生很少能够参与其中,也不用为自己的学习负责,学生学习结果的好坏直接反映在了对教师教学质量的评估考核上。总而言之,学生多是以一种"局外人"的身份涉入学习当中,因此学生的学习是一种被动的学习。

既然学生的学习是一种被动的学习,那么学生在学习过程中自然扮演着被动的"接受者"的身份角色。学生只需要按照学校和教师的要求,完成规定的学习任务,那么对于学校和教师而言,其就是一个"合格的"学生。尽管这种认识在我们现在看来有很多不当之处,但是在现实中这却是一种比较普遍存在的现状。通常教师按照教学计划的要求,组织好教学内容,然后在课堂上将这些教学内容讲授给学生,学生的义务就是课上认真听讲,课后按时、认真完成教师布置的作业任务,这样周而复始、无限循环。从课堂环境来看,这种课堂教学仍旧属于比较偏激的"教师中心",教师主导着课程的实施及进程,其对于学生的自主学习意识不可避免地产生了阻碍和负面的影响。[①] 真正的课堂应该关注学生生命的"在场",既包含全体学生,实现群体的价值,又关注每一个学生的差异。当学生作为被动的知识"接受者"时,教师的教学实际上代替了学生的学习,本应由学生自己加工和建构知识和经验的过程被教师取代了。学生成了教学刺激的被动反应者,教师和学生在某种程度上扮演了行为主义理念下的实施者和接受者。

在 20 世纪 90 年代,心理学和教育学领域中兴起了另外一种理论思潮,即建构主义。建构主义及其相关理论的发展象征着一种范式的转化,即从传统的传授式学习观点向更加社会的、对话的和建构的学习观点的转向,这种转向更加突出了学习者在学习过程中的不可取代性。教学是向学生传递观念的过程,好的教学意味着更加有效地传达。在此之前的学习理论中,大多数教育者相信改进学习就是通过提高信息清晰度从而更加有效地将观念传达给学习者。大多数教育机构都存在以下假设:如果教师将他们知道的信息传达(传输)给学生,那么学生就能掌握得同样好。他们之所以会有这样的假设,是因为教师学习某些观念的时间更长,他们对这些观念理解得更好,因此能够更好地传达(传输)。从认识论的角度看,该假设假定知识是一种可以被传递并为个人所有的物品,这意味着学生可以像教师一样了解世界。而建构主义者认为,学习是意义的建构过程,不是知识的传输过程。因此,教学作为一种传授知识的活动在建构主义者的观念下是不可取的,甚至是错误的。就教师教学和学生学习而言,教师教学的作用在于为学习者的意义建构提供媒介和互动的内容,然后由学习者自己根据已有经验进行意义加工。从杜威的教学思想来理解,就是让学生在"做中学",让学习成为学生的一种生活,让学生自己建构自己生活的意义。要做到这一点,就要让学生学会自我抉择,发现自己的兴趣所在,根据自己的理解去发现和处理问题,从而达到对社会的适应。[②] 学生在意义建构(即试图解决

---

① 李子建,尹弘飚.课堂环境对香港学生自主学习的影响——兼论"教师中心"与"学生中心"之辨[J].北京大学教育评论,2010(01):70—82.

② 于泽元.杜威与实用主义教育思想[J].今日教育,2007(03):24—25.

在我们确实知道的与我们感知到的或我们相信他人知道的之间存在的不协调)的过程中,会产生疑惑、不安、混乱、期待违背、好奇、认知的不协调等体验,这与从现象和经验中制订意义以及我们知道的和我们想知道的或需要知道的之间的不协调有关,不过这种不协调的体验确保了学习者对知识的某些所有权,无论是个人还是社会,其建构的知识都必须为意义建构者所拥有并归功于他。尽管建构主义者并未明显地采用自主、主动、能动等词作为其区别于其他学习理论的标志,但是从建构主义学习者的身份却可以很明显地发现自主、主动等痕迹。因此意义建构一定是一个主动的过程,尽管会受到外界的影响和引导,但是建构本身却是发生在学习者个体的心智结构之中的。从身份的角度来理解,当学生由被动的"接受者"转变为知识、经验的主动"建构者"时,学生实际经历了一种转变,即由学生身份向学习者身份的转变。

二、由对"学习结果"的关注走向对"学习力"的关注

学生既是学校教育所要培养的对象,又是构成学校机构的一个重要元素。当学生作为学校教育的培养对象时,培养的效果和质量是学校教育重在考虑的一项主题和内容,教师不仅要关注如何将特定的教学内容传递给学生,还要评判学生的学习掌握情况。当学生作为构成学校机构的一个重要元素时,学校机构的好坏也是通过学生学习质量体现出来的,而学习质量的高低又回归到第一个层面的问题上,即教师对学生的评价情况。当前,教师对学生的评价主要关注学生的学习结果,即所谓的结果性评价(又称终结性评价),结果性评价可以看作对学生某一时间段学习结果的一个总结性反映。结果性评价通常是采用统一考试的形式,例如在某一门课程学习结束后,通常会设计一定类型的考试项目来检验学生对于该门课程的掌握情况。先不论这种评价形式的优劣,作为一名教师首要关注的焦点应该在于为什么评价的关注点是学生的学习结果,这不仅是评价的具体内容,更是评价的出发点和价值立场。在现实的教育中,我们可能并没有对这些问题有过深入的思考,这就导致我们对学生的评价很容易就聚焦到了一些显性的、表现性的和行为性的因素上,使得我们只关注学生的某一个方面而忽视了其他的方面,因此往往会产生一些比较狭隘的、片面的评价结果和印象。例如我们通常采用学生最终的学习成绩来判断一个学生的学业成就情况,如果某个学生得分高,我们的结论就是这个学生学习好、会学习或者学习能力强等。从现在的观点来看,真实情况是否果真如此仍旧值得商榷。对学生学习结果的评价和关注是学校的一项重要任务,是学校赋予教师合法化权利的一种有效表达路径,是"学生"角色本身应该承担的义务内容。

随着对教育本质探究的不断深入,对人才培养质量的衡量标准也变得多元化,评价方式及评价取向也都发生了一定的转变。这种转变不仅是改进传统教育评价局限的必然要求,更是未来学校教育应重点考虑的趋势。在教育全球化、学习现代化的时代,教育

者需要具有一定的远见。当前已经有不少研究者似乎看到了未来社会发展对学校教育所提出的要求,即学校教育培养的不是熟练知识和技能的掌握者,而是具备学习力的学习者。现代教育的本质在于解决人自身的发展与价值问题,是人发展的潜在可能的现实实现,而不是把人作为社会的被动客体来塑造。在对教育本质及教育目的的不断反思下,"学习力"的概念顺势而生,学习力是"指一个人的学习动力、学习毅力、学习能力和学习创新力的总和,是人们获取知识、分享知识、运用知识和创造知识的能力"。从构成上来看,学习者的学习力不仅包含他的知识总量,即学习者的综合素质、学习效率和学习品质;还包含他的学习流量,即学习的速度及吸纳和扩充知识的能力;更重要的是看他的知识增量,即学习成果的创新程度以及学习者把知识转化为价值的程度。① 裴娣娜教授等人认为,学习力是学生的生长力(活力和能力),是人的生成、成长和发展,是人具有的饱满生命能量与活力。在"学习力"理念的关照下,学习将真正的动力从外在动因的驱使转向了内在个体的自身方面,将学习者作为一个鲜活的个体来考虑,学习的目的是使人成为他自己,变更他自己。

当教师将目光聚焦到学生的学习力,将教学的作用看作促进学生学习力的发展时,才可以被视作真正地在关注学生及学生学习本身,其他的正如前文中所提到的一些可测量的、表现性的学习结果只不过是学习本身所附带的一些衍生品。学习力主要反映了学习者三个层面的要素:一是学习者的基本素质,包括知识与经验、策略与反思、意志与进取;二是实现学习者发展的两个基本路径,包括实践与活动、协作与交往;三是学习者发展的最高境界,即批判与创新。② 这三个层面共同构成了学习者全面、个性发展的系统架构。学习力所体现出来的三个层面要素与美国 21 世纪学习框架较为吻合,例如,在美国 21 世纪学习框架中,学习者的要素包括创造力和创新(Creativity and Innovation)、批判性思维和问题解决(Critical Thinking and Problem Solving)、交流(Communication)及合作(Collaboration)等。相对于学习结果而言,学习力更具有全面性和说服力。学习力的结构在某种程度上与当下所提出的学生发展核心素养具有较大的相似之处,这也进一步印证了学习力是一个动态的、着眼于个体未来的概念。当教师将关注点从学生学习结果转向学习力时,教师所关注的个体已经不是"学生"符号所能体现的范畴了,而是鲜活的、主动的、富有学习能力的"学习者"所能代表的范畴。李希贵认为学习力是在学生自主学习的过程中产生的,未来的教育教学改革的方向应该把教学变为学习,以学生为中心,以学习为中心,坚持学生本位和学习本位,这样才能够使得学生个性化地学习和成长。③ 由此可见,学习者及学习将是未来教育发展中的两大主题,在教师和教授对象的关系中,学

---

① 裴娣娜.学习力:诠释学生学习与发展的新视野[J].课程·教材·教法,2016(07):3—9.
② 裴娣娜.学习力:诠释学生学习与发展的新视野[J].课程·教材·教法,2016(07):3—9.
③ 蔡继乐,董鲁皖龙."提升学生学习力为明天准备人才"——访十九大代表、北京十一学校校长李希贵[N].中国教育报,2017-10-24(03).

习者才是学习的主体,而在教与学的关系中,学才是处于根本地位。教师对于学习者学习力的关注实际上体现了教师教学哲学的转变,包含了教师对于教学和学习关系的重新省思以及对于教育对象的再认识。

三、由"学生"到"学习者"的转变

从前文构词法的角度分析可知,"学"和"生"组合在一起,构成"学生"时,也在很大程度上保留了"学"和"生"的字源含义,"学生"是一个有生命活力的、活生生的,但又在某些方面不成熟,处于成长之中的进行学习的人。而当"学生"作为某种专门进行学习的人的时候,他已经与"学校"和"教育制度"这种人为的文化产物紧紧地拴在了一起。"学生"不只是学习之人,而且也是代表某种意识或阶级属性的身份,拥有不同学生身份的个体的学习机会存在巨大差异。此外,"学生"在学习过程中的自主性和能动性实际上受到了很大程度的限制,这种限制和"学生"这一符号本身有着紧密的相关性。相比而言,"学习者"这一文化符号比"学生"更具有自由、主动、中立的特点。"学习者"是由学习本身所决定的,人是在学习的过程中成为"学习者"的,而不是人为赋予的。学习并不是人类社会的产物,而是作为人类得以存在的一个前提,不管在什么样的时代,不管在什么样的意识形态下,学习总是存在的,也总是会发生的,它不会随着某些群体、某种立场或是某些意识的不同而在性质上发生改变。总而言之,"学习者"比"学生"更贴近现代语境中的学习,且符合作为主体的人的学习。

由学校或教育制度所决定的"学生"身份实际上体现了一种压迫性的特征,因为这种身份不是"学生"主动选择的结果,而是外在的强加给他们的。保罗·弗莱雷在谈到灌输教育的时候提到了 10 种压迫性的现象和行为:(1)教师教,学生被教;(2)教师无所不知,学生一无所知;(3)教师思考,学生被考虑;(4)教师讲,学生温顺地听;(5)教师制订纪律,学生遵守纪律;(6)教师作出选择并强加于学生,学生唯命是从;(7)教师作出行动,学生则幻想通过教师的行动而行动;(8)教师选择学习内容,学生(没有征求其意见)适应学习内容;(9)教师把自己作为学生自由的对立面而建立起来的专业权威与知识权威混为一谈;(10)教师把自己作为学习过程的主体,而学生纯粹只是客体。[①] 这些现象其实和"学生"作为一种被动的身份有着极大的相似性。"学生"是由学校和教育制度所赋予的,那么就应该是由学校和教师来决定,"学生"学习哪些内容,什么时候学习,向谁学,采用哪种方式进行学,学习过程中应该遵守哪些规范,学习结果最后由谁来评价,等等。"学生"自己没有选择的余地,这也就意味着他们在学习中失去了主体性的地位,换而言之,是"学生"的身份限制了他们在学习过程中的自主性和能动性的发挥。越来越多的研究表

---

① 保罗·弗莱雷.被压迫者教育学(修订版)[M].顾建新,等译.上海:华东师范大学出版社,2014:74.

明,学习是一种意义炼制活动①,这种活动的发生正是以学习之人的自主性和主动性的发挥为前提。从前文了解到,"学习者"是一个主动性的概念,它更符合现代学习背景下对"人"的称谓。"学习者"不仅是一个名词,也体现了更多持续性和动态性的特征,即"学习者"是一个持续不断地进行学习之人,是一个通过学习而不断发展变化之人,这也与我们提到终身学习者时,采用"lifelong learners"而不是"lifelong students"甚为匹配。此外,从教育目的的视角而言,我们总是宣称教育目的在于促进人的全面发展,培养个性的、自由的、完整的人,而"学生"符号本身就与这种目的相违背,这也是现代社会离我们培养完整的人越来越远的原因之一。总而言之,"学习者"更适合我们所要表达的对学习主体的称谓,由"学生"到"学习者",不仅是符号概念上的改变,更是一种观念、认识论、主体论上的改变,更突出了对学习主体以及人的价值的彰显。

---

① 安德烈·焦尔当.学习的本质[M].杭零,译.上海:华东师范大学出版社,2015:79.

第三章　学生作为学习者身份的理论模型

　　人参与任何活动时都扮演着一种特定的身份,人不可能以纯粹的抽象的自我进行意义活动。当个体在表达或者接受某种意义的时候,总是无可避免地以一种特定的身份进行交往。学习是一种终身性活动,而学习者身份正是这种活动的主要身份。学生的学习者身份不是外界强加赋予的,而是学习活动本身所决定的。对学生作为一名学习者身份的认知不仅表明教师对学生认识哲学的转变,也意味着学生自身对自我价值和生存哲学认识的转向,这种转向总是与教育、教学和学习本质的时代价值紧密相关。为了能够促使学习者身份发挥其潜在的功能和价值,还需要对学习者身份的概念进一步理论化,分析其结构要素,并建立理论模型。通过对上述方面的研究,可以更加深入地理解学生作为学习者身份的全貌。

第一节　学生作为学习者身份的理论维度

　　学习者身份是众多身份类型中的一种,因此,学习者身份自然而然地带有或保留了身份的共性特征,对学习者身份特性的分析也可从身份的一般维度来进行理解。然而,学习者身份又带有明显的学习维度的属性特征。因此,对于学习者身份的特征的把握既要考虑到身份的一般特性/共性特征,又要结合学习的含义以及学习者的学习特征进行理解。本研究将从以下几个维度进行分析:

一、个体及社会维度

(一)学习者身份的个体维度

　　从身份的起源来看,身份最初是作为一种文化符号而存在的,它主要是用来表征或代替人、事、物等的一种符号。身份不是人所特有的,但是身份却是由人所创造、赋予和解读的,因为任何文化符号或人工制品都是人类社会的产物。身份首先是一种个人的属性,在某种意义上可以被理解为是个人所占有的一种资产。例如,古代的"皇帝身份"即是一种资产的象征,这种资产在"普天之下,莫非王土;率土之滨,莫非王臣"中体现得淋漓尽致,"皇帝身份"是皇帝本人的个人属性,除此之外任何人都不具有。在哲学层面上,身份首先是对"我是谁""我能够做些什么""我想成为什么样的人"等基本哲学问题的回答,而这些问题实际上也极具个体指向性,直接关涉个人自我生存和发展的哲学命题。

问题的答案是源自个体自我内省、反思和解读的结果,而不是外界的界定。例如,"我是谁"是个体对于"自我"的反思与追问,不需要他人给出答案,反映的是个体对自身的认识与判断。从心理学层面来看,身份是反映个体心理连续性和一致性的概念,它是个体内在心理活动、经历的表征。这种内在的心理活动只对个体自身有意义,而他人是无法感受到这种连续性和一致性的发展变化。因此,从这种角度来看,身份是一种个人的属性。在身份的形成机理方面,这种个人属性表现得更为明显,它需要个体对自我身份进行认同,否则这种身份就难以获得和形成。最为常见的就是"同性恋"群体,他们在生物属性上可被定义为男性或女性,而在性取向上却又表现出恰恰相反的特征,这种身份不是他人所决定的,而是个体自我选择的结果。因此,任何身份的形成都是以自我认同为前提,个体性是身份表现出来的首要特征。

学习者身份也是一种个人属性,从学习者身份的概念中我们可以发现,学习者身份是个体对于自我主观学习经历持续不断建构的产物,因而,个体性是学习者身份的本质属性。从学习活动的过程来看,学习既需要个体心智能量的投入,也需要个体情感能量的投入,这些"能量"带有明显的个人色彩,这也解释了为什么同样的教学活动有的学习者获得了丰富的知识信息,而有的学习者却一无所获。学生作为学习者的身份需要学生达成我是一名学习者的认识,这种认识是发生在学生个体思维和经验水平层面的,而不是他人强加或灌输的。例如,某个学生认可了自己是一名学习者的身份,那么他就能够表现出相应的学习行为和学习意识,能够建立起学习与自身之间的意义关联,学习者身份是学生个体对于这一身份的一种占有。当学生需要建构自我作为学习者的身份时,他亦需要对学习及自我的一些基本问题进行反思,如"学习到底是什么?""学习有什么意义?""通过学习,我想成为一个什么样的人?""为了成为这种类型的人,我应该学习什么,应该做些什么?",对于这些问题的回答是个体能够真正成为学习者的必要前提。此外,学习者身份还涉及对个体学习经历连续性和一致性的体验和反思,学生需要理清哪些学习经历对于自我而言非常重要,在学习的过程中发生了哪些关键的事件或哪些重要他人对于自我的学习产生了重要的影响,哪些经历对于自我的学习产生了显著的促进或抑制作用,这些都是学生需要自我叙事和反思的问题。

(二)学习者身份的社会维度

人既是一个自由的个体,有着独立、富于个性的一面,又是一种集体的产物,被赋予了社会性的特征,因而社会性是个人身份属性的另一重要特征。马克思有一句经典的名言:"人起初是以别人来反映自己的。名叫彼得的人把自己当作人,只是由于他把名叫保罗的人看作是和自己相同的。"这就意味着人是通过他者来认识和看待自己的,人是在社会关系的互动中逐渐建构自我的,我们不仅要认识到"我是谁",也应该能够区别出"我与他们之间的相同和不同"。如果个体一味地寻求差异，而忽视了作为人所应该具有的社会性，那么这种身份在某种程度上是一种孤立的、不具有生存能力的身份。威廉·詹姆斯曾言："如果可行，对一个人最残忍的惩罚莫过于此：给他自由，让他在社会上逍游，却又视之如无物，完全不给他丝毫的关注。当他出现时，其他的人甚至都不愿稍稍侧身示意；当他讲话时，无人回应，也无人在意他的任何举止。如果我们周围每一个人见到我们时都视若无睹，根本就忽略我们的存在，要不了多久，我们心里就会充满愤怒，我们就能感觉到一种强烈而又莫名的绝望，相对于这种折磨，残酷的体罚将变成一种解脱。"①这说明，人不能脱离社会关系而存在，只关注人的个体性身份，而忽视人的社会性身份是不可取的，必然会承担巨大的代价。人作为社会关系的产物，在社会中总是扮演各种各样的身份——学生眼中的教师、孩子眼中的父母、老板眼中的员工、同事眼中的事业合作者，这些身份共同构成了社会系统的网络结构，促进和维持了社会的正常运作。同样，社会结构赋予了个体形形色色的身份类型，这些身份带有明显的社会化标志，它们共同构成了身份系谱图。

　　尽管学习者身份是个体学习经历建构的结果，具有明显的个体性特征，但是学习者身份的形成又离不开社会关系的互动，因而又具有社会性的特征。学习者身份的社会性特征主要体现在以下几个方面。其一，学习活动不仅是一种认知活动，更是一种交往活动，一种社会实践活动。这就意味着学习的发生不是一种孤立于个体头脑内部的认知加工过程，而是通过与社会环境互动作用下的结果。最为常见的学习形式表现为学生与教师之间的互动，即所谓的教学和学习之间的联络，学生不能总是单独地完成学习任务，进行自我意义的建构，还需要教师的协同和指导，因此在学生的学习过程中，教师是其社会关系的重要组成部分。学生作为学习者身份的建构自然也包括对教师教学和教师互动的理解与认识，这些都内在地转化为个体学习经历的一部分。其二，学习者也需要在社会中履行一定的承诺和职责。学习者身份是社会身份的一个同位概念，它不隶属于社会身份的范畴。社会身份主要是用来维持社会关系的正常运作，不同的社会身份共同保障了社会的秩序和有序分工，并使得社会个体成员能够建立某种意义上的群体归属感。学习者身份正如其他社会身份一样，是个体认识和界定自我归属的一种标志，不过学习者身份处于更为基础和基本的位置，为其他社会身份的形成和建构提供了内在的支撑，因为一切身份的活动都是通过学习过程来实现的，个体对于自我作为一个学习者的认识能够有效地促进各种类型学习过程的发生，这种学习过程指向了不同类型的社会身份建构。其三，身份的理解必须置于社会情境之中，这样身份才具有辨识度和意义。例如具有教师身份的人要履行教书育人职责，这与其他类型的身份如公务员身份、医生身份、律师身份、技术工人身份有着本质上的不同，但对教师身份的理解需要将其放在一定的社

---

① 阿兰·德波顿.身份的焦虑[M].陈广兴,南治国,译.上海:上海译文出版社,2004:7.

会关系之中,需要有相应的参照系统,如果没有上述公务人员、技术工人等身份,我们就难以发现教师身份有哪些特征或不同。其他类型的身份参照系是帮助个体认识自我的一面透镜。同样,学生作为学习者身份,也需要其他身份作为参照,通过其他类型的身份定位自己,识别自身的特性。

总而言之,个体性及社会性是人身份的两大基本属性,人的身份总是在个体性和社会性之间徘徊。有些时期个体性趋于主导,而有些时期社会性占主流。学生是一个独立的个体,有着自己的个性、认知风格、思维习惯、行为方式以及学习经历,会受到某些重要他人的影响,会形成对于世界、对于自我某种特定的认识,因此学生是一个非常具体的人。同时,学生也代表着一个群体,这个群体是由无数具体学生个体所组成,因此也能够反映出这个群体所特有的一些共性的行为及特征,从这种意义来讲,学生又是一种抽象的人。个体性近似于具体性,而社会性倾向于抽象性,这些都可以体现出学生作为某种类型的人的复杂性。

二、时间和空间维度

自古以来,时空问题就一直备受关注,时间和空间构成了人类存在的基础,其正如恩格斯所言:"一切存在的基本形式是空间和时间,时间以外的存在和空间以外的存在,同样是非常荒诞的事情。"[①]因此,正如人形成、成熟和发展一样,任何身份的形成都是在一定的时空中发生的,不存在脱离了时空的人,也不存在脱离了时空的身份。

(一)学习者身份的时间维度

如果将时间看作一条直线,那么身份是处于这条直线上的不同位置点,每个点对应了不同的身份,随着时间的推移,这条直线上的点会越来越密集,且点也会有大小之分。例如,在个体刚出生的时候,其所具有的身份是单一的,如父母眼中的孩子、同龄儿童眼中的小伙伴。由于此时儿童的学习能力并未发展充分,所处的环境也有限,他们的身份相对比较单一,以至于在时间轴上点与点之间的距离较长。随着儿童的逐渐成长,他们会进入学校,获得一定的学习能力,并在一定程度上参与社会实践,他们会与教师、同学、其他社会成员等进行互动。此时他们逐渐获得了多种身份,以前家庭所赋予的身份逐渐扩大到学校和社会层面,随着互动对象的多元化、互动频率的提高,以及社会参与的增加,他们的身份类型也愈加多样,在时间轴上的点(身份位置)也变得更加密集。这些早期的身份经历多以一种缄默的方式埋藏在了个体的潜意识之中,除非是一些早期的关键或重大事件,或者具有显著特征的标志才会常常被凸显出来。这些关键、重大的或具有

---

① 马克思,恩格斯.马克思恩格斯全集(第二十卷)[M].北京:人民出版社,1971:56—57.

显著特征的标志在个体的时间轴上占有较大的比重,它们也是个体身份形成的关键的决定性因素。

对于学生作为学习者的身份说来,其所体现出来的时间维度属性非常明显。在学校教育背景下,一个学生大致要经历幼儿时期、小学时期、初中时期、高中时期以及大学时期的学习,学校教育的鲜明时间分界线将学生的学习经历划分为不同的学习阶段。在不同的学习阶段中,学习对于个体的意义是不一样的,如幼儿时期,鉴于儿童的身心发展特点,以及学校学习内容的选择和安排,娱乐、游戏以及玩伴可能是他们学习最大的意义;到了中学阶段,考试和升学可能是他们学习最大的意义;到了大学时期,职业选择和自我实现可能是其学习最大的意义。学习意义的不同也就意味着学生对于学习及自我的认知、态度和情感投入的不同,最终体现为学生对于自我作为一名学习者的认知程度有所差异。上述关于学习经历的划分相对而言属于长时间维度层面,学习经历也有长短之分,短期的学习经历主要是一种情境性的,即在当前学习情境或学习活动中所获得及体悟到的学习经历。例如,学生在幼儿时期所习得的身份可能一直保留到成人时期,在幼儿时期某个学生认为男生就应该主动地谦让和承担责任,这种对于自我的认识可能会一直伴随其成人甚至终生。短期维度的身份主要与当前的学习情境相关,个体在当前的学习情境活动中也能获得一定的学习经验,但这种学习经验一般不是立即就能够被加工成意义而组成身份的,它是一个逐渐积累的过程,除非是一种颠覆式的经验才能使个体在短期内发生转变。例如,个体在当前的情境中受到了某种巨大的刺激,这种刺激使得个体发奋学习,并意识到只有通过学习才能实现自我,并成为理想中的那个人。

(二)学习者身份的空间维度

时间和空间是不可分割的,没有纯粹意义上的时间,也没有纯粹意义上的空间,个体总是处于特定的时间和空间之中。空间可以分为两种:物理空间和关系空间。物理空间是指能够看得见的,由物质环境和物质条件所决定的,而关系空间是存在于人与人的交往之中,身份的形成也总是存在于这两种空间之中。例如,教师在学校空间中主要是履行教师身份及其教学义务,因此,教师需要上课、备课、与同事交流讨论学术、评估学生学习结果等;而在家庭空间中,教师(男)则可能多倾向于扮演父亲和丈夫的角色,因而可能需要做家务活,为家庭的和谐发展主动承担起责任。对关系空间来说,个体在不同的关系空间中也会体现出不同的行为表现和自我认识。就学生而言,当他们处在师生关系的空间中时,教师可能是他们眼中的权威,他们的言行都要符合教师的期待和要求,学生对自我的认知是"我是一个学生",因此他们须尽量遵守学生的规范和要求。而当他们处在与父母所建立的空间中时,他们可能处于核心位置,在言谈举止方面没有明确的要求和规范,也没有清晰的参照标准和系统,因此他们可能会表现出较大的随意性的行为特征,在对自我的认识上,通常将自我定位为"父母眼中的长不大的孩子"。很明显,在这两种空间中,学生的身份是不一样的,对自我的认知也是不一样的,当学生从一种空间跨度到另外一种空间时,就会面临身份的转化和一致性问题。

在学生的学习经历中,空间是非常多元的,空间的转换也是经常发生的。然而,在大多数的身份理论当中,身份的空间维度特征常常是被忽视的。温格将学生的学习视为一种"合法的边缘性参与"(Legitimate Peripheral Participation,LPP)的过程,他认为对于身份的理解需要顾及身份的空间性特征,个体在实践活动中的参与程度以及在所处共同体中的位置共同定义了个体的身份。这里共同体是空间的一种表现形式,从前面的对于空间类型的划分,可以看出共同体属于关系空间中的一种。学习者的学习发生在共同体的空间之中,学习者在共同体中的"位置"决定了其对共同体身份归属感的程度。在前文中多次提到,一切学习都是情境性的,这也就意味着学习总是在特定的情境下发生,学习情境既包含了时间维度又包含了空间维度,与此对应,作为学习活动主体的学习者,他们的身份也总是被打上时空的烙印。身份可以放在不同的空间类型及范畴来获得理解,这些不同的空间范畴大到不同的社会文化,中到不同的国别及区域空间,小到一个学校、一间教室的具体空间。对不同空间下的个体进行立体的审视,有助于我们全面地、完整地认识到个体的身份及存在状态。学习空间有时也被视为一种学习环境,而行为的发生总是在一定的环境下进行的,不存在纯粹脱离环境的行为和活动,如学生的学习总是建立在一定的环境基础上,需要一定的物质条件,如灯光、教室、多媒体设备、桌椅板凳、互联网络等等,同时更需要良好的心理环境、愉快的心理状态、稳定的情绪感受、积极的心理准备等等。

众所周知,时间和空间是相对的,是不可分割的。时间与空间需要互相印证与评价,二者互为尺度。时间在空间里浓缩、凝聚,变成艺术上可见的东西,空间则在时间里趋向紧张,被卷入时间、情节、历史的运动之中。因此作为个体的人,以及人的身份也是相对的,在时间维度和空间维度中也是不可分割的。对于个体身份的恰当理解和把握需要在特定的时间和空间中同时进行剖析,分析身份在时间维度上的合理性以及在空间维度上的恰当性,二者的结合才能够把个体的身份描绘成一幅较为完整的画面。

三、稳定及变革维度

(一)学习者身份的稳定性维度

身份正如印在人身上的印记一样,一旦形成了就难以再发生改变,即身份具有稳定性的特征。从性别身份的角度来讲,人的身份可以划分为男性身份和女性身份,这是由先天或遗传所决定的,具有非常明显的稳定性,个体几乎从出生之日起就拥有这种身份并一直到生命的尽头。这种先天的、自然的身份往往伴有明显的特征标志(如肤色、毛发、体型等),是一种客观存在物,可被视为自然身份的一种指示器。同样,文化身份也是具有稳定性的,例如处在东方文化中成长起来的个体与处在西方文化中成长起来的个体,他们在文化身份上是存在差异的,而这种差异是难以改变和弥补的。一个长期生活在东方社会的个体,其思维方式、价值观、信仰等已经深深地被打上了东方文化的烙印,这种文化烙印是根深蒂固的。尽管有些身份是可以发生变化的,例如在人的一生当中,会先后被赋予幼儿身份、儿童身份、青少年身份、成年人身份、中年人身份、老年人身份等,但这种变化是非常缓慢的,是在时间的作用下渐渐产生概念的。身份的稳定性有助于个体形成连贯的、一致性的自我,例如,在青春期,由于个体身体和心理方面发生的变化,个体易呈现出不稳定的身份,结果致使个体产生一些"叛逆"或"极端"的行为,而在个体心智趋于稳定和成熟之后,其身份也逐渐稳定,此时个体才有机会形成清晰稳定的自我。

从学习者身份的形成机理可以发现,学习者身份也具有明显的稳定性,这是身份发展变化的一条普遍性规律。尽管在某种情境下个体很容易被赋予某种身份,但这种身份是外界因素作用的结果,个体对于这种身份的接受认同需要一个渐进的过程。例如:儿童自开始学习起便具有了学生的身份,但是真正认同自己是一个学生,并从言谈举止及思维习惯的表现中符合学生的身份却不是短期内就可以实现的;当学生从中学跨到大学,即从中学生身份转换为大学生身份的过程中需要一个较长的适应过程,且在这种转化过程中往往会伴随一定的情感和价值观上的转变。学生作为学习者的身份也是在这样一种渐进性的过程中逐渐形成的,根据身份的一般变化规律,学生作为学习者身份的建构和解构都是在一个缓慢的过程中发生的,即具有稳定性的特征,这种稳定性是由学习过程本身所决定的。学习者身份是学生对于自我作为一个学习者的认知,也可以理解为对"我是一个学习者""我想成一名学习者"的认识和期望,而成为某种类型的人涉及方方面面的变化,其中最难的部分即信念、意义和价值观的改变,这些改变都是在不断的学习和互动中逐渐累积起来的,从而对"我是谁""我想成为谁"形成一种清晰稳定的认识。此外,学习者的学习是一个持续一生的过程,学生对于自我作为一名学习者的认知会随着不断从事的学习活动而得到巩固和强化,只要有学习活动发生,学习者身份就在一定意义上得到进一步的建构。

(二)学习者身份的变革性维度

身份同样具有变动或变革的属性特征。身份的变革性也就说明身份一旦形成之后并不是绝对不变的(尽管身份具有稳定性),而是会在某种外界力量的干预和影响下发生变化。例如,阶层身份,一般而言不同阶层之间的相互流动是比较困难的,尤其是自下而上的流动模式更难以发生,即所谓的阶层固化。但这并不是绝对固定不变的,处于底层的体力劳动者也可以通过掌握一定的知识、技能、先进的理念等上升为技术人员或者是管理层,从而实现自身的自下而上的流动,流动的过程就伴随着身份转变,从之前的体力劳动者身份转变为专业技术人员身份或是管理人员身份。在人的一生当中,可能会面临非常多的身份选择,尤其是媒介的不断发展,为个体提供的虚拟空间形式越来越多元化,多元的社会空间和身份流动性的增强,为身份的自主定义开启了大门。从而,我们"不得不自由地"选择身份①,而又"不得不自由地"放弃某些身份。这就意味着身份总是处于一种流动性之中,有的会保持很长一段时间,有的可能会在较短的时间内发生巨大的变动抑或消失。

当前的教育领域处处充满了挑战和变革,这就意味着不存在一种一劳永逸的教育模式,无论是教育者还是学习者都是处于一种发展的动态变革之中。在现代社会背景下,学生的学习方式发生了巨大的变革,学习空间也变得更加多元化,学生对学习和自我的理解不可避免地受到多方因素的作用和冲击,因而学生的身份由单一走向了多元,由稳定走向了变革。在这种变革的背景下,学校需要重新思考如何使所培养的对象能够适应不断变化的社会需求,教师需要重新思考如何教学才能真正满足学生成为完整的人的发展要求,学生自身也需要重新思考如何才能够更加有效地学习以及怎样才能满足终身发展的需求。上述三方面的作用促使了学生向学习者的转变,也意味着身份的变革。此外,从学习经历的角度来看,已有的学习经历及经验并不总能够对当前的学习产生促进作用,当先前的认知、学习经历与当前的学习任务不相匹配甚至是矛盾的时候,其会阻碍学习意义的获得和学习过程的发生。这就迫使学习者不得不对已有的认知、信念和规范进行调整,通过对已有身份的变革来适应和满足当前学习任务的要求。加拿大的迈克尔·富兰认为:"对于变革与否我们无法选择,不过,我们确定可以选择怎样作出反应。"②学习者的学习是持续一生的经历,在这一生之中,很多变革是无法选择的,尤其是在信息社会的背景下,身份形式进一步临时化、虚拟化,甚至形成一种"生命中不可承受之轻"。当面临新的、富有挑战的学习情境和任务的时候,学习者不得不经历一种艰难的选择,不得不放弃已有的稳定的身份和意义,从而实现新一轮的身份建构。

---

① 文一茗.身份:自我的符号化[J].山东社会科学,2017(08):61—66.

② 迈克尔·富兰.变革的力量——透视教育改革[M].中央教育科学研究所,加拿大多伦多国际学院,译.北京:教育科学出版社,2004:158.

第二节 学生作为学习者身份的理论模型初探

身份不仅为个体参与某种活动提供了外在的保障,亦为个体认识自我建立了依据。一般而言,身份总是与其所专门从事的活动相对应,例如从事教学活动有教师身份,从事医疗活动有医护身份。而学习活动却是一个非常复杂和广义的概念,它既可以指专门发生在学校教育中的学习活动,也可以指其他一切领域、方式和情境的学习活动(如学游泳、学习人际相处、学习管理自我等)。长期以来,学校中的学习活动总是以学习特定的学科知识和技能为主,而未来社会人的发展是一种全人发展,这就需要对当下的"学习"和"人"的内涵、作用及价值重新界定,跳出学校学习活动的理解范畴,将更多的学习活动类型纳入当前的思考之中。前文对学习者身份的概念及特征进行了分析,对于学习者身份已经有了初步的认识和把握。然而,作为一种符号概念及工具,对学习者身份的探究并不能止步于此,如果想促使其价值潜能更加有效地发挥,还需进一步对学习者身份进行更高水平的概念化,对其结构要素进行分析和把握。而实现这一目标的一个关键和有效的方式即建构学习者身份的理论模型。

从学习者身份的构成来看,学习者身份主要是由作为人(学校教育中主要指学生)的"学习者"和作为文化符号的"身份"所构成,而当把学习者身份作为一个完整概念来理解时,其主要是由学习活动本身所决定的。因此,对学习者身份结构要素及理论模型的探索,需要紧扣以下三个要点:一是以学生的学习活动为前提,学习是身份建构的必由路径;二是对身份内涵要素的理解与把握,身份是学习活动所建构的产物;三是以作为学习者的人为联结纽带,人既是学习的主体,又是身份的载体,二者最终统一到人的生存和发展上。学习、学习者、身份三者之间的联系如图 3-1 所示。

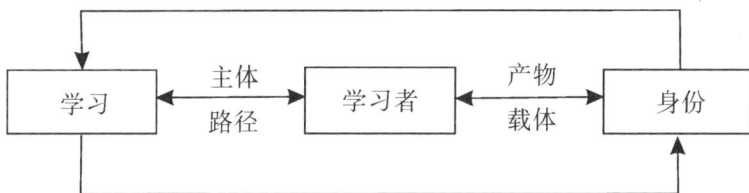

图 3-1 学习、学习者、身份三者之间的联系

一、已有学习理论的贡献

(一)具有启发性的含义及要素

"学习"是一个使用非常广泛,定义十分复杂的概念。一般而言,可以将学习的含义总结为以下四种:其一,学习这一名词可以用来指发生在个体身上的学习过程的结果,在此,学习的含义是学到了些什么,或者是发生了什么样的变化;其二,学习这一名词可以用来指发生在个体身上的心智过程,这些过程可以导向"含义一"中所指的变化或结果,这种含义也常常被界定为学习过程,这也是学习心理学所关注的;其三,学习这一名词可以用来指个体与学习材料以及社会环境之间的所有互动过程,这些过程直接或间接地成为"含义二"所指的内在学习过程(导向"含义一"所指的学习含义)的前提条件;其四,它也或多或少地被等同于教学这一名词,这表明了有一种对"教"与"学"混淆的普遍倾向。[①]在前文中我们已经就"教学"和"学习"之间的关系进行了分析,因此,"含义四"显然是不合适的,除此之外,前三种含义都具有明显的合理性和重要的意义。可以发现,前三种含义几乎涵盖了我们通常所理解的绝大部分范畴,例如个体的社会化、能力发展、素质提升,甚至也可以将心理治疗纳入其中,它们均可以被视为学习过程的某些特殊类型,或用以审视学习的特定的视角。

为了能够更进一步地接近学习的本质,我们建议采用一种整合性的视角,将学习的多种理解都纳入当前的学习定义之中,这也是伊列雷斯所极力主张的"全视角学习"的观点。然而,当前已有的学习理论及研究非常多样,如何才能够在各种不同的理解之间建立起联系,并把它们整合到一个共同的框架之中进行分析,这是一个非常具有挑战性的任务。事实上,任何对于学习的理解都可以从学习的两个过程和三个维度来进行阐释,两个过程分别是互动过程和获得过程,三个维度指的是内容维度、动机维度和互动维度。[②]互动过程指的是个体与其所处环境的互动过程,这种互动发生在所有我们清醒的时间,我们能够或多或少地察觉这个过程,通过这一点,知觉(awareness)或导向(directedness)成为学习的一个重要因素。获得过程指的是心理的获得过程,发生在个体互动所蕴含的冲动和影响之中。获得过程通常来说突出表现为这样的特征:将新的冲动、影响与相关的早期学习经验联结起来,通过这一点,学习经验获得了它的个人印记。长期以来,学习的获得过程一直是人们关注的重点,直到 20 世纪 80 年代以后,学习作为一种社会化过程的观点才逐渐被理解,学习的互动过程才引起了人们的重视。如果说学习包括

---

① 克努兹·伊列雷斯.我们如何学习:全视角学习理论[M].孙玖璐,译.北京:教育科学出版社,2014:3.
② 克努兹·伊列雷斯.我们如何学习:全视角学习理论[M].孙玖璐,译.北京:教育科学出版社,2014:26.

个体水平层面和社会水平层面，那么学习的获得过程则更倾向于学习的个体层面，而学习的互动过程则更倾向于学习的社会层面。

获得过程向着两个方向延伸：一个是内容要素，另一个是动机要素。内容要素即我们通常所指的学习内容，如果没有学习内容，没有所学之物，那么也就不存在所谓的学习了。学习内容通常最易引起人们的关切，不过在传统学习领域中，人们总是倾向于将学习内容狭隘地理解为知识和技能。根据伊列雷斯的理解，学习内容在性质上可以是知识、技能、观点、理解、见识、意义、态度、资质或者能力等等，甚至一些重要的个人素质诸如独立、自信、责任心、合作能力及灵活性等也可以被纳入学习内容的范畴。动机要素指的是实现一个学习过程所需的心智能量，而要激活学习的获得过程并使得该过程顺利进行，动机一定是一个必要的元素。动机是动力、情绪、意志等词的综合物，尤其是随着近十年来学习与脑研究所取得的突破性进展，学习动机作为学习的基础——受到诸如欲望和兴趣，或者受到外力强迫而激发的程度——既是学习的过程，也是学习结果的一部分。传统中人们习惯于将心智领域划分为认知、情感和意志三种，不过从现在的研究来看，这三种分法具有明显的不足，其中主要的一点儿在于这种划分方式将身体与生理活动隔离在了学习之外，同时，它不仅将情绪和意志分离开来，而且还完全忽视了动机的因素。在我们的日常生活及言行当中，虽然有意地将不同的动机及驱动力进行区分，但是却很难用清晰的类别及语言来支撑它们作为一些专业的术语。而采用将内容、认知、生理活动及理性作为一种，把动机、情绪及意志作为另一种这样的两分法，更符合现代脑科学的研究。

互动过程存在于个体与环境之间，它关系的是个体与其所处社会性及物质性环境之间的互动，这种互动是在两种水平上发生的：一种是周边的、人际交往的水平，如在教室或工作小组这种互动环境中所发挥的水平；另一种是一般社会性水平，其设定了互动过程的前提。这就意味着个体与环境之间的互动是多层次的，既指在当前学习活动中（课堂、教室）所发生的互动，也指在广义上的社会环境中所发生的互动，尤其是后者在文化心理学及社会建构主义方面非常受重视。个体与物质环境之间的互动以及与社会环境之间的互动是不可分开的，与物质环境之间的互动是通过人际交往和社会活动加以传递，它们共同构成了互动的整体。一般来说，个体与环境之间的互动形式是非常多样的，甚至是无限的。从心理学的观点来看，可以说这种互动开始于可称为"感知"（perception）的这种最简单基本的形式，周围世界是作为一个完整的、未知的、没有任何中介的感觉印象进入个体当中，逐步侵入并保存下来，这个过程中个体是被动的。例如：对气味的感知，个体不会主动地去寻找某种气味，而是当个体处于某种环境之中时能够感受到某种气味的存在。传递也是互动的一种形式，这一互动不是发生在单独个体身上的，而是会有他人的涉入，个体通常基于某种兴趣或其他原因将信息传递给他者。互动中最为广泛存在的形式是经验和参与，在一般的语言使用中，感知和传递都可以被归纳到"经验"

这个术语中,更为具体地讲,经验即预示着一种特定的活动,学习者不仅在接受经验,而且也在行动着,从而能够从互动中获益。参与的主要特征是学习者处于一种有着共同目标导向的活动当中,处于一个正如莱夫和温格称为"实践共同体"之中,其中相关联的人拥有被承认的地位,因此也具有一定的影响力。

图 3-2 系统地展示了所有学习都包含的两个过程:个体与环境之间的互动过程;内部心智获得与加工的过程,这个过程是通过源自互动的冲动被整合进入先前学习的结果之中而得以进行的。互动的前提条件在本质上是有历史性与社会性的,获得过程发生的基础是人

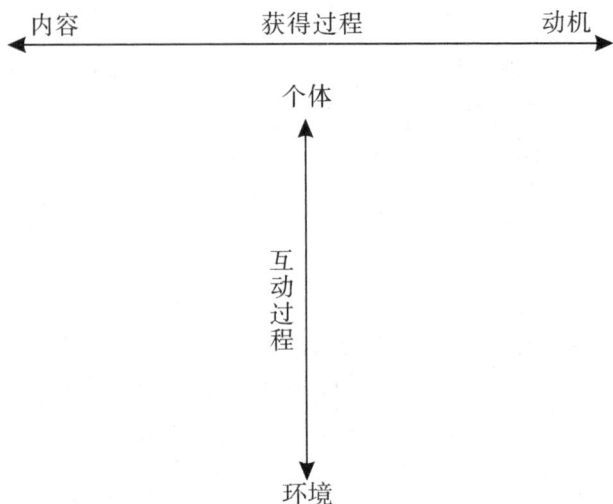

图 3-2 学习的基本过程(图片来源:Illris,2014,p. 24)

类经历百万年演进的生物发展进程。[①] 从图中我们可以看出,纵向的互动过程发生在个体与环境之间,环境处于底端,即意味着外部环境是学习得以发生的基础,而学习个体是特定"个案",所以它置于顶端,个体与环境之间的联结实际上是学习发生的基本条件。横向的获得过程处于互动过程的上方,这也意味着个体与环境的互动是学习获得过程发生的前提条件,在获得过程的两极分别对应着内容和动机,言下之意,通过互动我们总是能够学习及获得点什么,获得之物总是能够被包含在内容(如知识、技能、理解力等)或动机(动力、情绪、意志等)的两极之中,或存在其连线上。获得过程和互动过程的关系很自然地构成了一个三角形的区域,如果对这个图形稍加补充,我们会发现三个"角"或"极",我们称为学习的三个维度,即内容、动机和互动维度,前两者是与个体的获得过程相关的,后者与个体和环境的互动过程相关。[②] 三角形外部的区域构成了学习发生的社会情境,这也就意味着所有学习总是发生在一个外部的社会情境之中,而这个情境在一般情况下,对于学习可能是具有决定性的意义。学习的三个维度如图 3-3 所示。

---

① 克努兹·伊列雷斯.我们如何学习:全视角学习理论[M].孙玫璐,译.北京:教育科学出版社,2014:29.

② 克努兹·伊列雷斯.我们如何学习:全视角学习理论[M].孙玫璐,译.北京:教育科学出版社,2014:26.

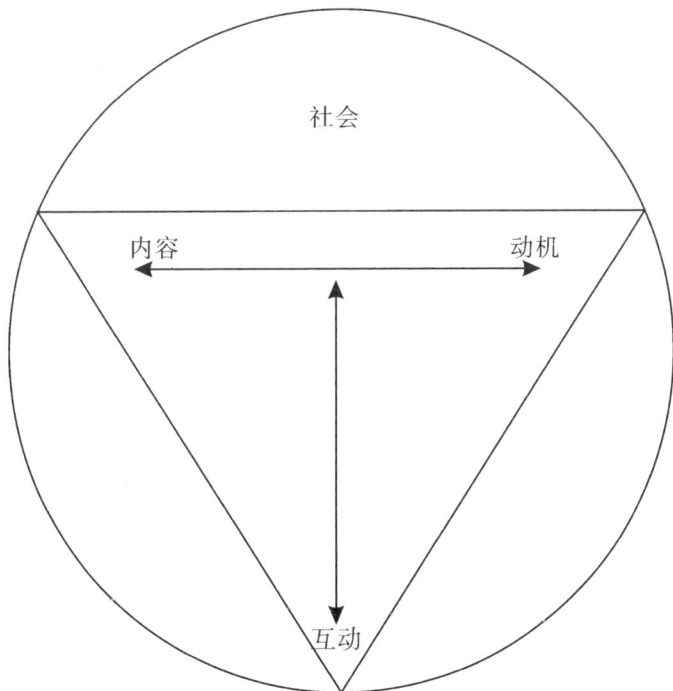

图 3-3　学习的三个维度（图片来源，Illris，2014，p.26）

（二）可作为学习者身份建构支点的元素

从前文可知，任何学习都包含获得和互动两个基本过程，以及内容、动机和互动三个基本维度。因此，这两个基本过程和三个基本维度可被视为分析和理解学习的一种架构。而在对学生作为学习者的学习活动进行分析之前，我们有必要先就三个维度的关注焦点以及各自在个体学习中承担的角色和发挥的作用进行一定的阐释。

1.内容维度的代表性词汇

内容维度常见的代表性词汇为知识、技能和态度等，不过这只是内容的某几个方面，而并非是对所有学习内容的一种描述。一般而言，学习者的能力、见识和理解是通过内容维度——学习者可以做的、知晓和理解的事情——得以发展的，通过它们我们试图发展意义，即一种对存在的不同事物的一致性理解，而且也发展能力，从而使我们能够应对生活中的现实挑战，最终我们发展了把自己作为一个整体的机能性，即我们在所处的多种情境中恰当发挥功能的能力。与内容维度相对应，动机维度处于学习获得过程的另一端点。如果内容维度是对关于我们学什么的表述，那么动机维度则体现了为什么学习，以及个体能够在多大程度上投入学习活动之中。在动机维度中，动力、情绪和意志是具有代表性的符号性词汇，它涉及个体所需心智能量的运用，以及我们能够在多大程度上维持心智与身体的平衡,通过这一维度,我们同时发展了关于自身和环境的敏感性。在互动的维度上,活动、对话和合作是互动的代表性符号词汇,它们在个体与环境的互动中不可或缺。此外更重要的是,它们提升了个体在相应社会情境与共同体中的地位,通过这一维度,学习的社会性得到了充分的重视和发展,社会性是个体逐渐恰当地卷入和参与人们多种社会互动形式中的一种能力。

基于以上对于学习基本过程和基本维度的认识,我们来重新审视身份的学习活动。从内容维度来看,内容维度通常关注的是知识、理解和技能,通过这一过程,可以强化我们的功能性,即我们在自己所处环境中恰当地发挥功能的能力。在传统的学习过程中,内容维度是最易引起关注的,尤其是以“知识”为代表的学习内容。然而,这里的重点不在于学生学到了哪种类型的内容,因为每一种内容对于学生而言必定都是有着重要作用的,例如学生掌握了乘法和除法的算法机制,物体加热了会膨胀、遇冷了会压缩等知识;学会了骑车、下棋、演奏、上网等技能;形成了一些被视为独立、合作能力等在内的个性素质。此处的重点在于所学的这些东西或内容对于学生而言有什么意义,学生是否能够感受到这些内容与自身的关联以及对自身的意义。倘若学生没有与这些本身载有意义的内容建立起意义,那么我们就不能够将其放在学习的获得过程中来考察,即使这些内容通过某种外在的灌输强加给学生,学生也通过本能的作用暂时性地“习得”,但是一旦脱离了这种外在的强制性的情境,“习得”的内容就会被遗忘,甚至不留任何痕迹。如在我们的学习历程当中,我们有可能因为某种外在的因素强制性地记住了 DNA 的分子式、元素周期表中的元素,但在没有与学生自身发生联系的情况下,这些内容正如某种“火星文字”一般,对于学习者自身而言是没有意义的。因此,在学习的内容维度上,意义作为一种类型的学习内容,可以被视为学习者身份构建的一个关键元素。

2.动机维度的代表性词汇

从动机维度来看,动机维度通常关注动力、情绪和意志,通过这一过程,寻求一种维持心智与身体的平衡,与此同时发展我们的敏感性。动机维度涉及个体学习过程中心智能量的投入和运用,这些心智能量是我们学习过程中的一部分,影响着学习发生的质量,例如:我们是如何保持学习的持久性和有用性的,我们是如何学习的,以及我们是如何成为我们现在这个样子的。一般而言,任何一个人的学习都可以从两个方面进行理解:一是认知或认识论方面,其关注的是学习内容;二是动机方面,其关注的是学习的动力。通过认知过程,内容结构和图式得以发展,而情绪动机是指这种学习为什么会发生以及受哪些因素影响而发生。这里需要提及的是,情绪动机并不直接影响认知的结构,例如:A和B同时学习一道数学题,A对于数学很感兴趣,具有主动学习的欲望,而B对数学感到自卑,有着所有不善于学习数学的人的典型综合特征,很明显,A学得很快,而B显然要慢很多,但是对于A和B两个人来说,二加二都是等于四,情绪动机丝毫不会改变获得的结构。不过,情绪动机却能够改变 A 和 B 认知过程的发生,A 能够很好地理解和记住他所学的算术,尽管 B 也付出了辛苦和努力,最后学习了同样的东西,但是 A 更乐意在所有相关的情境中运用他的算术技能,而 B 则比较倾向于躲开这种情境,或是从一种数学视角去看待它,这反过来也将会使他更容易遗忘以前的算术学习结构。

　　总的来说,动机中包含了明显的情绪情感元素,因为任何动机背后总是潜伏着某类情感作为支持,都会伴随着情绪上的体验和感受,甚至可以这样认为:脱离情感的动机是不存在的,情绪和动机有着非常明显的重叠。例如:当我们想要学习某个内容(知识、技能、理解、观点、个性素质等等)时,总是出于某种动机,无论是自发的还是外界迫使的,在学习的整个过程中,对于这种动机本身以及动机的产生和结果,我们总是不可避免地带有情绪情感上的体验和感受,而这些感受直接影响着学习过程的发生和学习结果。因此,关于学习,最重要的是坚持把动机维度视为一个整体,视作所有学习中一个重要的、不可或缺的要素。这里我们的重点并不是要对动机维度的涵盖性术语进行区分,因为它们之间的联系总是远远大于它们的不同。基于以上所述,在学习的动机维度中,动机和情感可以作为一种代表性的词汇,可以用来分析任何个体的学习活动。

3.互动维度的代表性词汇

　　从互动维度来说,互动维度包含活动、对话和合作,通过这一过程,实现我们认为可以接受的人际交往与社会整合,与此同时发展我们的社会性。[①] 与内容维度发展人的功能性以及动机维度发展人的敏感性相对应,互动维度主要发展的是人的社会性,因为互动的过程即为个体与环境的互动。前文中已经明示,环境不仅指当前学习活动所发生的具体情境,如课堂氛围、教室布局、学生参与讨论的方式等,也包括学习所发生的一般社会情境,如学校文化氛围、社会对专业或学科的重视程度、学习者在社会结构中的地位、家庭背景和经济结构等等。因此,互动维度建立起了个体与环境的关系、与他人之间的关系,其中也包括他人对于自我的看法和认识等。互动有多种形式,感知、传递、经验、模仿、参与等,这几种形式前文中也有过描述,例如,感知是互动的开始,是互动最为基本、直接和简单的形式,从心理学角度来讲,个体最初认识世界的方式就是从感知开始的。在学校教育中,传递是学生学习的主要互动表现形式,通常教师是学习内容的最大持有者,教师经过一定的组织方式将教学或学习内容传递给学生,学生(或多或少地)掌握这些内容。参与也是互动的一个基本表现形式,它是学习者在某种类型的共同体中朝着共同的目标所表现出的一种实践。

　　尽管互动的表现形式非常多元,但是其本质上的实现路径一般分为两种:一是对话,二是行为。对话是将我们所思所想用语言的形式表现出来,而行为是将我们的所思所想

---

①　克努兹·伊列雷斯.我们如何学习:全视角学习理论[M].孙玖璐,译.北京:教育科学出版社,2014:28.

付诸实践的过程。例如,教师通过讲授的方式将教学内容传递给学生,学生习得一定的学习内容,从而获得了某种程度上的发展,这是学校场景中最为基本的一种对话表现形态。不过这种对话通常由于对话双方地位、身份和状态的不同,容易导致某一方拥有主导的话语权,从而表现出一种不平等的对话关系。而有些学习内容,必须通过行为实践才能获得和掌握,比如技能学习,这里模仿是一种有效的互动形式,因为技能关注的焦点在于其操作性和使用性,因此学习者可以通过模仿他人(如老师、长辈师傅等熟练者)的步骤、操作技巧、规范等掌握该种技能,这种互动形式在"学徒制"中非常普遍,该过程从本质上来看是一种行为实践的过程。其实这种例子非常多样,不过它们的不同主要在于有的主要是以对话话语为主,有的主要是以行为实践为主,有的二者兼有之。这里,我们将对话和行为作为互动维度中分析学习的一类基本元素。

通过上述分析,我们发现了学习的三个基本维度中可被用作后续建构学习者身份理论模型的基本元素,它们主要是指内容维度的意义元素,动机维度的动机和情感元素,以及互动维度的对话和行为元素。用一个图形来表示它们的分布,如图 3-4 所示。

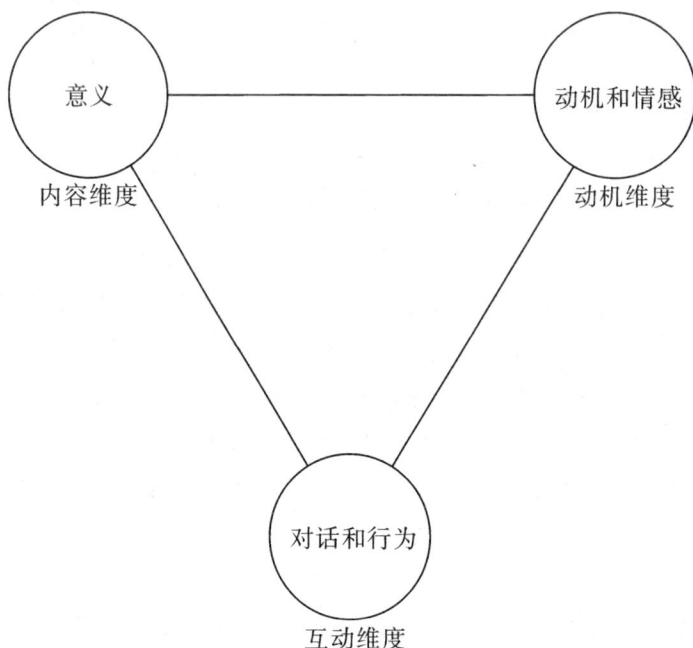

图 3-4　学习三维度的贡献元素

二、已有身份理论的贡献

(一)具有启发性的含义及要素

从社会文化学派的观点来看,身份也是一种文化符号,借由身份个体既可以认识自我,又可以区分社会中的他人,因此身份是一种用来表明个体和社会关系的符号概念。身份是一个极为复杂的概念,在不同的理论视角下身份所体现的含义有所差异。例如:在哲学视角下,身份是对"我是谁"、"我在做什么"以及"我想成为什么样的人"等问题的追问;在心理学视角下,身份是个体对于自我心理结构、心智体验、个人经历等连续性和一致性的感知与确认;在社会学视角下,身份是对自我在社会及共同体中所处位置、所扮演的社会角色、所承担的义务和责任等的识别与认同。身份也具有多种不同的属性,其中最为明显的特征主要体现在身份的个体性与社会性、时间性与空间性、稳定性和变革性以及多元性和主导性上。例如:在身份的个体性与社会性的维度上,个体性主要表现为自我对自我的认识,而社会性则主要表现为他人对自我的认识。在身份的多元性和主导性维度方面,个体总是处于多元的社会结构之中,因此个体可以同时具有多种不同的身份,如一个人可以同时是父(母)亲、老板、演说家、歌手等等。然而,一般而言,在某种具体的情境中,这些多元性的身份并不是同时体现出来的,而是根据情境的需要以某种特定的身份为主的。

以上是对身份基本含义及特征的简要分析,当然,对于身份的探究并不止步于此。接下来我们将从实践层面对身份进行深入剖析,温格的研究能够为我们提供非常有益的启示。温格认为,身份和实践之间有着深远的联系,要发展一种实践,需要有相应的身份与之对应,同样,反过来,实践的结果也促进了某种身份的形成。[①] 在实践和身份之间,他认为实践的发展和身份的发展是两个相互平行的过程,二者之间可以相互参照,例如他对实践和身份进行了简要的比照(如表 3-1 所示),并从五个方面对身份进行阐述。

---

① Wenger E. Communities of practice: learning, meaning and identity[M]. Cambridge: Cambridge University Press, 1998: 126.

表 3-1 实践和身份的比较

实践	身份
· 作为意义的协商（就参与和具体化而言）	· 自我经验的协商（就参与和具体化而言）
· 共同体	· 成员关系
· 共享的学习历史	· 学习的轨迹
· 边界和界限	· 多重成员关系的联系
· 集合	· 基于局部和整体的共同归属

1. 身份作为一种经验协商 (negotiated experience)

这就意味着我们定义我们自己主要借由两种方式：一种是通过参与来界定我们自己，另一种是通过我们自己及他人来具体化自我。实践中的参与能够为我们提供某种特定的经验，而共同体所关注的焦点也有利于我们作为参与者的具体化。实践中的身份总是一个成为的过程，确切地说，这种过程并不总是等价于自我图像(selfimage)，因此，它在本质上并不始终是一种话语或反思。我们通常把身份视为一种关于我们自己的自我图像，因为我们总是通过话语、语言来讨论甚至是认识我们自己和他人。虽然话语是非常重要的，这点是毋庸置疑的，但它们并不是个体在实践参与中经历的全部。这里需要提及，此处并不是要轻视或贬低身份作为种类范畴、话语、自我叙事等的重要价值，也不是要将身份等同于这些的具体化。"我们是谁"是一种实实在在的每一天的生活和存在方式，不仅仅是由我们所思考和我们所说的来定义自己，虽然这是定义我们自己的一种方式。同样，身份也不仅仅是由他人对我们自己的认识和言说所决定的，尽管这也是定义我们的一种方式。在实践中，身份的定义是一个社会性的过程，不仅仅是因为它是在自我和社会范畴的社会话语中被具体化或体现出来的，而且也是因为它作为参与共同体的生活经验而被产生出来的。叙事、范畴化、角色和位置作为一种参与经验的方式必须在实践中才能够被体现出来。

2. 身份作为一种共同体成员关系 (community membership)

这就意味着我们定义我们自己是以共同体中的关系来实现的。正如前文所说，身份的形成是通过参与和具体化来实现的。在这种情况下，我们的成员关系构成了我们的身份，它不仅仅是对成员关系标志的识别，更重要的是通过这种关系所体现出来的能力。在这个意义上，身份是一种经验和一种能力的展示，它既不需要明确的自我形象，也不需要有一个表面的共同体的自我识别和认同。当我们是某个共同体中充分参与的成员时，我们身处在一个熟悉的领域，我们完全有能力处理和把握我们自己，我们被视为一个有能力者。我们知道如何与他人进行沟通互动，我们理解他人行为的意义和方式，因为我们了解参与者所投入和负责的事业。更重要的是，我们共享了一种他们用来沟通交流以及讨论从事活动的资源。反之,当我们处于一种浅层参与的成员关系时,即意味着我们并没有充分的能力在共同体中进行实践以及与其他成员进行互动,因此,也就不能充分明白他人行为的意义和方式。总而言之,在一个实践共同体中,成员关系既是一种身份的体现,也是一种能力的象征。在这个意义上,身份是与世界联系在一起的,这个世界是我们熟悉的或不熟悉的、显而易见的或神秘的、透明的或不透明的。我们可以通过我们所熟知和不熟知的,我们能够立即掌握的和我们不能解释的,我们能够适应的和我们疏远了的,我们能够使用的和我们不能够使用的,以及我们可以协商的或无法触及的来展示和表现自我。因此,在实践中,我们通过我们熟知的、掌握的、适应的、可使用的、可协商的知道"我们是谁",而通过一些不熟知的、不能解释的、疏远的、不能使用的以及无法触及的来理解"我们不是谁"。

3. 身份被视为学习轨迹(learning trajectory)

在实践中,身份源于参与和具体化的相互作用。因此,它不是一个物体,而是一个不断变化的过程。身份一直处在形成的过程之中,它并不是某种已存在的个体原始人格的核心。身份是我们在某一时刻获得的东西,就像在某个年龄段,我们表现出某种稳定的生理特征一样。尽管身份问题一直是公开关注的焦点,但是在某些时候,身份问题可能会变得更加突出,我们的身份是我们在生活中不断重新协商的东西。当我们经历了一系列参与的形式时,我们的身份其实在不同的实践共同体中形成了某种轨迹。在共同体中,个体的经历通常有五种轨迹:(1)边缘性轨迹(peripheral trajectories),即个体处在共同体参与的边缘,并没有充分地接触到共同体的实践。不过,这种参与却为个体接近共同体提供了一种渠道,因此,在某种程度上,这种参与也对个体形成某种身份提供了重要的作用。(2)入站轨迹(inbound trajectories),新的参与者参与了共同体的实践,他们有机会成为充分的参与者,他们未来的身份是充分参与者的身份,不过此刻,他们可能还游离于参与的边缘。(3)内部的轨迹(insider trajectories),此时个体已经完全进入并参与到了共同体的实践内部,他们的参与也是充分性的,不过身份的形成并不会因为参与的充分性而止步于此,当新的事件、新的条件、新的干预出现时,个体的身份可能重新被协商。(4)边界轨迹(boundary trajectories),即参与者可能要面临不同的、多种共同体之间的相互参与,这种不同的共同体参与有着不同的发展轨迹,而这种跨共同体的参与使得身份面临了一种挑战和张力,尤其是要维持身份的稳定性时,这种张力表现得非常明显。(5)边界外的轨迹(outbound trajectories),即当个体离开了某个共同体时,个体需要发展新的关系,重新找到一个合适的位置,以一种新的方式来看待世界和自我。① 身份作为一

---

① Wenger E. Communities of practice:learning,meaning and identity[M]. Cambridge:Cambridge University Press,1998:131.

种轨迹还表现在身份从根本来讲是时间性的,身份是在社会背景中建构的,因此它的时间性是一种复杂的表现,而不仅仅是一个线性的时间概念。

4. 身份被视为多重成员关系的联结(nexus of multimembership)

我们每个人都参与在不同的实践共同体之中,有的是过去的,有的是现在的,有的是充分性的,有的是边缘性的。其中一些可能对我们的身份至关重要,另一些则可能对我们的身份影响较小,但不管参与在本质上是什么,这些各种各样的参与形式总会以某种方式影响着我们身份的形成。众所周知,任何实践共同体中的成员关系只是个体身份的一种,共同体中的行为并不能够体现出个体身份的全部。例如:在学校情境中的教师,尽管此刻教师身份是他们的主要身份,他们的行为也主要是以教学行为为主,但其还有一些其他身份(孩子的父母、社会的公民等),这些身份并没有消失,而是以某种身份与教师身份进行对话和信息的交流。因此,我们各种各样的参与形式共同勾勒出了一幅身份的图景,个体各个部分之间并没有明晰的界限。身份不是某种单一的轨迹,相反,它是一种多种关系的联结。作为一种联结,它既不是一个实体,也不是某种简单的分裂。一方面,我们在每个所属的共同体中都有不同的实践,它们之间是各不相同的,我们每个人在这些方面的行为表现是不一样的,它们使我们获得了不同的视角,并建构了我们的不同方面。另一方面,由于我们每个人都拥有多种不同的身份,这种多重身份可能会给个体带来一定的张力和挑战,无论它们有多么细微,都可能相互作用、相互影响。联结的概念增加了参与轨迹的多样性,一个联结不会把我们在不同实践共同体中的具体轨迹合并为一个,但也不会将我们的身份分解成每个共同体中的不同轨迹。在一个关系联结中,多个轨迹相互作用,共同组成了彼此的一部分,不管其结果是相互冲突的还是相互加强的,它们都是单个和多元的统一。

5. 身份被视为一种局部和总体的相互作用(local-global interplay)

一般而言,实践是在某种具体的共同体中发生的,但这种实践并不仅仅只与当前的、局部的共同体发生联系,也与更广泛的集群联系在一起,这也就意味着一个身份——尽管这个身份是在某种非常具体的共同体实践中形成的——不仅属于当前的共同体,而且也与更广泛的社会背景相联系。在我们的实践共同体当中,我们的聚集不仅仅只是为了某个共同的事业追求,也是为了使我们的参与适应和作用于更多的、更广泛的事情,因此,实践中的身份总是当前情境和广义情境上的互动。事实上,我们的身份是丰富而复杂的,因为它们是在丰富而复杂的实践关系中产生的。正如前文中提及的,身份和实践之间是一种平行,这种平行有以下特征:(1)鲜活的(lived),身份不仅仅是一个类别范畴、一种人格特质、一个角色、一个标签,从根本上来说,它是一种参与和具体化的体验。因此,它比类别、特征、角色或标签更复杂。(2)协商的(negotiated),身份是一个成为的过程,是一个持续不断运作的过程,它无处不在。因此,身份并不局限于特定的生活阶段(比如青春期),或者特定的环境(例如家庭)。(3)社会性的(social),共同体成员身份使身份的形成带上了一种基本的社会性特征。从实践参与的角度来看,成员的资格主要体现在对某些社会环境的熟悉程度,例如参与的边缘性和充分性。(4)过程性(a learning process),身份是一段时间的轨迹,它把过去和未来都融入现在的意义中。(5)联结性(nexus),一个身份包含了不同实践中的成员关系,它是一个调和的过程。(6)局部与整体的互动(a local-global interplay),身份既不局限于某个当前的、局部的活动,也不是一个抽象的整体,而是像实践一样,是二者的相互作用。① 总而言之,对身份的理解,既要依据当前的实践和共同体,又要参照更为广义上的社会实践和背景。

(二)可作为学习者身份建构的支点元素

前文已经对身份的一些基本含义进行了阐释,对身份的特点也进行了一定的说明,尤其是从实践的角度从不同层面对身份进行了理解,对于深入地把握身份内涵及要素具有积极的启示。然而,上述理解只是提供了某种启示,关于身份的要素等零散地分布在一些描述当中。此处,我们需要将这些要素以具体的方式呈现出来。不管从哪种角度来看,身份一定是对人或事物的一种表征,它是人类所创造出来的一个符号概念术语,用来呈现某人或某物的内涵及特征。因此,身份最重要的作用是区分和表征,且表征的功能永远优先于区分的作用,因为表征反映的是某人某物的存在,而区分是对某人某物特性的说明。换而言之,先有某物的存在,然后才有对某物属性的认识和区分。此处,我们关注的是人的身份,身份是对人的一种表征以及把人按照某种属性或维度进行区分。

1. 富有代表性的词汇:认知感(sense of recognition)

对于个体来说,个体与身份通常有三种关系形式:相离、相交和重合(如图 3-5 所示),这三种形态涵盖了个体和身份之间关系的所有形态,也在某种程度上反映了个体身份的形成轨迹。一般而言,个体的自然身份属于图 C 类型(这种情况并不是绝对的、固定不变的),如个体的性别身份、种族身份等,当然也有一些社会身份也属于此类,如阶层身份。而其他一些外在身份,如社会身份、文化身份、教师身份、学生身份等通常以图 A 和图 B 的形式居多。以学生身份为例,个体在未进入学校接受教育之前,个体是不具有学生身份的,其正如图 A 所示,此时,作为人的个体和学生身份之间是相离的关系。当个体进入学校进行学习时,个体便具有了学生身份,此时个体与身份之间的关系或为图 B 或为图 A 所示。此处,我们关注的重点并不是身份的形成轨迹问题(如由 A 到 B 或是由 A 到

① Wenger E. Communities of practice: learning, meaning and identity[M]. Cambridge: Cambridge University Press, 1998: 137.

C),因为这种轨迹的转变有一个存在的前提,即个体对身份的认知感问题。换而言之,个体对身份的认知状态或轨迹决定了身份形成的轨迹。仍旧以学生身份为例,当个体或儿童进入学校接受教育学习时,如果个体接受或认为"我是一个学生",那么情况如图 C 所示;如果个体不完全或只是在一定程度上认为"我是一个学生",那么如图 B 所示;如果个体完全不接受或不认为"我是一个学生",那么情况如图 A 所示。图 A、图 B 及图 C 展示个体和身份关系的三种状态或类型,不过个体身份的发展轨迹却是非常多元的,如 A—B—C 或 A—C—B 或 A—B 或 A—C 等等,每种轨迹都可以在现实中找到原形,这也正验证了身份及其发展的复杂性。同理,学生作为学习者身份的形成和发展轨迹也符合上述某种类型,不过正如前文所言,个体对身份的认知感是首要前提。因而,此处认知感可以被作为理解学生作为学习者身份的要素之一。

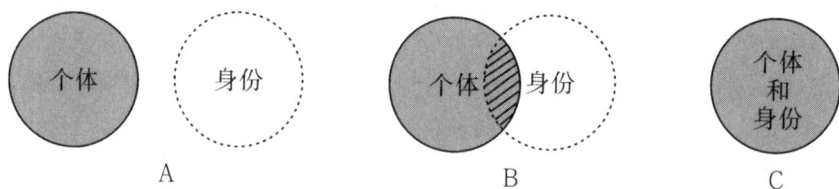

图 3-5 个体和身份的关系

2.富有代表性的词汇:已有经历(previous experience)

个体要意识到对事物和人的认识与个体过去的经历和当前的认识水平有着紧密的内在关联。一般而言,我们对于某人或某物所形成的认识并不是一种偶然性的,而是带有过去经历和当前认识水平的痕迹,这些经历和认识水平决定了我们对于客体的认识程度。例如,个体对于"我是一个学生"的认识是依赖于他们过去的经历,包括所看到的、所接触到的学生的形象,身边的学生群体的行为表现,以及刚进入学校后的体验和感受,甚至还涉及与家人、教师和同伴群体等互动所形成的认识,而不是进入学校、穿上校服等一些外在因素的驱使就使学生个体认可或接受了学生身份。这就意味着已有经历是身份认知的必要前提,进而也是构成身份的重要元素。这点其实可以从身份与叙事的关系中得到印证,叙事是探究身份最重要的一种方式,或者可以说叙事的过程就是身份形成的过程。叙事主要是指讲故事,正如萨特所言:人永远是故事讲述者,人的生活包围在他自己的故事和别人的故事中,他通过故事看待周围发生的一切,他自己过日子像是在讲故事。这里,故事的素材和内容是以个体已有的经历为主,个体通过对自己故事(已有经历)的叙说来理解和认知自我。已有经历是构成个体现在自我的一部分,它深深地内化于个体的认知、态度、情感、行为及信念当中,正是这些已获得的认知、态度、情感、信念等共同作用于个体对于认识对象的判断和认知,这些认识的对象既包括外在的物体,也包括内在的自我。由此可见,已有经历既是身份的必要组成部分,也是理解身份的重要依据和基础。而对于学生作为学习者身份的建构而言,已有经历也可被视为具有启发性和贡献性的结构元素。

3. 富有代表性的词汇:归属感(belongingness)

回到身份最初的定义,身份是一种用来表征人或物的文化符号,这种符号不仅表明了"人是什么样的人"及"物是什么样的物",也蕴含着这类人或物的范畴归属。这就说明,身份除了表明"我认为我是谁"以及"他人认为我是谁"外,还包含着人的归属问题,即个体是属于 A 共同体,还是属于 B 共同体;表现出的是 A 共同体的行为实践,还是 B 共同体的行为实践。不过这种归属并不是形式上的归属,而是意义上的、实质上的归属。温格认为归属有三种模式:参与(engagement)、想象(imagination)及结盟(alignment),它们三者之间的关系如图 3-6 所示。其中,参与,即积极参与意义协商的相互作用过程,有三重过程:(1)正在进行的意义协商;(2)轨迹的形成;(3)实践的历史演变。[①]正是这三个

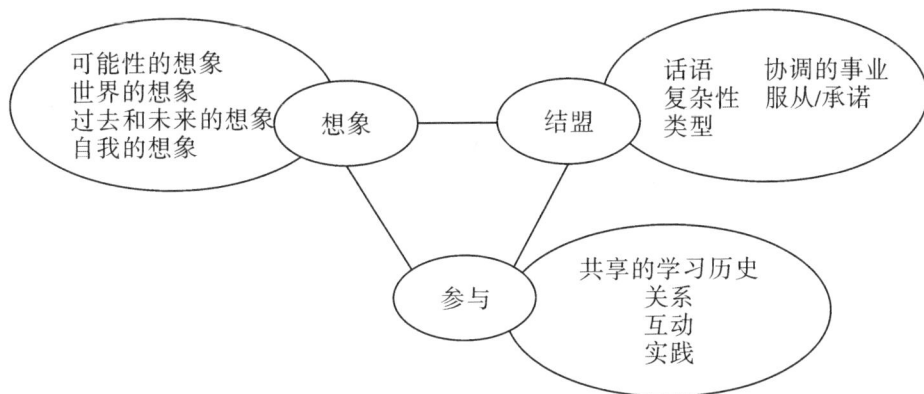

图 3-6　归属的模式(图片来源,Wenger,1998,p.145)

过程的结合才使得参与成为归属的一种模式和身份的一种资源。一般而言,我们的身份总是处于动态的变化之中,这种变化主要是指身份类型及认同感的改变,因为个体总是无时无刻不在与周围的环境进行互动,这种互动实际上是个体参与各种不同类型共同体实践的过程,因此,作为整体的身份总是或多或少地发生一定的变化。当个体进入各种共同体实践中时,其在一定程度上建立了多种成员关系,因此,他们会面临意义的协商。由于参与过程不同,个体形成了多种不同的发展轨迹或经验历程。想象,即借由我们的经验进行推断,创造出关于世界的想象,并通过时间和空间发现联结关系。想象是我们体验世界的重要组成部分,也是我们对世界的感受。它对我们的身份体验以及在活动中的学习潜能具有重要的意义。想象总是基于实践而又高于实践的,如同样正在参与相同的建筑活动,有的人认为只是在砌墙,而有的人却认为是在创造一座摩天大厦。想象涉

---

① Wenger E. Communities of practice: learning, meaning and identity[M]. Cambridge: Cambridge University Press,1998:145.

及一种不同类型的自我——一种关注超越了自我图像和世界图像的产物。通过想象,我们可以把自己定位于世界和历史中,使我们的身份能够包容其他的意义、可能性和视角。结盟,即协调我们的能量和活动,以适应更广泛的结构,并为更广泛的事业做出贡献。结盟的过程搭建起了时间和空间的桥梁,从而形成更广泛的参与,因此,通过能量、行为和实践的协调,不同参与者之间建立了联系。通过结盟,我们成为更广阔的背景的一部分,因为我们尽自己的一切来发挥自己的作用。同时,联盟增强了我们对世界的影响作用,我们能够在不同的共同体之间贡献自己的力量。

参与、想象和联盟以各自的不同方式在空间和时间上扩大了身份的归属关系,尽管三者属于归属感的不同形式,但是它们之间并不是相互排斥的。一个特定的共同体可能由这三者按不同的比例所构成,而这些不同的组合形成了不同性质的共同体。无论是参与还是想象抑或是联盟,它们关注的都是人的归属感。参与更倾向于实质性的、可以感受到的归属;而想象还包括了一些当前行为实践背后的多元化的归属,这种归属超越了当前行为实践和共同体的可视化边界,具有多种归属的可能;结盟实质上是将个体置于多种联结中的一个点上,个体可以在不同的共同体中发挥作用,结盟的归属模式是一种扩散性的、多元化的归属模式。归属对于个体理解自己的意义,以及在世界和社会中的位置有着重要的作用,通过归属我们能够认识自我与他人之间的关系或界限,并能够对自身的行为表现建立依据。因此,归属感也可被视为具有启发性和贡献性的结构元素。

综上所述,认知感、已有经历及归属感可作为学习者身份建构的支点元素。认知感即个体能够认识到“我是一名学习者”,而不是其他某种特定类型的人;归属感是个体根据自己所从事的实践活动,将自己定位或划分到某类共同体当中,并与该共同体建立一定的情感联系;已有经历是个体认识“我是一名学习者”和“我属于哪种共同体”的前提基础,其能够帮助个体理解自身的意义,叙说自己的故事。

(三)学生作为学习者身份的理论模型建构

学习者身份正如其他概念工具一样,具有明显的抽象性。如果我们只是从经验描述的角度来理解一个理论概念,那么该理论概念的价值潜能并未能得到最大限度的发挥。在自然科学领域,人们通常采用结构化或标准化的程序或模式来解构事物,正如物理或化学元素一样,需要从其最基本的结构元素进行分析,寻找其物质属性。其实,在社会科学领域,这一思路仍然具有较大的适用性,社会学者也比较善于采用解构或建构的思路来剖析某一现象、行为或概念的结构,分析其基本构成要素,寻找它们之间的关联,最终采用模型的方式将它们的最后结果呈现出来。通过对一个抽象的概念进行模型建构,正如建造一座高楼大厦所搭建的基本框架一样,能够帮助我们把握最为重要、必不可缺的一些构成元素,避免对概念产生片面或不当的理解。

关于身份的理论模型方面,琼斯和麦克埃文(Jones&McEwen,2000)研究多元身份概念的概念模型,他们认为身份最为核心的部分是自我意识(sense of self),这个核心或核心身份是作为一种个人身份的经历,在某种程度上是被保护的、看不到的,它包含了"有价值的个人属性和特征"。[①] 这个核心经常被参与者描述为他们的"内在身份"(inner identity)或"内在自我"(inside self),与他们所称的"外部身份"(outside identity)或身份的"事实"(facts)形成对比。外部身份很容易受他人影响,被他人命名,影响个体对自我的真正认识,如认为外部身份比内部身份更复杂更有意义。对于每个个体而言,内部身份才是他们应该接近的、守护的,并尽量避免其受到外界影响。内部身份通常包含了个体的经历,从而决定个体成为某种特定类型的人,因此它们比外部的标签更有深刻性。外部身份是围绕着内部身份建立起来的,它们之间相互联系。图 3-7 是琼斯和麦克埃文

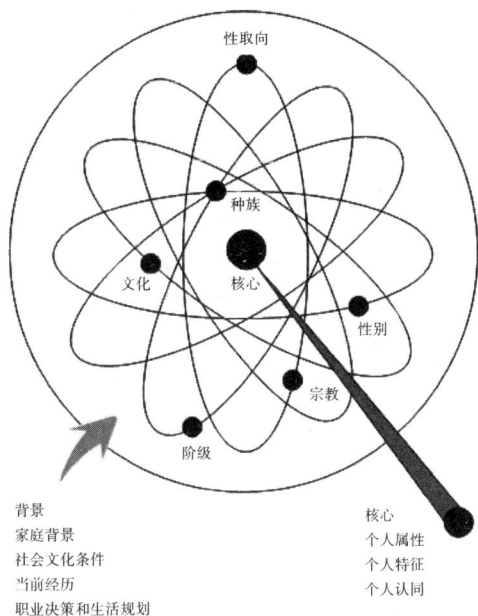

图 3-7 身份的多维模型(Jones & MoEwen,2000,p. 409)

所建立的多维身份概念模型图,他们认为身份可以从多元维度如种族、文化、阶级、宗教、性别、性取向等视角来获得理解,处于身份模型最核心的是个人身份,包括个人属性、个人特征、个人认同等结构成分。此外,背景因素,包括家庭背景、社会文化条件、当前经历、职业决策和生活规划等,也是理解个体多元身份不可获取的因素。从该身份模型图还可以看出,身份的多种结构要素是相互交织在一起的,而不是孤立存在的,要理解个体的性别身份,需要考虑个体所处的家庭环境、文化氛围。考察个体的阶级身份,也离不开

---

① Jones S R, Mcewen M K. A conceptual model of multiple dimensions of identity[J]. Journal of College Student Development,2000(04):405—414.

对个体性别、种族等维度的考量。该身份模型的最核心部分与前文所建立的可作为理解学习者身份结构要素之一的认知感甚为契合,意在突出自我对自我的认识或意识,是一种由外向内的回归取向,它触及身份最为核心和本质的要素。

学习者身份也是身份模型图中的一种,它既具有一般身份的共性,又有自身的特质或个性特征,这种个性特征是由学习者及其所从事的学习活动所决定的。因此,在理解学习者身份的结构要素时,要充分地尊重和兼顾学习和身份两方面的基础和结构。根据上述分析,我们认为,学习者身份的结构要素可以从以下几个方面来分析和理解:

1.学习者身份的结构要素一:认知感

发展认知感是人一生当中都在追寻的目标和努力达成的任务,这种任务会从婴幼儿时期一直延续到生命的终结。研究表明,个体对自我的认知在生命的早期就已经开始形成,在前概念阶段,5岁大的孩子就能够分辨出他们自己的腿部动作。随着年龄的增长,婴儿的行为能够越来越充分地表明他们有意识的自我表征的发展。例如,15至20个月大的婴儿,已经具备了从镜子中认识自我的图像。人类识别自我主要是通过两种方式:一是我们的身体,二是我们的行为。每个人的身体是识别自我最大的标志,如我们的长相、肤色、性别、身高,甚至包括一些局部特征。然而,人们对自我的认识并不仅限于此,身体特征或属性是一种最为基本的,我们不仅要看到外部表征,更要理解自我内部的意义和活动。对这种内部活动的认识,我们需要通过行为及话语,并在互动的过程中进行认知。

在由学生向学习者的转变过程中,认知感指的是不仅要意识到"我是一个学生",更要认识到"我是一名学习者",即学生不仅具有学生身份,同时也作为学习者的身份而存在。随着学习情境及学习方式的变革,学习者身份将超越或取代学生身份,成为一种核心或主导身份。一般而言,学生要获得"我是一名学习者"的认知感是一个较为漫长的过程,这一过程往往是从学校学习开始。一方面,儿童的成长发育逐渐成熟,他们的自我意识越来越强烈,当他们进入学校环境后,学校学习逐渐成为他们的主要学习活动,他们会慢慢地注意教师、父母、学生同伴群体对自己的看法和评价,因此他们也会对自我进行审查和省思。另一方面,学习的过程也是一个社会化的过程,随着学生学习内容、方式、环境等诸多要素的逐渐多元化,他们的经历也越来越丰富,尤其是在外界社会及教育本身对学生的期望和要求下,他们必须开始关注自身的学习行为和学习结果,这为他们认识自我学习经历提供了必要的前提和基础。

学生是如何开始意识到自我作为学习者的身份呢? 一般而言,学生要获得"我是一名学习者"的认知感至少有以下四个标志:(1)认可学习是自己的事。学生和学习者的重要区别之一在于,学生的学习主要是由教师负责,而学习者的学习是由学习者本人负责,他们会自觉地承担起学习的责任,为了获得学习结果投入一定的心智能量。(2)持续不断的学习行为表现。学习者的学习是一种自我管理、自我调适的自主学习,外界干预多扮演了协助和引导的角色(如教师教学),学习者需要不断地投入从而表现出持续不断的学习行为表现。(3)学习可借由多种路径多种方式来实现。当前,学习的方式非常多元化,不仅包括发生在学校中的正规学习,还包括各种非正式的学习,学习途径也逐渐转向多元化,如通过互联网、图书资料室、与他人互动等。(4)借由反思的镜像自我(mirror self)。当学习积累到一定的阶段后,学生开始学会思考如何学习、学习什么,以及所学的内容对于自我有什么意义。这一过程是通过反思来实现的,积极反思正如通过一面镜子观察自我、整理自我一样,能够帮助个体证实学习问题和自我问题。(5)叙说自我的学习故事。叙说自我实际上触及身份的层面,因为身份也是叙说的产物。不过,这里的叙说主要是对自我已有学习经历的叙说,如我是如何应对学习的困难和挑战的? 我的学习动机主要是什么? 对学习经历的叙说,不仅有助于个体理解学习在自我成长和发展过程的意义,更能促使和加深个体对学习的理解和认识。

2. 学习者身份的结构要素二:动机和情感(motives & emotions)

(1)动机要素。人参与任何活动都有一定的动机(motives)和情感(emotions)涉入。马斯洛(Maslow,1954)认为人的动机大致可以分为以下几个层次:处于最低端的是"生理需要"(physiological needs),如空气、水、食物等必要的生存元素;接着是"安全需要"(safety needs),主要是指对环境的安全感;再接着是"归属需要"(belongingness needs),这种需要包括与他人建立亲密关系;之后是"尊重需要",如包括自尊以及来自他人的尊重,这种需要表现为高成就、独立性、胜任的工作以及他人的认同等。以上四种需要称为"缺失需要",如果这些没有得到满足,人们就会采取相应的行动来满足这类需要。处于最顶端的是"自我实现"的需要(need for self-actualization),自我实现是指个体向上发展和充分运用自身才能、品质、能力倾向的需要(见图 3-8 所示)。[①] 马斯洛认为,高一级的动机需求是以满足低一级的需求为前提,人的动机需求整体如同金字塔一样,动机的需要顺序是由底层向顶层流动。尽管这种观点在现在看来有待商榷之处,但是它关于动机的层次种类划分对于解释人们的日常行为和活动仍具有很大的启示作用。

---

① 戴尔·H.申克.学习理论(第六版)[M].何一希,钱冬梅,古海波,译.南京:江苏教育出版社,2012:341-342.

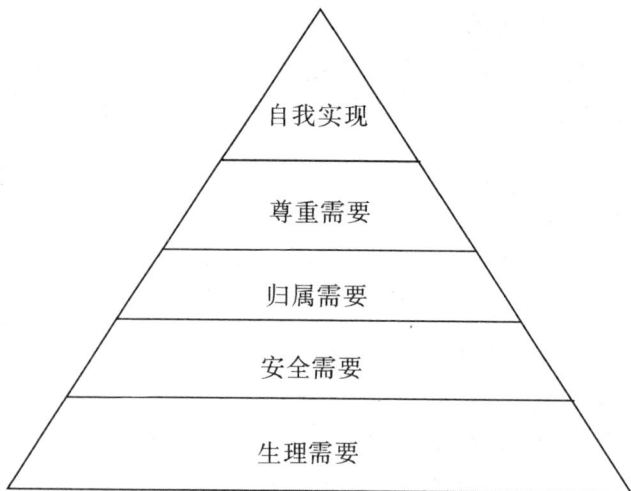

图 3-8 马斯洛需要层次理论

动机是如何成为学习者身份的基本结构要素的呢？从学习的发生过程来看，学习者身份是学习活动的结果和产物，它必须通过个体的学习活动才能够实现，是个体学习旨在达成的期望，因此，建构学习者身份本身就是学习活动动机/目标的一种。如果说学习知识、技能、理解等是为了满足较低层次的需要，那么获得一种身份（学习者身份）应属于较高层次的需要，甚至可以被看作自我实现的一种，因为想成为某种类型的人，如"成为一名自主的学习者(to be a leaner)"是一种自我实现的需求。自我实现已经超越了生理需求、安全需求、归属需求、尊重需求，将焦点放在了自我身上，重在考察自身对自我是什么样的人的感知与认同。这其中蕴含着学生个体对于自我历程的反思，自我实现是一种对过去学习经历叙说，以及对已有经历的再现与重新建构，它是作为一个连贯的、完整的故事、图像而出现的。

（2）情感要素。在情感要素方面，情感在一定程度上也属于动机领域中的一种，它所指的动机是一种一般意义上的、广义的动机概念，而不仅仅只与认知、学习内容相对应。情感（也称为情绪）无论是在个体的生活中，还是在学习中都发挥着至关重要的作用。根据马斯洛动机层次的需要划分，安全需要、归属需要、尊重需要以及自我实现等既是个体发展的动机因素，同时也是情感因素。例如：当个体面临危险的境遇时，往往会产生恐惧、担心、害怕、孤独、失望等负面的情绪体验；而当个体处于安全舒适的环境时，往往会产生愉快、自由、安全等正向的情绪感受。无论是负面的还是正向的情绪体验感受都会影响甚至决定个体某种行为的发生。动机和情感实际上是紧密联系的，每一种动机都包含着一定的情感因素，它们之间的内在联系已经远远超过二者之间的不同。因此，这也是伊列雷斯将情感/情绪作为动机维度的一个符号性的考量因素。动机和情感涉及个体从事某种活动心智能量的投入和使用，它们的主要作用在于维持心智与身体的平衡，从而发展关于自身与环境的敏感性。

现实中我们能够轻易发现,如果学生对于某门学科产生了浓厚的兴趣,或是喜爱这门学科的教师,那么该学生往往愿意对该门课程投入更多的心智能量,且能够从这门课程的学习当中寻找到愉快的体验。反之,则会表现出逃避学习这门课程的情绪。就学习者身份的形成而言,情绪情感更是发挥着难以估量的作用,因为学习者身份的建构并不同于其他身份获得,学习者身份具有鲜明的自主建构性。个体要获得"我是一个学习者"的认识,首先要对学习活动保持一种积极的情绪感受,这种正向的情绪感受意味着个体愿意去学习,并能够从学习的过程或结果中获得愉快的学习体验;其次,学习者身份不是一种短时间维度的身份,而是个体的所有学习经历的整合,因此,学生所表现出来的情感应该是一种长久性的,如果说学生想要"成为什么样的人",那么"成为这种类型的人"应该是一种长期的目标和愿景,这就需要学生长时间的情感投入才能够实现"成为这种人"的目标。不过这种长期的情绪应该是正向的、适度的和温和的,如果体验过于强烈则会给学生带来心理上的压力感。从实践操作层面来看,要构建学生的学习者身份,就需要将学生的学习与积极的、切身的情绪体验建立起联系。在当前的一些教育案例当中,学生缺乏学习兴趣很大一部分原因在于没有将学习任务和内容与学生的切身体验联系起来,不少学生将学习看作不得不完成的任务,感受不到所学的内容与他们自身的联系。面对这种情况,一方面,教师应该为学生提供情感支持,促进学生产生正面的、积极的学习体验;另一方面,学生也应该关注自身在学习过程中的情感发展变化,正视积极的和负面的情绪感受。

3. 学习者身份的结构要素三:意义(meaning)

意义是一个具有大小或者层次的概念,且同一事物或同一现象对于不同个体的意义是不一样的。那么学习的意义到底是什么呢?首先,学习的意义表现为一种学习经历,例如,在学习活动中,学习了哪些知识技能,获得了怎样的理解;怎样与教师和同学之间进行互动的;学习动机是什么,有着怎样的情感投入,产生了怎样的情绪体验;当遇到困难的时候是如何处理的;学生的自主性和主动性是否受到尊重;当一段学习经历之后,是否能够进行自我反思;他人是如何看待自己的;等等。其次,学习的意义是一种联系,即所学内容与学生自身的联系。在当前的学校教育实践当中,存在不少学生学习没有与自身建立起联系的现象,例如,死记硬背了元素周期表中的元素,掌握了 DNA 的分子式和氧化还原反应的公式,但是仅仅记住了这些东西是没有意义的。情境学习认为一切学习都是情境性的,都是在特定的情境下发生的,同时该理论也提议要创造学生的学习情境,这种情境有助于建立学习内容、环境与学生自身的联系。最后,学习的意义在于其具有功能性和实用性。学习总会给学习主体或外界带来一定影响和作用,在前面分析学习动机的时候也曾提及,学习动机分为内部动机和外部动机,不管是内部动机还是外部动机都是学生的一种需求,因此学习一定能够满足学生的某种需求,如升学就业、获得一定社会地位、获取较高的经济收入、提升自己的思维能力、寻求某种和谐的人际关系等等,这些都是学习能够发挥出来的功能和作用。因此,学习的意义一定有实用性和功能性的成分,这也符合人类生存发展的本性。

学习的意义是学生在学习过程中体验到的,也是学习结果所赋予的,学习的意义源自学习活动本身,因此它是学习必不可少的结构要素。那么,意义作为学习者身份的基本结构要素又是如何体现出来的?"学生"和"学习者"都是一种文化符号,它们是用来表征某种类型的人的一种符号工具,必然是有意义的,且这种意义是独特的、唯一的。符号的意义是符号基础,意义关涉着现象,并且需要用符号来进行表达①,对符号的认识也即意味着对现象意义的认识。由此可见,作为一种符号术语的"学习者身份",符号本身不是关注的重点,符号所代表的意义才是其核心要素。当学生的主体意识开始觉醒时,他们会逐渐开始认识自我,他们需要某个具体的身份才能感知自我、认知自我、规范自我,从而不停地更新自我。因此,对于学生而言,他们需要的不仅是"学生身份",更是"学习者身份"。相对于"学生身份"符号而言,"学习者身份"所具有的意义更为丰富,更符合现代及未来社会人的学习特点,同时,学习者身份也具有更多解放教育的蕴意。当"学习者身份"这种符号与具体的人联系起来的时候,它所指的是具有自主学习意识的学习者,学习者的活动是一种自主学习活动。从学习者身份的定义可知,"学习者身份"是个体在正式和非正式学习环境下,对"我是一名学习者"的感知与认同,它是个体主观学习经历不断建构的结果。因此,不同于学习活动本身的意义,学习者身份的意义主要是一种个体主观学习经历,这些主观的学习经历不仅表明了个体的学习历程和成长轨迹,也叙说了个体自我。

4. 学习者身份的结构要素四:话语和行为(discourse&action)

如果我们想要了解一个人(也包括我们自己)的真实图像,话语和行动可作为一种有效的进入方式(approach)。话语,通常有两种表现形式:一是作为语言的话语,如我们平时的对话、讨论、交流、叙说、演讲等等,都属于语言话语中的一种;二是作为文本的话语,即话语的内容是通过文字、图像、符号等呈现出来的,如文学作品、小说、个人传记、日志等等。话语是人类生存交往的一种基本方式,是人类社会特有的产物,话语决定着人的身份的形成。从话语的角度探讨身份,其中较有代表性的大致有三种:一是社会结构主义分析取向,该取向认为身份既不是先验给定的,也不是建构行为的产物,而是一个过程;二是归类与成员界定分析取向,该取向认为身份的建构与自我和他者的交往有关,当自我认为与他者的交往行为有利于身份建构时,他便会主动选择与其交流,反之则拒斥

---

① 彭佳.论意义的双向性与贯通:一个符号现象学观点[J].福建论坛(人文社会科学版),2015(10):112—119.

该交流行为;三是"自我"的反本质视域分析,这种方法多用于性别身份和话语心理身份研究中,其核心在于用反本质主义的方式思考自我身份。^①话语塑造着身份的形成,身份也制约着话语的产生与表达,当个体具有某种身份的时候,他的话语应该符合这种身份的行为要求。个体在话语的作用下形成某种身份的时候,也即获得了某种行为的能力。如果个体只是将焦点放在了话语层面,而忽视了行为的可能性,那么很容易致使其内在自我与外在自我的分裂。不过,行为和话语的关系并非是完全相对应的,因为话语的范畴总是略高于行为的范畴,话语有抽象的话语和具体的话语之分,而抽象的话语所蕴含的意义并不一定能够通过行为表征出来。

话语和行为可以决定某种身份的形成,即决定了"我是谁"以及在别人眼中"我是谁"。"我是一名学生"是通过我作为学生的话语和行为所表现出来的,同样,他人对"我是一名学生"的认识也是通过我作为学生的话语和行为来获知的。在话语和行为的作用机理方面,话语和行为是通过符号来表达意义的,例如,当某学生举起手时,"举手"可能意味着想要回答某个问题。又如当学生积极发言回答问题的时候,可能说明他对当前内容很感兴趣,抑或是他乐于表现自己。话语和行为是个体主体性的彰显,且都是一种最为基本的个人属性元素。在法律和政治层面,"言论自由"和"人身自由"分别属于话语和行为的范畴,一种是作为能动主体可以/不可以"说"什么,一种是作为能动主体可以/不可以"做"什么。当我们将关注的焦点集中在学校教育情境下的学生的时候,我们可以发现,学生的话语似乎在很大程度上是受到限制的,例如在教师主导的课堂上,学生的声音是被压制的,谁能够发言、什么时候发言实际上是被规定和计划好的。学生的行为实际上也是被学校和教师所计划好的,哪些行为是受到允许和提倡的,哪些行为是受到禁止的都是被规定好的。同样在学习活动中,学生的话语和行为也是由教师所引导和制约的,当教师无意中用教师教学的话语替代学生学习的话语,以及用教师的教学行为替代学生的学习行为时,学生对自我的图像实际上是由教师所塑造的,他们的自主性和主动性也在某种程度上被教师所取代了。当前所提倡的"自主—探究"教学法实际可被看作对学生话语和行为表达的一种呼吁,鼓励和提倡学生通过自身的话语和行为来彰显自身的主体性和作为学习者的身份。

5.学习者身份的结构要素五:归属感

归属感是人的一种情感要素,其正如同认知感一样,也是构成身份的一个基本要素。归属感是联结共同体成员之间的纽带,是影响个体参与共同体实践以及维持共同体不断更新和发展的内在动力之一。其实在马斯洛的动机层次理论当中也已提及,归属感的获得是人在发展过程中不可或缺的。在学校教育中,学生的归属主要是以对学校的归属感

---

① 程毅."将身份放入话语中":从话语维度谈当前身份研究的现状及趋势[J].文艺评论,2016(03):43—48.

为主要表现形式,其中具体包括对班级的归属感、师生共同体的归属感、同侪玩伴的归属感等多种形式,这些归属感不仅影响学生的学习,也影响学生的自我表现和对自身的认识。因此,在探究学生作为学习者身份的归属感时,可从学校归属感作为切入点。学校归属感可理解为:"学生将自己与学校联结起来,感觉自己被学校接受和认可,是学校的一员,是其中的一部分,它综合体现了学生对学校的认同、依恋、寄托与卷入状态,是学生与学校之间关系密切的反映。"[1]归属感在一定程度上反映了学生对学校生活适应性和满意度的表征,一般而言,学生如果不能适应学校的学习和生活,则对学校归属感可能会偏低,并表现出一些厌学、逃避、不积极、无意义感等情绪体验。学校归属感也有利于学生自我概念的形成,学生对"我是谁""我是什么样的人"的认识是处于不断的发展和形成的过程之中,且学生对自我的理解需要置于特定的学校情境及人际关系之中,如来自老师、同伴的反馈和评价等。良好的归属感使学生更愿意建立自身与老师和同学之间的联系,并通过他者的镜像来认识自我。当然,学生对学习意义、对生活意义的建构也来自于对学校的归属,学生与学校的联系越紧密,在学校中获得的成就越多,在学校实践和活动中参与得越充分,他们所建构的意义也就越多,并会对学校的生活产生深厚的情感。此外,学校归属感能够为学生的学习和生活提供强大的背景支持,使得学生能够主动参与到学校事务当中,激发他们的"主人翁"地位和意识,一旦这种归属感得以确立,学生自身的效能也能得到提升。

学生对学校的归属感受多种因素所影响,例如:价值观、学习动机、努力、教师的教学行为、期望与支持行为等都会对学生的归属感产生重要影响。当学生拥有良好的师生关系或是能够得到教师支持时,学生对学校的归属感较佳。由此可以看出,教师是学生归属感最为关键的影响因素。此外,学生自身的参与也具有重要的作用,如有研究表明学生参与学校活动越多,学术投入越高,对班级事务的关心程度越高,则学生对学校的归属感便越强。从对归属感影响因素的分析可以发现,上述变量在影响归属感的同时,归属感其实反过来也对该变量产生影响,它们之间不是因果关系而是相关关系。例如:师生关系影响学生归属感,学生归属感其实也作用于师生关系的形成;学生学业成就能对学生归属感产生影响,反之,归属感也影响着学生的学习投入、学习动机和学业成就。更为重要的是这些因素也都对学生在学校教育情境中认识自身提供了依据和参照,学生对自身的认识、学生身份的形成需要考量到他们在学校中的归属感因素,如在学校中的处境、师生关系的程度、同侪伙伴的支持、学习和实践活动中的参与情况以及学生的学习成就等等。当学生感受到良好的学校归属感时,他们更有意愿投入学习活动当中,并对自己的学习负责,无论是知识技能的学习,还是人际交往等社会技能的学习,他们都更加自发主动。

---

① 阳泽.论学校归属感的教育意蕴[J].中国教育学刊,2009(07):31—34.

6.学习者身份的结构要素六:已有学习经历(previous learning experiences)

人的成长是一个持续不断的过程,这个过程从个体作为一个新生命的开始一直到生命的终结。经历是身份的一种指示器,是对身份的一种内在反映,同时,它既是认识身份的来源,也是身份建构的基础。因此,已有经历是理解身份的一个必要元素,从个体经历的视角认识身份,身份才会显得丰富和饱满。"经历"是一幅完整的、"丰满"的个人图像,它存在于特定的历史时间和空间中,又在时间和空间的维度上得到展现。通过对人的已有经历的描述,人能够认识现在的自我。

那么,已有学习经历是如何作为学习者身份的结构要素呢?斯法德(Sfard,1998)的学习隐喻的观点也许能够提供较好的启示,他认为学习有两大基本隐喻:获得(acquisition)隐喻和参与(participation)隐喻。[①] 获得隐喻是从学习的结果来界定学习的,如个体学到了哪些内容,发生了怎样的变化。参与隐喻也是理解学习的一种重要取向,与获得隐喻不同,在参与隐喻下,知识不仅存在于个体和社会协商的心智中,而且存在于个体间的话语、约束他们的社会关系中。除此之外,知识还存在于个体与共同体其他成员的互动中、个体制造人工制品和应用人工制品的活动中等等,与获得隐喻所强调的竞争驱动和独自存取不同,"参与"一词带有团结和合作的信息。从获得隐喻和参与隐喻的对比分析(见表3-2)可知,在获得隐喻和参与隐喻的学习取向之下,学习者对于学习经历的关注和理解是不一样的。获得隐喻主要关注个体获得、接受、拥有了哪些东西的一种经历,而参与隐喻则重在关注个体是如何与他人交流、协商和互动的一种经历,如与谁互动、互动什么、互动的过程是如何发生的、个体在互动中的位置如何等。

表 3-2　学习的两种基本隐喻(Sfard,1998)

维度	获得隐喻	参与隐喻
学习目标	个体的充实	共同体的建构
学习	获得某些东西	成为参与者
学生	接受者(容器)、(再)建构者	边缘性参与者、学徒
教师	提供者、促进者、中介人	胜任参与者、实践/话语的保存者
知识/概念	财产拥有权,商品	实践/话语/活动
认知	有,拥有	归属、参与、交流

在学习的参与隐喻中"合法的边缘性参与"是一个典型的理解个体学习经历的视角,"合法的边缘性参与"是莱夫和温格提出的一个概念,它重在解释新手是如何通过实践共同体中的参与者成为熟手的一个过程,以及在实践中个体如何从"不合法到合法"、从"边

---

① Sfard A. On two metaphors for learning and the dangers of choosing just one[J]. Educational Researcher, 1998(02):4—13.

缘性向中心性"转变的一种轨迹。同时,"合法的边缘性参与"也是理解个体身份的有效路径,个体在参与的过程中需要不断地与其他共同体成员进行互动和协商,目的是为了寻找共同体的归属和建立自己在共同体中的位置。"合法的边缘性参与"是从集体的或共同体的视角来理解个体的学习经历,这就将个体的学习放在了一个共同体的情境之中,如学校学习共同体、课堂学习共同体等等。在共同体的情境中,学习被理解为由认知发展走向身份建构的过程,因此获得的内容仅仅只是认知发展的一部分,而身份的获得才是共同体中学习的重中之重。你正在成为什么人,决定性地、根本性地形塑着你所知道的,知识不是获得或者积累信息,而是实践共同体中的联系和参与以及你的身份形成,该身份意味着你进入进行中的实践过程,并成为其中的组成成分。布鲁纳曾提出:"教育要从仅仅关注'学得什么'(learning about)转向关注'学习做什么人'(learning to be),强调了必须联系人类身份的发展来理解学习。"[①]从身份的发展来理解学习,反过来,从学习的过程来理解身份,这二者之间是相互联系、相互统一的。因此,当从学习视角来认识身份时,个体获得了什么、发生了怎样的改变的学习经历,以及个体是如何参与到学习的、如何与周围环境互动的学习经历是理解身份的两条主线,此两种不同取向的学习经历的结合有助于学习者理解自己的身份。

第三节　学生作为学习者身份的理论模型示例

一、学习者身份的理论模型图像

　　身份是一个极为复杂的概念,而作为人类发展的学习活动,它更是与个体的身份有着千丝万缕的联系。莱夫和温格甚至将学习和身份视为同一事物的两个方面。他们曾列举了五个学徒制的案例,尤卡坦助产士、Vai 和 Gola 两地的裁缝、军需官、屠夫、戒酒协会的酗酒者,该案例表明,在实践共同体的实践参与中,个体不仅习得了助产、裁缝等技能,同时也成功地成为一名助产士、裁缝、屠夫等,也就是说具有了助产士、裁缝、屠夫等身份。[②] 这就说明,学习既是获得某种知识、发展能力的过程,也是建构某种身份的过程。因此,就学习活动而言,我们必须寻找一种与之相对应的身份。学习者身份恰能够很好

---

　　① 赵健.学习共同体——关于学习的社会文化分析[D].华东师范大学,2005:66.

　　② J·莱夫,等.情境学习:合法的边缘性参与[M].王文静,译.上海:华东师范大学出版社,2004:21—24.

地作为学习活动所需要的身份,且这种身份在终身学习的情境下显得尤为明显。因此,对于学校中的学生个体而言,我们要意识到他们不仅是一名"学生",同时更是一名"学习者",教育应该促进学生由"学生身份"向"学习者身份"的转变。

当学习者身份成为学习活动所需求的身份之后,我们接下来的关注重心要集中在对学习者身份是什么及对学习者身份包含了哪些基本结构元素的剖析上。关于学习者身份的概念意涵,在本书第一章中已经进行了分析,"学习者身份是个体对'我是一个学习者'的感知与确认,它是个体在正式的和非正式的环境中,对个体主观学习经历不断建构的产物。"从对学习者身份概念的界定可以发现,学习者身份既包括了身份所探讨的"我是谁"的问题,也涉及了学习所发生的"学习情境"以及学习获得及互动过程都关注的"学习经历"等问题。因此,对于学习者身份的进一步理解,我们需要分别回归到"学习"和"身份"的研究领域,寻找"学习"和"身份"二者之间的内在联系,在此基础上建立学习者身份的基本结构要素。通过对学习的基本理论分析,我们发现学习内容维度的意义元素,动机维度的动机和情感元素,以及互动维度的话语和行为元素可作为学习者身份结构的建构基础。而通过对身份的基本理论分析,我们发现,个体对"我是谁"的认知感,"我处于怎样的关系当中"的归属感,以及"我是如何成为现在的自己"的已有经历也可作为学习者身份结构的建构基础。由此,我们初步建立了学习者身份理论模型(如图 3-9 所示)。

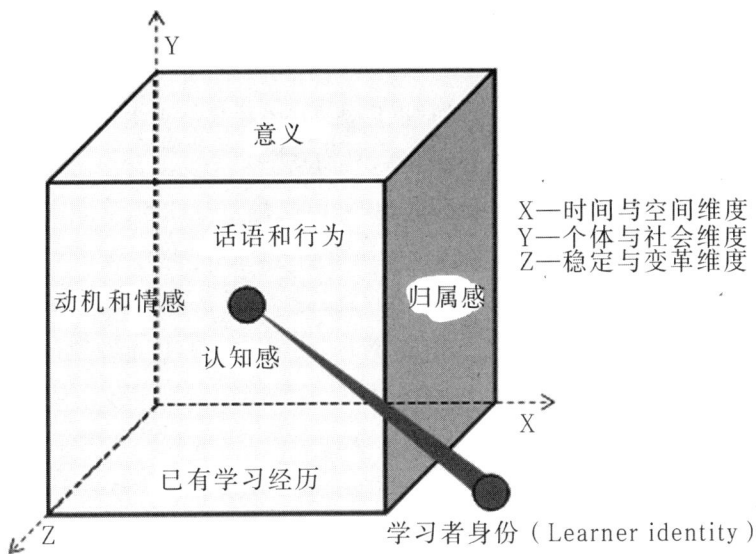

图 3-9　学习者身份的理论模型

在该模型图中,学习者身份处于正方体的内部核心的位置,而正方体的六个面分别对应来自学习和身份的支点元素。因此,对学习者身份的理解,我们可以从认知感、动机和情感、意义、话语和行为、归属感以及已有学习经历等六个方面来理解。在该模型图当中，X 轴、Y 轴和 Z 轴分别表示学习者身份特性的三个理论维度，即时间与空间维度、个体与社会维度以及稳定与变革维度，因此，对于学习者身份的理解还应置于特定的条件及情境之中。通过对三个维度六个面向的结合与分析，我们能够较为全面地理解学习者身份的图像。

二、学习者身份的结构要素关联

在所建构的学习者身份理论模型图中，认知感、动机和情感、意义、话语和行为、归属感以及已有学习经历六个基本结构要素共同构成了一个有机的整体，即学习者身份的整体图像。作为一种内在的结构组成部分，六个要素彼此之间也存在着紧密的内在关联。从模型图的呈现方式来看，已有学习经历处于最为底部的位置。这也就意味着已有学习经历是建构学习者身份的前提和基础，其正如同一个大树的根系一样，不断地为个体自我的发展提供养分和原料。已有学习经历可以是一个事件、一个片段、一个瞬间或是一个完整的故事，它包含了个体在学习中的动机和情感投入，反映了个体在不同学习历程中对学习及自身的看法和认识，对学习意义的感知，以及所体现出的话语和行为表现等。认知感处于正方体的正前方，它是个体对自身一种较为直接的认知，如认为"我是一个学生""我是一名教师"等，这些身份的认知往往可以通过某种外在的或显性的方式得以展示，比如当个体符合一定条件进入学校学习时，便具有了学生身份，因而也形成了对"我是一个学生"的认知感。同样，当个体获得了教师从业资格，正式进入学校或其他机构从事教学活动时，他在获得教师身份的同时也形成了对"我是一名教师"的认知感。因此，认知感在学习者身份理论模型中处于最为突出的位置。

动机和情感以及归属感位于模型的两侧，它们既是学习的动因，也是学习的产物或结果。例如，学习动机，它是引起和激发个体从事学习活动的动力，有时也可以作为一种学习目标，并呈现在学习的结果之中。同样，归属感，它既是一种学习动机（见马斯洛动机层次理论），又是一种学习的结果。动机和归属感对学习者身份的建构起到支撑和协助的作用。话语和行为位于学习者身份理论模型的后侧，它们总是以一种隐性的方式发挥着作用。话语和行为本身并不具有特殊的功能，它们只是意义的载体。例如，就上课举手回答问题这一话语和行为而言，举手和回答问题本身只是一种普遍现象，但它却能够反映出学生话语权、师生关系、教师教学方式、学生学习态度等不同的方面，这些方面是影响学生学习和对自身认知的重要因素。意义处于最上面的位置，它是整个学习活动的升华，也是学习活动最终的归属，意义是一个更具有包容性和统整性的概念，认知感等五要素均可以连接到意义之中。总而言之，认知感、动机和情感、意义、话语和行为、归属感以及已有学习经历六要素是相互关联、相互支撑的，它们共同构成了学习者身份的有机整体。

三、学习者身份的结构要素与特征维度的交叉分析

基于理论模型的基本架构，我们来尝试理解学生作为学习者身份所应考量的因素，以及由"学生身份"向"学习者身份"转变的具体指涉。这里我们从学习者身份的六个结构要素或面向进行分析。

（一）认知感

认知感，即学生对"我是一个学习者"的认知，这种认知也间接地反映了个体对于学习的看法和认知。这就意味着学生的主体意识已经开始觉醒，他们逐渐或能够意识到自己的主体地位，如我是学习的主体，学习是我应该做的事情，教师只是学习过程中的引导者、协助者和促进者，我应该对自己的学习负责。同时，学生开始对自我问题进行关注，他们会反思"我是谁"、"我的理想是什么"、"我能够做什么"、"我应该做些什么"以及"我想成为什么样的人"等等。从时间维度和空间维度来看，"认知感"表现为：过去我是如何认识自己的，现在又是如何看待自我的，过去的我和现在的我是否一致，哪一种自我才是我理想中的自我；在不同的学习情境之中我是如何理解自己的，哪些情境更能够对我产生影响。从个体与社会维度来看，"认知感"主要表现为：我自身是如何理解自我的，他人、社会是如何看待自我的，我所认识的"我"和他人所认识的"我"是否一样；他人是如何影响我对自身的认知，我是如何处理自我认知与他人认知的关系的。从稳定和变革维度来看，"认知感"表现为：我是希望保持一种稳定的自我还是不断变化的自我，我是如何保持稳定的自我认识的，保持稳定的自我需要哪些条件；我对自身的认知又是如何进行变革的，哪些因素致使我进行变革，变革过程是怎样发生的，变革的结果如何，我是如何看待稳定和变革的关系的。

（二）动机和情感

动机和情感，即学生在学习中的动机和情感表现。对于学生而言主要体现在：我为什么要学习，我的学习动力有哪些，是来自外部的动力还是源自自身的动力，我在学习过程中的情感表现如何，哪些情况使我感到有高兴、愉快、喜欢、有信心等积极的情绪体验，哪些情况使我感到恐惧、孤独、失落、无助、逃离等负面情感体验，等等。从时间和空间维度来看，"动机和情感"主要关涉：过去的学习动机和现在的学习动机各自是什么，它们是否一样，有哪些变化，过去的学习情感投入/体验和现在的学习情感投入/体验有哪些，分别表现如何；在不同的学习情境中，学习动机和学习情感表现如何；在什么样的学习情境中更能够激发我的学习动机，更有助于我的情感投入；在什么情境下我不愿学习或是会

产生负面的情绪感受。例如:在网络上的独立探索学习和在课堂上教师的指导下学习的动机和情感体验是否一样,哪种情境下有更多的学习动机和积极的情感体验。从个体和社会维度来看,"动机和情感"主要关涉:哪些学习动机是源自自我的,哪些学习动机是来自外部的,对学习的情感投入和在学习中产生的情感体验哪些是由自我决定的,哪些是受他人及社会影响的。从稳定和变革维度来看,"动机和情感"主要关涉:哪些动机和情感体验是稳定、保持不变的,这些稳定的动机和情感对我的学习以及对自我的认识发挥了怎样的作用;哪些动机和情感又是会发生变化的,发生了怎样的变化,为什么会发生变化,这种变化对我的学习和对自我的认识带来了哪些变化和影响。

(三)意义

意义,即学生对学习意义的理解。学习对我而言有什么意义,学习能够为我带来些什么,学习与我的生活有何联系,什么样的学习内容和学习方式才有意义等。对于学生而言,意义可以是指具体的事物,可以是满足眼前的某种需求,也可以是一种精神层面或是长远的追求。从时间和空间维度来看,"意义"主要表现在:过去我觉得学习的意义是什么,现在我觉得学习的意义是什么,它们之间是否发生了变化,为什么发生了这样的变化。例如:在小学时期我觉得学习的意义是 A,初高中时我觉得学习的意义是 B,到了大学时我觉得学习的意义是 C,而毕业后我觉得学习的意义可能是 D,A、B、C、D 之间是否有某种联系或是改变,为什么会发生这种改变。在不同的空间中,我对学习意义的理解是否相同,如日常生活中的学习、工作中的学习和学校中的学习意义分别是什么,它们有什么样的联系和区别。从个体与社会维度来看,"意义"主要表现在:哪些意义是属于个体自我的,哪些意义是属于社会层面的,"我"的学习意义和"社会"的学习意义之间有着怎样的联系,哪种学习意义对我而言更为重要,我是如何进行选择的。从稳定与变革维度来看,"意义"主要表现在:哪种学习意义是稳定的、不变的,为什么这种意义会保持稳定不变,哪些意义又是处于变革之中的,我对学习意义的认识发生了怎样的变革,这种变革对我的学习和对自我的认识具有哪些影响和作用。

(四)话语和行为

话语和行为,即学生在学习中的话语和行为的表现或反应。在话语层面主要包括:学生在学习过程中具有哪些话语,他们的话语权是由谁赋予的,他们的声音是否受到重视,他们是否能够自由地表达,他们的话语有哪些特点,他们的话语蕴含了怎样的意义。在行为层面主要包括:学生在学习中有哪些行为表现,是主动的、积极的行为实施,还是被动的、消极的行为反应。从时间和空间维度来看,"话语和行为"主要关涉:现在的话语和行为与过去的话语和行为是否一致,具有哪些方面的变化,话语和行为的内容及方式在过去和现在分别呈现哪些特点,蕴含了怎样的意义;在不同的情境中,话语和行为的方式有哪些表现方式,如有教师在场和没有教师在场的话语和行为都有哪些特征。从个体与社会维度来看,"话语和行为"主要关涉:学生的话语和行为是自我的话语和行为,还是社会的话语和行为;话语和行为的对象主要是自我,还是他人和社会;自我的话语和行为的顺利表现对于我的学习和自我认识具有怎样的作用;他人的话语和行为对我的学习和认同产生了哪些影响。从稳定与变革维度来看,"话语和行为"主要关涉:我的话语和行为是否稳定一致,话语和行为之间是否保持一致,在学习中我的话语和行为发生了哪些变革,为什么会发生这些变革,这些变革是积极的还是消极的,我是如何应对这些变革的。

(五)归属感

归属感,即学生在所处共同体中与他人的情感联系和情感寄托。当个体思考"我是谁"时,其潜在的认识对象是作为个体的自己,这通常被称为"认知感";当个体思考"我们是谁"时,其潜在的认识对象是和我具有某种共同属性的共同体,即个体获得了"我们"的认知后,其实际上获得了一种"归属感"。"我"是属于"我们"这个群体的,具有"我们"所具有的某种身份。从时间和空间维度来看,"归属感"主要体现在:过去我属于哪个共同体,现在我属于哪个共同体,其间发生了哪些变化,我在共同体中的投入和参与是否发生了变化,成员关系有哪些变化。从个体与社会维度来看,"归属感"主要体现在:我与共同体的关系如何,我是如何与共同体成员进行互动的(如和教师互动、同学互动),我在共同体中处于哪种位置,我在共同体中的参与轨迹是怎样的。从稳定与变革维度来看,"归属感"主要体现在:我是否对某个共同体具有稳定的归属感,归属感的程度如何;对于某个共同体的归属感是否会发生变革,在哪种情境下发生的变革,哪些因素影响了我对某个共同体归属感的稳定性和变革性;维持一种稳定的共同体归属感以及归属感的变革对于我的学习及对自我的认识具有哪些影响和作用,如何促进我们形成某个共同体的归属感。

(六)已有学习经历

已有学习经历,即学生的学习经历情况。学生的学习经历既包括正式的学习经历(formal learning experiences),如学校情境中的学习,也包括非正式的学习经历(informal learning experiences),如日常生活中的学习、工作场所中的学习。学习经历是对个体学习了什么,如何进行学习的,学习的结果如何等的一种记录,它既可以客观地记录在一定的人工制品中(如学习日志、博客、发表的论文、著作、个人档案、传记等等),也可以潜在地保存在学生的记忆当中。学习经历通常可以采用叙事的方式获得理解,它是对学生学习的一种再现。从时间和空间维度来看，"学习经历"主要关涉：我学习了些什么，我是如何进行学习的，在不同的时期我的学习表现如何，哪些学习经历具有典型性、是至关重要的，我过去的学习动机和情感体验如何，不同学习情境中的学习经历有何不同，哪种情境中的学习经历更重要。从个体和他人维度来看，"学习经历"主要关涉：在学习过程中是以自我独立自主学习为主导，还是以与他人互动在他人的帮助下进行学习为主；我是如何处理自我和他人的关系的；哪些重要人物对我的学习产生了影响；他们是如何介入我的学习的。从维度与变革维度来看，"学习经历"主要关涉：我的学习经历是否稳定、连贯、一致；在叙事的视角下，我的学习经历是否完整，其间是否有所间断，是否发生了变革；哪些因素对我的学习经历产生了影响。

通过对以上六个学习者身份的基本结构要素的分析，我们发现，学生的学习实际上是一个非常具体的过程，需要顾及学习的动机、情感、意义等非常具体的元素。同时，学生对于自身的认识也是一个逐渐变化发展的过程，这种认识需要置于特定的情境中进行理解，还需要结合学生已有学习经历、认知感、归属感等基本结构要素。对学习者身份的六个基本结构要素与学习者身份的三个特征维度进行交叉分析（如表 3-3 所示），有助于我们全面、细致、深入地分析学生学习的发生，以及由学生身份向学习者身份转变的可能性、需要考量的因素以及路径。

表 3-3　学习者身份基本结构要素和特征维度的交叉分析

要素	认知感	动机和情感	意义	话语和行为	归属感	已有学习经历
时间与空间维度	不同时期对"我是谁"的感知； 不同空间中对"我是谁"的感知； 二者的异同	不同时期的学习动机和情感体验； 不同空间中的学习动机和情感体验； 二者的异同	不同时期中的学习意义； 不同空间中的学习意义； 二者的异同	不同时期中的话语和行为表现； 不同空间中的话语和行为表现； 二者的异同	不同时期中的共同体归属程度； 不同空间中的共同体归属程度； 二者的异同	不同时期中的学习经历故事； 不同空间中的学习经历故事； 二者的异同
个体与社会维度	我对"自我"的认识； 他人对"自我"的认识； 二者的关联	自我的学习动机与情感体验； 他人影响的学习动机与情感体验； 二者的关联	学习的个人意义； 学习的社会意义； 二者的联系	我的话语和行为表现； 受他人所主导的话语和行为表现； 二者的关联	我和他人的关系； 在共同体中的位置； 二者的关联	个体自我的学习； 有他人参与的学习经历； 二者的关联

要素	认知感	动机和情感	意义	话语和行为	归属感	已有学习经历
稳定与变革维度	自我认知的稳定性；自我认知的变革性；受哪些因素影响	学习动机和情感体验的稳定性；学习动机和情感体验的变革性；受哪些因素影响	学习意义的是否稳定；学习意义是否发生了变革；受哪些因素影响	我的话语和行为是否稳定一致；我的话语和行为是否发生了变革；受哪些因素影响	是否有稳定的归属感；归属感是否发生了变化；受哪些因素影响	是否稳定、连续完整；是否间断或发生变革；受哪些因素影响

第四章 学生作为学习者身份的实践转向

通过前面几个章节的分析和讨论，我们已经对学习者身份的概念意涵有了一定的了解和把握，同时我们也意识到学习者身份是一个重要的理论概念，是透视教育问题的一面棱镜（analytic lens）。作为一种概念工具，要使学习者身份的价值潜能得到有效发挥，其中关键之处在于促使其更进一步地概念化（conceptualization），提升其理论品质。因此，本书展开了对学习者身份基本结构要素的分析和探究，并初步对其进行理论建模。在获知了学习者身份的理论模型之后，接下来的主要任务是从实践的角度出发，通过案例去了解学生个体是如何由"学生身份"向"学习者身份"转变的，在这种转变的过程中会受到哪些因素的作用或影响，进而为促进学生作为学习者的身份建构提供策略支持。

第一节　实践案例分析

"一花一世界，一叶一菩提"，这一充满辩证的思想不仅对我们认识世界、看待自我有着重要的价值，也能够为我们分析研究提供有益的启示。在这一思想的关照下，我们认为"每一个故事、每一个情节、每一个片段都不是孤立的、偶然的，而总是以某种必然的方式与总体发生着紧密的联系"。正如叙事中的经历和故事，它们并不是独立于个体的成长历程当中，而是深深地扎根在个体的文化、记忆、信念、价值观当中，成为构成完整的、真实的、现在的"我"的一部分。因此，接下来我们试图通过叙事中的故事，剖析故事背后所反映的"真相"。

一、二东的故事

（一）二东其人

二东是一个男孩子，"90后"，出生在甘肃某县的一个交通不是很便利的农村家庭。二东6岁入学，就读于当地镇上的中心小学。二东小时候比较听话懂事，一心想做老师眼里的好学生。小学毕业后，他顺其自然地进入了镇上的初中。据二东叙事，他在整个初中时期学习成绩还算不错，初一时全年级排名应该在八九名，到了初二，一直是全年级第一名。中考的时候，以全校第三名的成绩考入了县里的高中，该高中是全县唯一一所普通高中（另有两所职业高中），且被分到了重点班。不过高中的重点班并不是最好的班级，在重点班之前还有两个"火箭班"，这两个"火箭班"是全年级最好的班级，有单独的楼层,配有被公认是学校最好的师资。后来高二文理分科,二东考入了梦寐以求的"火箭班"。高三那年,二东的高考成绩并不是很理想,最后他考入了本省的普通师范院校。

到了大学,大一刚开始的时候,二东便有了考研的念头,考上一所更好的大学,弥补高考的遗憾。在大学期间,二东表现得还算比较积极。不过在学习方面,据二东叙事,他在大学中的学习比较"任性",他不是每节课都会去上,而是根据自己的兴趣以及对课程实用性的判断来决定是否要去上这节课。在对考试的看法上,二东觉得大学考试的意义并不是很大,因为考试的方式和以前初高中时期的考试方式相似,仍旧是以比较传统的死记硬背为主,他的口号是"60分万岁"。虽然也有一些其他形式的考试,例如,论文、研究设计等,但是二东认为这些其实也并没有太大的作用,交上去的是论文,反馈回来的只是一个分数,并没有一些改进建议等。所以,在大学学习时,二东有时会逃课,他觉得自己有更重要的事情去做,即积极投入到考研的准备和复习当中。总的来说,现在的二东对于未来有着比较明晰的规划,他知道自己想要什么,想做什么,也知道该通过哪种方式和途径来实现自己想要的,有着清晰的自我图像。

(二)二东的学习者身份图像

1.认知感

●"被老师牵着鼻子走"

整个小学时期,二东似乎对学习没有形成某种"概念",甚至从来没有想过学习有什么用,学习到底意味着什么。中学时期,学习也主要是跟着老师的教学走。二东说道:"记得以前在上小学的时候,每天放学老师都会布置很多作业,语文主要就是抄写,数学会有很多练习题。第二天到了学校,要把作业交给小组长检查,再由小组长向老师报告作业的完成情况。如果谁的作业没有完成,就会面临惩罚。初中的时候,我的学习成绩还不错,可能是之前养成的习惯吧,只要是老师的要求,我都能按时完成。初中管理得比较严格,每天都有早晚自习,而且一般都会有老师来检查,督促我们学习。那时候,经常测试,只要学习成绩有下滑,老师就会专门找我谈话,虽然我知道老师是为了我好,但是现在看来那时的学习还是'被老师牵着鼻子走'。高中时候,感觉老师没有像初中老师那样关注我了,高中的学习成绩就有所下滑了。"从二东的叙事中可以发现,从小学到高中,二东的学习有两个特点:一是自身积极主动地完成老师所布置的各项学习任务,二是在老师的关注和督促下学习。这种学习既包含了主动的一面,又体现出了更多被动的特征。例如,小学时期,虽然二东每次都能主动完成学习任务,但是完成任务的起因却是为了避免受到惩罚,而不是基于自身的一种内在兴趣或需求等。初中时期,学习成了一种例行常规的活动,有老师的专门监督、检查和评价,学习是在老师的计划下进行,老师的关注是二东能保持良好学习成绩的重要因素。然而,这种主要基于教师外在关注所进行的学习行为并不稳定,当教师的关注消失或减退时,学习行为可能会受到很大的影响,这点从二东高中学习成绩中就可以得到印证。二东用"被老师牵着鼻子走"来形容高中及以前的学习,这在某种程度上可以视为二东对之前自我学习的一种认知图像(cognitive image)。

●"自考心理咨询师的准备"

和过去相比,大学时期的二东显得更为积极,他对自己有着较为清晰的规划,并能够根据自己的需要主动去学习,二东讲述了他大三时期准备考心理咨询师的经历。他说:"虽然我的专业是心理学,但是我感觉自己的专业学习还是很弱。大三那年,我准备考心理咨询师,虽然没有任何人要求,但这毕竟是对我专业所学的一种证明嘛,于是我就决定一定要考下来。心理咨询师要考基础知识、技能操作和职业道德三个部分,其实这里面很多要考的内容我们所学的课程中并没有开设,只能自己学习。我就自己制订了一个备考计划,例如需要什么材料,哪些版本的教材比较受推荐,先看什么再看什么最后看什么,准备要进行几轮的复习等等。此外,为了提高技能操作的部分,我还报考了一个培训班。最后,运气比较好,我顺利地通过了国家心理咨询师的考试。"这里,二东描述了他备考心理咨询师的过程,从他的叙事中可以发现,备考心理咨询师完全是他自发自愿的,没有任何外在的强迫或是引导,而是为了对自己专业学习的一种肯定,很明显这种"肯定"的需要是一种内在的。更重要的是,二东在这个准备的过程中实现了对自身学习的一种计划和管理,例如,他不是盲目地去学习,而是在开始着手复习之前就为自己制订了一份清晰的计划,并在某种程度上对自身的情况进行了评估(如知道自身技能操作方面不足),然后选择了一种实践模式,如自学加培训班学习相结合。经过以上准备,二东最后获得了较为满意的学习结果。从对学习的认知方面来看,虽然二东没有明确地说他对学习的看法或是对自我的认识,但是从"没有任何人要求""只能自己学习"等表述和字眼中能够发现,此时的二东更倾向于一种自主学习,也在一定程度上表现为一种学习者的图像。

2.动机和情感

●"老师的表扬"和"年级第一的荣誉"

二东小学时候的成绩一直比较普通,而到了初中,英语和数学成绩的提高使得二东获得更多的关注和鼓励,二东本人也变得更加自信。在老师的表扬和关注下,二东的学习更为积极。二东说道:"我记得上初一的时候才开始接触英语,我们那里的教学条件比较差,大家的英语其实都不太好。由于我在家的时候哥哥教过一些,所以还是有一点点基础的。因此,在平时的上课和考试中,我总是比其他同学要好一些,英语老师也开始慢慢地关注我,经常给我很多表现的机会和鼓励,我也更喜欢学习英语,当然对英语学习投入的时间也比其他要多一些。那时,我的英语成绩一直是班里第一。另外,我有一个亲戚是县里面的高中数学老师,初一假期,妈妈把我送去她家补课,一边复习以前的内容,一边学习新的知识。在新的学期开始后,可能是补课的缘故,我的数学成绩也有了非常明显的提升,这使我仿佛找到了自信。在接下来的每次考试中,我的综合成绩一直是全年级第一名,我瞬间成了学校的'风云人物',那种感觉真的非常棒,学习也比较愉快,也更加有动力。为了保持第一的荣誉,我更加积极主动地学习。"从二东的此叙事中可以发现,二东取得的优异学习成绩可以归为以下几点原因:一是有过非正式学习的经历,例如英语方面,由于之前与哥哥的互动,积累了一定的经验基础,数学方面有过补课的经历,这种非正式的学习经历促进了二东在学校中的学习;二是由于学习成绩的提高,获得了老师的关注和肯定,老师的表扬使得二东投入了更多的时间去学习;三是为了维持自身年级第一的荣誉,这种荣誉既给二东带来了一些外在的成就,同时也使他在学习中获得非常愉快的情感体验,这种荣誉及其背后的情感因素是二东持续投入学习的一种有力动机。可以看出,二东的学习动机既有内在的因素,也有外在的因素,例如,"年级第一的荣誉"可被看作内在自尊和满足心理的一种情感需要,而老师的关注、表扬以及补课等外部动机的成分要更多一些。当这种外部的因素消失时,二东在学习上的投入以及表现都会受到很大影响。

●"上火箭班"和"考一本大学"

高中的时候,二东的学习主要分为两个阶段:一是高一时期重点班的学习,二是高二以后"火箭班"的学习。从"重点班"到"火箭班"的过程,是二东整个高中时期比较难忘的经历。考个一本大学是他整个高中时期最为清晰的学习目标。二东叙述道:"那个时候,学校每届只有两个'火箭班',三个'重点班',其余的都是普通班级。其实,'重点班'也还不错,但是与两个'火箭班'比起来还是有明显的差距。'火箭班'是考大学的保证,当时高中最好的师资都集中在了两个'火箭班'上,他们有单独的楼层,传闻是学校的'风水宝地'。高一的时候,我被分在了三个重点班之一,那时心里很不平衡,十分羡慕'火箭班'的学生。我高一时候学习比较刻苦,也算比较幸运吧,终于在高二文理分科的时候考入了'火箭班'。进入'火箭班'之后,学习上没有之前那么用力了,虽然那时候很清楚自己想要考一个好大学,但学习上还是'分心'了。现在考上了一个普通二本学校。其实,现在心里比较后悔,如果当时好好努力一把,一定能够上一个更好的大学,也会有更多的选择。……"可见,二东高中时期还是有过很强的学习愿望,即进入"火箭班"。在他的心里,"火箭班"不仅代表着荣誉,也代表自己过去的辉煌。进入"火箭班"是二东高中初期最强烈的学习动机,也是那时候一个明确清晰的学习目标。而在未进入"火箭班"之前,二东出现了羡慕、渴望、心理落差等情感体验,这种情感体验与他之前初中时期的"成功"体验形成了强烈的对比,对比的结果促使了二东积极努力学习,以便能够获得进入"火箭班"的资格。二东高中时期还有一个明确的学习目标,即考大学,相对于整个高中的学习而言,考大学可被视为一个较为长期的学习目标,这就需要个体长期的心智能量的投入,包含清晰的短期学习目标和计划、坚定的意志品质以及积极的情感支持等。从二东后期反思中可以看出,该学习目标实际上并未实现,他并未考入自己理想的一本大学,二东用"现在心里比较后悔"表现出了对此事遗憾的情感。

3.意义

● "意义模糊"到"上好学校,找自己喜欢的工作"

二东起初对学习的意义是比较模糊的,并没有对学习的意义形成比较清晰的认知图像,他用"小学感觉就是那样玩过来的"一句话总结了小学的学习。初中渐渐地感觉到了学习的某些意义,例如,能得到关注和表扬、考入高中等。而整个高中时期,高考是学习的核心,自然考大学、找工作成为他对高中时期学习意义的理解。二东叙述道:"在整个小学和初中时期,其实,我也不知道学习的意义到底是什么,小学感觉就是那样玩过来的。到了初中时期,由于初中的成绩比较好嘛,老师们都比较喜欢我,我觉得学习也比较愉快。虽然那时每天学习任务也比较重,但是我好像也不觉得有多累。那时也不太清楚学习的意义是什么,可能是为了得到老师的关注和表扬吧,也可能是想上个好的高中。到了高中之后,感觉一切都发生了巨大的变化,没有老师像以前那样关注我,学习竞争也比较激烈,感觉整个高中时期,似乎整个学校、整个班级、周围的老师和同学都把目光转向了高考。刚上高一的时候,老师们就会暗自评判哪个学生有潜质,哪个学生能够考上好大学,哪个学生会上一本,等等。甚至连老师批评学生也是张口大学、闭口高考的。仿佛高中那几年,高考和大学是出现频率最高的词语,高考是高中生活的全部。那时流传最多的一句话就是'高考就是大学的敲门砖,高考考好了,就能上个好的大学'。"从二东的描述中可以发现,他对学习意义的理解大致表现为"意义模糊到具有某种意义(如考大学,找工作)"这样一种发展轨迹,这种变化趋势在时间维度上表现得十分明显。二东用了两个"可能"描述了他初中时期对学习意义的理解,即这种理解并不是稳定的或明确的。而高中时期学习的意义比较清晰,它基本全部体现在"高考"一词当中,可以说,"高考"不仅是学习意义的体现,也是二东对学习认知、学习动机、学习目标等认识的集合体,高考是通往大学的一块"敲门砖",而好大学又是好工作的重要保障之一。

● "学习就是为了实现自己想要的"

大学时候的二东对学习的理解和以往相比有许多的不同,他不再单一地认为学习是为了得到他人的表扬,或是为了应对考试,而是将学习看作一种内在的,一种完全属于自己的事情,自身应该对学习负责。二东这样叙述道:"随着年龄的增长,经历的事情越来越多,我越来越觉得,学习是自己的事情,以前上学的时候很在意别人对我的看法,希望得到老师同学的称赞、表扬,现在觉得这些都是浮云,没有什么意思,别人夸你了,说你厉害了,那又能怎样。其实真正重要的是看你自己内心是怎么想的,你想要过什么样的生活,你想要成为什么样的人。我现在希望多学习一点儿东西,希望什么都懂一点儿,当别人聊到某个话题的时候我也能聊得进去,分享自己的看法。当我想去做某件事情的时候,我觉得自己有能力去做,而不至于一无所知。总而言之,我希望通过学习,去实现自己所想要的。"从二东的叙事中不难发现,大学时候的二东成熟了很多,他开始关注自身的内在发展问题,而不是外界的一些看法和评价,他能够思考自己想要的生活,并知道如何去付诸实践。而此时,学习的意义已经与生活关联在了一起,可以说学习既是实现生活的一种途径,又是实际生活的一个组成部分,学习的意义包含在了生活的意义当中,他用"什么都懂一点儿"较好地阐释了对学习意义的理解,以及对生活的姿态。此外,更重要的是,他转变了对学习本身的认识,认为学习不再是对外界所做出的一种回应(例如,主要在教师的关注下进行学习),而是属于自身的事情,能够根据自己的需要进行学习。通过学习,他希望能够成为自己想要成为的样子。

4.话语和行为

● 敢于回答问题和向老师提问

在整个小学时期,二东其实并没有明显的话语意识,他很少有意地表达自我,包括向老师提问、回答问题等。而到了初中时期,二东的话语意识比较明显,他能够积极与教师展开对话,在不同的场合表达自己,并在与教师的对话中建立了自信。在话语结构关系当中,二东和教师处于平等的对话状态。二东说:"我记得在上小学的时候,比较胆小,再加上成绩很一般,我很少上课发言回答问题,除非是被老师点名叫起来。那时,每当老师要点名的时候,我内心非常紧张,担心老师会点到我。其实,也并不是问题太难不会回答,主要是因为没有自信,不敢回答。比如,语文课上老师让学生起来朗读课文,这个时候我就比较紧张,因为有时候内心明明也想读,但始终不敢举起手来。而到了初中时期,我的学习成绩比较好,老师们也都很喜欢表扬我。那时,我会主动举手回答问题,遇到自己不懂的问题会去问老师,并主动向老师'靠近'。我觉得出现这种变化最主要的原因是我有了自信和老师的鼓励等。"可以看出,二东的话语意识转变是比较明显的,从不敢发言到敢于主动发言,从害怕老师到敢于向老师靠近。这种转变的缘由可以归结为"自信"的获得,而自信又是在学习成绩提高和老师的表扬和鼓励下建立起来的。话语的不同表现既反映了二东对学习的看法,也反映了他对自身认识的改变。如从"胆小的"自我图像发展到"自信的"自我图像。在行为方面,一些非常具体的表现,如主动地举手、回答问题、与老师互动等,是和话语紧密地联系在一起的,是内在话语的外在反映。当二东表现为积极的话语和行为时,他的身份图像更趋向于学习者的身份。而当他只是表现为被动的话语和行为时,如在老师的点名下发声,那么他的身份多倾向于一种典型的学生身份。

5.归属感

●"身在曹营心在汉"

我们总是在一定程度上处于某个或多个共同体之中,在该共同体中我们分享着过去的经历和实践,共享彼此的文化,同时,也在共同体的成员关系中找到归属感。对于二东而言,在不同的班级共同体中,二东的归属感有了明显变化。正如二东所言:"高中时期,我先被分在了三班(重点班),后来考到了二班(火箭班)。我记得那个时候进入三班的学生分为两种,一种是没考入一、二班(火箭班)的学生,这部分人成绩也还不错,另一部分主要是一些县城里的成绩一般、通过别的途径进来的学生。我对三班没有多大的归属感,感觉在那里没有存在感。因为一方面,即使我成绩还不错,也并不会像初中那样得到老师和同学的关注,那时班里的县城同学比较多,他们都有自己的群体,而我们这些农村来的孩子又不可能融入进去。另一方面,我总是觉得不甘心,我很羡慕一、二班的同学,所以觉得自己一定要考到'火箭班'去,那时好像有一种'身在曹营心在汉'的感觉。而最后考到'火箭班'之后,我觉得过得很充实,班里的学生学习都非常刻苦,大家的关系也都非常融洽。"在二东的这段叙事当中,可以非常明显地看到二东在班级共同体中归属感上的变化情况,从开始在三班"无存在感""身在曹营心在汉"到后来在"火箭班"中的"充实"和"相处融洽",这种不同的变化意味着情感投入上的整体差异。当个体表现出积极的归属感时,个体往往会主动在共同体中寻找自己的位置,建立和成员之间的关系,并积极地投入情感。而当个体的归属感比较弱时,个体往往感受不到自己的价值所在,缺乏存在感,并会表现出一种想要逃离的倾向。归属感反映了个体对自身身份的认知,如相对三班学生而言,二东更愿意以二班学生的身份展示自己。

● 实验室中的友谊:学习的"助力剂"

实验室对于二东而言,是一个印象十分深刻的地方,实验室不仅是他学习专业知识和技能的场所,也是他人际交往、情感寄托的一个重要场域。他在实验室与同伴的合作、交流和互动中建立了良好的友谊,并促进了学习上的提升。二东说道:"由于专业的关系,我们经常会去实验室学习、做实验。常去实验室的同学有七八个,每个人都有自己专门的工作区域。我们实验室的氛围比较好,大家经常相互开玩笑,一起吃饭、上课、聊天。实验室里有一位'带头大哥',他是东北人,因为个子比较高,而且比我们大一两岁,所以我们都戏称他为'带头大哥'。他人很好,性格很外向,做事情比较积极,是我们几个人的核心。大二上学期的时候要考英语四级,'带头大哥'就'带领'我们一同复习,尤其是在英语考试的前一个月,我们几个人都很拼。其中有一个同学可能因为底子比较差,每次做模拟题的时候都不及格,'带头大哥'总会操着一口流利的东北普通话安慰和鼓励他。后来那次考试,我们七个人全部顺利通过,之后考六级的时候也是一样,在'带头大哥'的鼓舞下,我们都顺利地通过了考试。可以说,在实验室中我觉得很有归属感,过得也很开心,尤其是彼此之间的相互鼓励、相互支持、相互帮助给了我很大的学习动力。我不仅获得了一些看得见的成果,而且更多的是获得了一种心理上的鼓励。"从二东的叙事中可以发现,实验室是他大学生活的一个重要组成部分,实验室中的学习在某种程度上可以看作一种学习共同体中的学习,共同体由七八个成员组成,"带头大哥"扮演了"教师""长者""领导"等核心角色。在一定时期,他们有共同的愿景,如备考四、六级,他们之间能够相互分享自己的实践,相互支持合作。在这个共同体中,二东形成了积极的归属感,他在学习过程中产生了一种比较开心的体验。更重要的是,实验室共同体给了他很大的学习动力,他能够在其中找到自己的位置并分享自己的经历,这也是促使他获得成就(如顺利通过各种考试,取得等级证书等),维持学习投入的重要因素之一。

6.已有学习经历

● "在亲戚家的数学补习"

在二东中学时期,有过一段非正式的学习经历,即暑假时期在亲戚家补习数学,这种补习的经历不仅提高了二东的学习成绩,也提升了二东对数学学习的信心。二东说道:"其实,我以前的数学成绩不太好,考试基本上是勉强及格的样子。当时我有一个亲戚是县里高中的数学老师,初一假期的时候,妈妈就将我送去她家补课,就是一对一专门辅导的那种。一是复习以前学过的内容,主要是针对我比较模糊或不太理解的地方进行补习;二是提前预习新的知识。那位亲戚人很好,对我很有耐心,更重要的是她很懂方法策略,比如,在当时学习因式分解的时候,她总是能够讲出很多解题的技巧策略,既快速又简单。那时,她所讲的内容我能全部消化吸收,整整一个假期,我都是在她家度过的。除了帮我解决了之前积累的问题外,她还将下学期要学习的新内容都提前预习了一遍。后来开学后,我的数学成绩有了巨大的提升,由于老师所教的内容我已经提前学过,再学习一遍相当于又重新加深和巩固了之前的理解。数学成绩的提高极大地提升了我的自信,再加上其他学科的成绩也挺不错,我当时的成绩是全年级第一,我觉得学习非常有动力。"从二东的叙事中可以看出,在亲戚家补课是他数学学习成绩提高最重要的原因,言下之意,二东之前在学校中的数学学习并没有取得理想的成绩。如果从学习经历的视角来看,学校中的数学学习是一种正式学习,而在亲戚家的补课可以被视为一种非正式学习。这种非正式的学习是以"一对一"的形式进行,相对于以前的学习而言,更具有灵活性和针对性,例如,既可以专门地针对二东以前的学习不足进行补习,又可以提前预习新知。这种"一对一"的学习属于个性化学习(personalized learning)中的一种,它能够根据每个学习者的需求和特点进行有差别和针对性的教学,能够对学校的正式学习起到很好的促进作用。对于二东而言,这种非正式的学习经历对他的学习产生了明显的正向作用。

●"痛苦并快乐的高三学习"

高三学习是二东过去学习经历的一种典型代表:一方面,在这段学习经历中二东收获了"充实"的美好学习回忆;另一方面,通过与现在学习的对比,二东发展了一种自我反思的意识。他说:"高三学习应该是所有学习阶段最难忘的吧,我觉得。现在回头看那时的高三学习,总结起来就是一句话'痛苦并快乐着'。那时候整天都有做不完的复习题,生活真的很枯燥。不光是我们压力大,老师们的压力也很大。现在觉得那段时间很快乐,因为那时候真的很单纯,除了考试,好像没有其他的杂念。现在呢,想法太多了,想法多了就容易迷茫,不知道自己到底想干什么、该干什么了,曾经有过很长一段时间感觉浑浑噩噩的。现在回想起高三的时光,感觉特别充实,这可能是我最难忘的美好回忆。"从二东对高三学习经历的叙事中可以看出,这段时期的学习经历已经成为他整个学习历程中的重要组成部分。因此,在此后的学习过程中,他总是会有意无意地与那段时间进行对比。例如,他觉得高三时期的学习目标非常明确、单一,学习动机纯粹,且是在老师的监督和鼓励下进行学习,学习给他带来了一种非常充实的体验。虽然现在的学习目标很多,但是突然让自己做选择时,会有一种迷茫的体验,不知道应该去做些什么。由此可以看出,在某种程度上,二东在过去的学习过程中形成了一种对教师的依赖。此外,二东对过去和现在学习的对比,也反映了他对自我本身的一种反思,他觉得"充实"的学习才是自己所想要的学习,他用"最难忘"一词表达了他对这种学习的认同,也表明了这段学习经历对自身的重要性。

二、春丽的故事

(一)春丽其人

春丽是出生在贵州某县的一个女孩子,"95后"。春丽6岁进入当地镇上的一个小学就读。起初,春丽的学习成绩非常普通,在班里大概中等偏上一点儿的位置。春丽的母亲很少关注春丽的学习,只是觉得能够吃饱穿暖就可以了。大概上小学四年级的时候,有一次考完试,春丽的父亲知道了春丽的成绩后,无意间说了一句,女孩子不适合读书,女孩子学习不如男孩子。这句话对春丽的刺激很大,春丽下定决心要好好学习证明给自己的父亲看,女孩子也照样能够学得很好。从那以后,春丽刻苦学习,成绩有了非常明显的提高,这种情况一直持续到初中和高中。

春丽是在县里面就读初中的,由于离家比较远,春丽初中时期就开始住校。整个初中时期,春丽的学习都比较认真踏实,学习成绩也比较突出。春丽顺利地考入了市里面的一所重点高中,而且考入了学校最好的两个"火箭班"之一,在A班就读。在整个高一期间,春丽觉得非常开心,她很爱她所在的班级。可是到了高二,由于某种原因春丽被分到了另外一个"火箭班"B班,春丽非常不情愿,向新班的班主任提起过几次,要回到以前的 A 班,可是最后还是没有实现。春丽因此比较讨厌新班的班主任,并采用一种比较特别的方式表示着自己的不满。到了高三那年,春丽也比较勤奋,她的学习目标非常明确,一定要考个重点大学。毕业那年,春丽如愿以偿地考入了外省一所不错的重点学校。春丽对大学学习整体上还是比较满意的,唯一一点儿遗憾就是没有选上自己理想的专业,大一刚开始的时候,她试图换专业,不过由于难度比较大,最后还是没能换成。不过好在春丽很快适应了,通过不断的学习,春丽也渐渐对这个专业产生了好感,觉得这个专业其实也还不错。现在的春丽,目标比较清晰,她决定考研继续深造,将来找一份比较理想的工作。

(二)春丽的学习者身份图像

1.认知感

● 对学习的认识:从受表扬到升学考试再到找工作

春丽对学习的认识大致经历了三个阶段:小学时候的学习主要是为了考好成绩获得老师、父母的表扬;初高中时期,学习主要是为了考个重点学校;而到了大学以后,学习即意味着找个自己理想的工作。据春丽所说:"小的时候,我也不知道学习能干什么,但是每次考完试父亲都会问我的成绩,考的分数高了会有奖励,考得差了日子可就难过了。上初中的时候,父亲整天唠叨着要好好学习,一定要上好一点儿的高中,不然就考不上大学,其实我那个时候对于考大学没有什么概念。高中的时候其实过得非常单一,尤其是到了高三的时候,每天任务量非常大,除了考试就是做练习题,连续好几个月都是那个样子的。那时的目标非常单一也很清晰,就是为了高考。而到了大学,其实想法挺多的,但主要是考虑到以后能找个什么样的工作。"从春丽的叙事中可以看出,春丽对学习的认知比较单一,在不同时期,学习有不同的图像,从学习是为了受表扬到学习是为了考试再到学习是为了找工作。这种对学习的认知发展变化,与大多数学生对学习的认识比较近似。这种认识不仅体现在春丽对学习本身的认识上,也反映了不同时期其自身关注点的转移和变化,例如:小学时候春丽的关注点在于外在的表扬,言下之意,春丽对自身的认识主要源自外在参照(如老师的评价),而初高中时期是以升学和考试为关注点,大学时期是以期待更好的工作为关注点,这些所反映出来的是学习带来的一些显性结果。

● 大学学习的特点:自主学习

春丽对不同时期的学习特点进行了比较,她认为中小学时期的学习主要是在老师教导下的学习,而大学的学习主要是自主学习。关于这一认识,春丽有一个比较特别的看法:"我记得以前上小学、初中、高中的时候,学习基本上都是被老师赶着走。因为那时候要考试嘛,老师会经常督促我们学习,每次考完试,假如成绩下滑了,老师就会找你谈话,而到了大学根本不会有人管你学习。现在的考试和以前的升学考试完全不一样了,只要你不想拿奖学金,考60分过线就足够了,大学考试的分数没有任何意义,也说明不了你的能力,唯一的意义可能就是拿奖学金。……我觉得大学的学习完全就是自己学习,特别是文科,也不需要老师从头讲到尾,自己看书学习效果也一样好。"春丽的这段叙事反映了她不同时期对学习的不同认知,大学以前的学习是在老师主导下的学习,老师负责学习的整个过程,包括监督和检测学生学习的发展变化情况。而大学时期,学习主要是自主学习,自己管理学习的整个过程,老师不再像以前一样会注意到学生学习的每一个环节,只是在学生需要和寻求帮助的情况下给予其指导。如果对学习责任主体进行大致的划分:中小学的学习责任主体既在于教师也在于学生,且教师的责任更大;而大学的学习责任主体主要在于学生,学习结果的如何主要取决于学生自身。

2.动机和情感

● 强烈的自尊心:被说没用,决心好好学习

春丽的自尊心很强,强烈的自尊心是促进春丽学习的一个主要动力之一。正如春丽所说:"我记得小学四年级的时候,有一次被老师批评,说我特别没用。我当时很不服气,那一次对我刺激很大,我以前没有接受过这样的言语,我不喜欢被别人批评,尤其是说我没有用。那天晚上我哭了一晚上,从那以后我就好好学习,非常努力。还有一次,考试没有考好,爸爸就对我说,女孩子学习肯定不如男孩子,学那么好能干什么。其实,我那时候有点恨我的爸爸,我就要向他证明,我自己还是可以学好的。所以,我那时候学习更加认真,经常自己看书学习,成绩也就慢慢好起来了,从班里中下游冲到了班里前几名。"可见自尊心是维持和激发春丽学习的一个重要因素,当这种自尊心受到损害时,春丽会表现出比较强烈的消极情感体验,如痛哭了一晚上,讨厌自己的父亲。内在的自尊心可以导向外在的某些行为表现,春丽为了摆脱他人说自己"没用""女孩子不适合学习"等,为了维护这种自尊心,表现出了主动学习的姿态和努力学习的行为,并获得了学习成绩的显著提高。这种做法既维护了内在的自我形象,也向外界证明和展示了自我新的形象,例如春丽后来一直保持的优异成绩改变了父亲对她的看法。

● 技能学习:"为了能够在这个圈子活下去"

春丽在大学期间,自学了很多专业方面的技能,例如,自学了一些统计分析技术、多媒体教学制作软件等。此外,春丽还申报课题,学习如何撰写论文,学习如何将所学的统计分析技能用在实际写作当中,等等。春丽认为,这些都是以后本专业就业所必须掌握的技能,如果想要在这个圈子里活下去,那么就必须学会这些技能。正如春丽所言:"才开始并没有想申报课题,后来申报是因为这确实也是比较难得的锻炼机会,我也想通过

这个过程来挑战一下自己。更重要的是以后想要在这个圈里活下去,就必须具有这样的一些经历,会一些这方面的技能。现在社会竞争又比较激烈,这些东西你不会但是别人会,那么别人肯定比你占优势。"在春丽的叙事当中,此时春丽的学习动机更多的是以外部动机为主,比如考虑到一些就业方面的压力,从而去学习某项专业技能。这与之前春丽努力学习主要是为了维护自己的自尊心等内在需要形成了比较明显的对比。从时间上来看,这也反映出了春丽学习动机的变化轨迹,即由内部动机向外部动机转变。当然,这种改变也体现出了学习动机的多样性特征,印证了马斯洛动机层次理论中的不同动机需要及动机多元性。

3. 意义

● "满足他人期待到关注自身发展"

直到高中为止,对于学习的意义,春丽的认识一直比较简单。刚开始的时候,春丽并没有觉得学习能够给自身带来什么,只是觉得要好好学习,一是证明女孩子也能够学很好,二是对于老师的关爱有一个交代。后来,进入高中之后,高考的压力越来越明显,春丽觉得高考是自己不得不面对的一个挑战。春丽说道:"其实在上小学和初中的时候,对学习也没有太多的想法,就觉得要学好,要让爸爸知道,女孩子其实也能学得很好。还有就是,因为老师对我很好,我就觉得,一定要好好学习,不然对不起老师,那时候也没有想要考什么样的学校,以后干什么之类的想法。到了高中的时候,竞争很激烈,我就觉得高考是一件非常重要的事情,因为老师也经常说高考怎么怎么重要,希望我们能够考上什么样的学校等等。尤其是到高三的时候,突然感觉到整个学校都有一种紧张的气氛。那时候黑板上有一个倒计时的栏目,每天老师都会提醒我们距离高考越来越近了,感觉就像是要上战场打仗一般。"可以看出,春丽对学习意义的认识是随着环境的改变而改变的,以前的意义可能更偏向于满足他人的期待,学习对于他人的意义可能要多于对自身的意义,而后来春丽越来越认识到学习与自身之间的关联,不仅能够给自己带来一些效用,而且还能促使自己发生某种改变等。这种认识上的改变有助于春丽建立学习与真实的生活实践的内在联系,从而促使其对学习活动的长期投入,而这种长期的学习投入是成为学习者的一个必要因素。

● "帮我找到了自信"

对于大多数中小学生而言,学习成绩是他们认识自我的一项重要指标,学习成绩好的学生可能比较自信,而学习成绩不好的学生可能自我效能感比较低。春丽的英语学习经历中就具有类似的规律。她说:"在我上高中之前,英语比较差,有段时间我都准备放弃,我觉得自己只适合学理科,不适合学英语。每次学英语的时候我都感觉到沮丧,我感觉在英语方面我就这样子了。后来上了高中,高一的英语老师对我特别好,放假的时候还要督促我英语学习,而我又是那种害怕让老师失望的人,所以假期的时候我每天都要早早起来读两个小时的英语。两个月过去了,我的英语成绩提高了,直接冲到我们班的前面去了。那时,我突然觉得我还行呀,不是不适合学英语,原来我也可以学好的呀! 从那以后,我对自己还是比较有信心的。"从春丽的英语学习历程中可以发现,春丽经历了由失落、逃避、想放弃到获得比较好的成绩、喜欢学习英语的转变。这种转变体现在学习成绩的提高上,也意味着一种比较正向积极自我的形成,从否定自己、怀疑自己到成为一个自信的人,而从这个层面来看,学习的意义对于春丽而言是一种内在的动机。"自信"既可以用来描述春丽对学习的态度,也可以用来形容对自我的认识,这种"自信"的特征能够激发个体的学习动机,促使其获得积极的学业成就。

4. 话语和行为

● "再想一想"和"想好了再回答"

初中地理课上的一次经历,让春丽开始对地理学习产生了消极情绪,这主要是与老师的一次对话有关。春丽觉得老师的"想好了再回答"的话语里面蕴含了对自己及过去事情的不满,这也间接地影响了春丽在地理课堂上的学习行为表现。她说:"记得初二的时候,有一次上地理课,老师好像是问了一个与水土流失相关的材料分析题,老师让同学起来回答问题。也许是那道题比较难吧,班里的同学反应并不是很积极。沉默了一小会儿之后,地理课代表举起手来,好像是没有回答正确吧,老师说'再坐下想一想'。我当时也举起手来,可能也没有回答到关键点,老师用一种不太友善的语气说道'先坐下,请想好了再回答'。由于我是一个比较敏感的人,我觉得老师的这句话有其他意思,因为前不久的一次地理课上,我和老师顶撞了几句,老师当时很生气,可能……从那以后,上地理课我再也不愿举手回答问题,因为我不知道自己的答案算不算是想好了。"对话总是在一定的情境下展开的,同时任何话语也都不是孤立的,总是与某种特定的经历交织在一起。在春丽和老师的对话中,老师的话语使春丽和之前顶撞老师的事情联系了起来,她觉得老师对自己"另有看法",在这种情况下,春丽表现出了排斥地理的消极学习行为。例如,春丽在之后的所有地理课堂学习中都不再主动举手回答问题,换言之,也失去了和地理对话、和教师对话的机会,放弃了在该门课程中的学习话语权。很明显,地理学习经历,多半不能对春丽成为一个积极的学习者有所助益。

5. 归属感

● 不舍得:换班时的激烈反应

春丽在上高一的时候,对于所在的班级有着强烈的归属感,她与老师和同学相处得非常融洽,经常与老师进行互动,例如向老师请教问题。由于春丽当时数学成绩特别好,班里有很多同学遇到数学上的难题时,喜欢向她寻求帮助。在和老师及同学的交往互动中,春丽获得了对于班集体比较积极的归属感。春丽说:"高中时候有一次换班,其实主要是为了平衡成绩,就将我从我原来的班换到了另外一个班。虽然两个班都是'火箭班',但是我很不想换班,我太爱我以前的那个班了,很舍不得。换过去后就各种不适应,我感觉融入不到新的班级里面。还有就是,新班的班主任口口声声答应把我换回去,可是最后还是没有换,为此事,我当时很长一段时间都很讨厌那个班主任。上课的时候我就故意不听讲,其他老师的课也不怎么听。但是想到要高考,我课后还是下了很多工夫,晚上在宿舍还熬夜学习,现在想想当时的做法很不理智。"在没有换班之前,春丽对原来的班有着很强的归属感,这主要是从与老师同学的互动中建立的良好情感联系中获得的。在和谐的班级氛围中,春丽觉得学习很愉快,她很自然地、积极主动地学习,并在与同学的相互支持、相互分享的过程加深了对学习的兴趣,例如数学学习。然而,换班之后,在很长一段时间内,春丽都没有融入这个集体,在缺乏归属感的情况下,她与老师的关系比较疏离,与同学之间的互动也明显降低,以一种孤立的方式进行学习。

6. 已有学习经历

● "逃英语课"和"自学雅思"的经历

对于春丽而言,备考雅思是一次难忘的学习经历,因为,这种学习经历是一种有意义的学习经历。从之前的大学英语公共课学习和备考雅思的学习过程对比可以看出,前者是一种外在要求的学习,而后者才是自身所需求的学习。她说道:"大学时期,最难忘的应该是准备雅思这件事情吧!记得刚上大一的时候,可能是由于高中压力太大,压抑太久了的缘故,整个大一我感觉很放松,几乎没怎么好好学习。尤其是上英语课,经常逃课。因为是公共课嘛,觉得没多大用,也没意思,感觉上和没上好像没有多大的区别。大二的时候,我很想去美国交换一学期,但由于竞争很激励,学校在筛选的时候有个条件,就是雅思或托福达到多少分以上的学生会优先考虑。于是,我就下定决心好好准备,在网上找各种资料,看别人分享他们的'屠鸭'经历,练习各种雅思口语机经等等。同时,也针对听说读写各个部分制订了详细的复习计划,经过两个月的准备,最后竟一次性考到了 6.5 分,真让我非常兴奋,我觉得这两个月过得非常充实。其实只要认真去做一件事,就一定能够做成。"从春丽的这段叙事中可以看出,她在英语学习中有着两种不同的态度。一是大一时期的英语公共课学习的态度,二是自学雅思时的态度。在英语公共课的学习中,她表现出经常逃课的行为,因为她觉得没用,上和不上没区别,而在雅思学习当中,她投入了极大的精力。这两者最大的区别在于后者是她想去做的事情,她想去交换,想出国学习。因此,为了实现这个目标,她主动地去寻找解决问题的办法,如上网查资料,学习他人考雅思的经验,有针对性地练习口语,自主地制订学习计划,等等。以上种种特征表明,春丽在准备雅思的过程中,具备了学习者的特征,在不受外界驱动的情况下,能够根据自己的需要主动学习。当她的目标得以实现的时候,她能够从中获得经验,无论是对学习还是对自身都具有了新的认识。用春丽的话来说,即"只要认真去做一件事,就一定能够做成"。此外,从参与的角度而言,这两个月的英语学习经历是一种有意义的学习经历。一方面,这种学习与春丽的需求紧密相连(出国交换);另一方面,春丽自发自主地投入到学习之中,并获得了一种"充实"的学习体验。

三、夏荷的故事

(一)夏荷其人

夏荷是湖南某县的一个"95后"女孩子,性格比较独立,也比较听话懂事。父母由于工作的需要,经常在外地出差,因此夏荷小的时候在爷爷奶奶身边待的时间比较多。夏荷的爷爷奶奶都是老师,可能是由于爷爷奶奶的关系,夏荷小的时候也立志当一名老师。有一次,夏荷问奶奶,怎样才能当一名老师,奶奶告诉她,只有好好学习将来才能成为一名老师。由于这句话的缘故,夏荷小学的时候学习一直比较努力。初中是夏荷印象最为深刻的时候,夏荷的初一和初二是在浙江上的,在那里夏荷度过了比较难忘的学习时光。当时,夏荷的老师对她特别好,很关心夏荷的学习和生活,夏荷和老师之间建立了非常良好的师生关系。同时,夏荷也有很多关系十分要好的同学、伙伴,她们之间相处得也非常愉快。初二的时候,在老师的鼓励下,夏荷分别参加了一次学区和县里面的演讲比赛,并获得了优异的成绩,这对于夏荷而言是一种莫大的鼓舞,通过这件事情,夏荷也变得比以前更自信了。夏荷认为初中是她最快乐和难忘的时候,整个初中,夏荷的学习成绩都非常不错。

而到了高中,夏荷对学习的体验和认同不如初中,不过学习方面还是比较积极努力,尤其是在英语学习方面,因为夏荷对英语非常感兴趣,在平时以及假期的时候,她都愿意在英语学习上投入大量的时间和精力。到高二文理分科的时候,夏荷选择了理科,其实对于夏荷而言,她更善于学习文科,不过那时由于某种偏见和自己的面子,所以选择了理科。不过到了大学以后,夏荷对于当初的这个选择还是比较后悔的,一方面,大学专业又回到了文科类,另一方面,她对自我的认识也更加清晰了,知道自己更适合文科,要选择适合自己的。大学期间,夏荷还算比较满意,因为整个大学期间,夏荷成长和成熟了不少,她积极参加学生管理工作,也通过做兼职等经历锻炼自己、提高自己的综合能力和素质。大学时候的夏荷,具有较好的反思意识,能够经常地反思自我,知道自己想要什么,应该做些什么,尽管并不是每件事情都落实到了具体的行动上。在关于未来的自我规划方面,夏荷仍旧想当一名小学老师,这是她从小就有的理想,她现在所学的是小学教育专业,并且她已经具备了一定的教学知识和技能。

（二）夏荷的学习者身份图像

1.认知感

●"太在意别人的看法"和"不敢勇敢做事"

别人的看法,也是促使自我认知感形成的一个重要途径。然而在对别人的看法方面,需要有选择性地取舍,需要把握一个度,既不能完全活在自己的世界里,也不能太过于注重别人的看法。在高中以前,夏荷是比较自信的,而到了高二以后,夏荷变得不再那么自信了,主要原因可以归结为夏荷过于注重别人对自己的看法。她说:"我上初中的时候其实从来没有在意过别人对我的看法,那时候压根儿就没有想到过这些事,我觉得那时候很单纯,玩得开心,学得很投入。到了高中的时候,尤其是高二下学期之后,我比较在意别人对我的看法了,在意别人对我的评价,不知道为什么,以前不太在意的东西现在却特别在意了。我觉得自己没有像初中时候那么纯粹和勇敢了,明明有些事情可以去做,可以去表达,但是都要经过很多次的自我斗争后才敢去尝试、去做。还有就是当时选择理科的时候,就是因为很多同学都认为学理科的人聪明,所以我才选择了理科,其实我自己还是更喜欢文科一点儿……"在夏荷的叙事当中可以看出,她实际上经历了一种自我认识上的转变,即从初中时期的自我意识比较薄弱到高中时期过于关注自我的转变。然而,这种自我意识不是源自自我的感知,而是源自别人对自我的看法和评价。由于过于在意自己在别人眼中的形象,夏荷出现了不敢勇敢做事、内在自我挣扎等问题。就在文理分科做选择的时候,因为别人眼中的"理科"学生比"文科"学生聪明,就放弃了自己喜欢的文科而选择了并不擅长的理科。不过,后来的夏荷也改变了这种认知,她觉得选择自己喜欢的、适合的才是最好的。

●学习:一种走向自我实现的途径

对于夏荷而言,她对学习的认识是随着年龄的增长而不断发展变化的,这种变化表现为对学习的认识从不知到知、从浅层到深刻这样一个过程。夏荷叙述道:"上小学的时候,可能是因为太小,我也不知道学习是什么,每天就那样过来了,不过我还是很努力地去学习,因为我想当一名老师。到了初中时期,我觉得学习能够给我带来快乐。在高中的时候,虽然说要高考,但是感觉目的也不是非常明确,不知道要考什么,选择哪种学校。到了大学以后,可能是因为长大了的缘故,我觉得能让我学到很多东西。怎么说呢,学习会让你变得有涵养,能让你去思考很多以前没有思考过的东西,你会有不一样的看法,能够认识更多的人。同时,生活本身也是一种学习,通过学习你能够成为自己想要成为的人,就是自我实现吧!"夏荷对学习的不同认知,一方面与其当时的认知发展水平有关系,另一方面也与其当时的学习环境、学习特点有着紧密的联系。小学时期,夏荷并不清楚学习的目的是什么,只知道好好学习才能够实现当老师的愿望;初中时期,她把学习看作获得快乐的一种方式;到了高中,由于学习氛围变得很紧张,高考几乎是学习的唯一目的;而大学时期,学习成了生活中的一部分,学习是走向自我实现的一种途径,学习能够实现自己想要的生活。

2.动机和情感

● 学习动机:"最主要的是自己的兴趣"

夏荷对看小说和学英语比较感兴趣,她在这一过程中一直比较主动积极,不用任何人去督促,这也是她自始至终能够坚持做好的事情。她很享受看小说和学英语的过程,有一种比较愉快的情感体验。她说:"从我上高中开始我就很喜欢英语,我会自己去外面买英语杂志看,有时还看英语新闻、收集各种比较感兴趣的话题。我也非常喜欢看小说,记得高中有个暑假,我看了将近20本的小说,现在想起来都觉得自己当时很疯狂。我现在也对它们很感兴趣,但是不会像高中那个时候那样痴迷,现在有时间还是会主动地去看一些英语类的杂志、书籍。我就是那样,自己感兴趣的东西会很喜欢,比如学习英语,而不喜欢的东西我可能不会去碰它。"兴趣是最好的老师,这一点在夏荷的学习经历当中体现得非常明显。夏荷喜欢英语、喜欢看小说,对它们感兴趣,愿意投入时间到这些方面,而且乐此不疲。而不感兴趣的东西,她感觉学起来会很有压力,对于夏荷而言,兴趣是她学习的最大动力。

● "回报老师的关照"

在夏荷的英语学习过程当中,老师也扮演了关键的角色,英语老师对于夏荷非常关照,非常喜欢她。因此,夏荷在英语学习中表现十分积极。夏荷叙述道:"其实到了大学时期,虽然我还是很喜欢英语,但是没有像上高中时那么有激情了。不过,由于英语老师对我超级好,而我又是英语课代表,所以当我不想听课的时候,我还是说服自己去认真听课。老师提出的问题,我基本上都是最积极回答的。我觉得,大学不像是高中那个时候,大学老师一般都是上课来下课走,很多老师也叫不上你的名字,而我们英语老师对我特别好,我很尊敬她,要对得起她对我的关照。"从夏荷的这段叙事当中不难发现,英语老师是她持续投入学习的一个动力因素。在英语课上,她总是会表现得很积极,对于老师的互动给予积极的反馈,而在其他课上的表现则并非如此。这也间接地证明了良好的师生关系确实有助于学生的学习投入和对学习的认识,认同某位老师可能会喜欢某门课程,喜欢某门课程则会更愿意投入时间和精力去学习。

3.意义

● "实现当老师的理想"

夏荷小时候的理想就是当一名老师,而好好学习是成为一名老师的必由途径,这是夏荷小时候对学习意义的认识。这种认识主要是源自家庭(如爷爷奶奶)的影响。夏荷说道:"我小的时候非常喜欢当老师,因为我的爷爷奶奶都是老师,我记得小的时候,爷爷奶奶就告诉我,想当老师就要听话,要好好学习,只有学习好的孩子才能当老师。因此,在小学的时候,我都非常听话,学习也很努力,每次考试成绩都非常好。可能那时候觉得学习的意义就是能让我成为一名老师吧。"家庭作为个体童年时期最重要的成长环境,家人的正确引导是儿童形成某种认知的关键,且这种认识在儿童的整个发展历程当中的影响都是持久和深远的。在夏荷的经历当中,成为一名老师这一理想从小学一直延续至今,而成为一名老师就必须通过好好学习才能实现,这种认识虽然在表现形式上可能有所不同,但是本质都是一样的。由此可见,学习的意义就是实现自我的一种方式。

● "获奖后我更加自信"

夏荷初中的时候有两次难忘的获奖经历,这两次获奖经历对于夏荷而言是一个很大的肯定和鼓励,使得夏荷不仅更加愿意学习,更为重要的是使夏荷整个人都变得更加自信。她说:"当时浙江那边也有学区演讲比赛,我记得当时我比较犹豫参不参加,就在我犹豫不决的时候,我的数学老师,也就是我们的班主任,他就很鼓励我去尝试。最令我意外的是,最后竟然还获得了一等奖。后来就进入了县里面的演讲比赛,当时我又获得了二等奖,这件事情对我鼓励非常大。还有就是,当时我的科学课并不是很好,我觉得还是有点薄弱,但是在一次奥赛比赛中很意外地获得了二等奖,我当时觉得很意外。这两次获奖对我很有影响,我觉得不管干什么事情一定要勇敢去尝试,不要在没有做之前就轻易否定自己。"在夏荷的叙事当中可以发现,夏荷的收获至少体现在两个方面:一是获得了荣誉,即奖励本身;二是夏荷心理层面的收获,这种收获对于夏荷而言也许意义更重要,从刚开始"犹犹豫豫"到最后表示"一定要勇敢尝试",这是一个非常明显的转变,这种转变意味着夏荷建立起了对自我的某种自信。

4.话语和行为

● 成绩好的学生回答问题

在学校和课堂的场域中,学生回答问题的权利是由教师来支配的。不同的教师有不同的分配风格和差异,例如:有的教师喜欢让成绩好的学生发言,有的老师喜欢让乖巧听话的学生发言,有的教师喜欢让坐在前排的学生发言。总之,每个人的发言机会是不一样的。夏荷说道:"我的小学语文老师有个习惯,她总是喜欢叫语文成绩好的学生起来回答问题,而成绩不好的学生或是不听话的学生,她很少注意到他们。我的同桌,似乎天生就是个爱动的人,不管什么课,总喜欢说话、做小动作,再加上学习成绩比较差,很多老师都不太喜欢他,语文老师也是如此。有一次上语文课,好像是学习古诗词《题西林壁》,老师问了一个问题:这首古诗反映了怎样的人生哲理?我的同桌好几次举起手来,老师的目光都跳了过去,而回答问题的最后还是那几个成绩好、比较听话的学生,而我的同桌始终没有得到允许。"虽然这件事情不是发生在夏荷身上,但她还是能够意识到,同桌的话语权实际上被剥夺了。在那节语文课上,她的同桌始终没有发言的机会,他的声音实际上是被抑制的。在课堂中,回答问题是一种最为基本的话语表达形式,也被认为是一种"正规"的途径和方式。这种话语形式主要是存在于教师和学生之间,并以教师作为话语行为的主导者,教师往往会根据自己的某种标准选择性地分配话语权,例如,选择成绩好的学生,选择积极活泼的学生,而一些处于"边缘状态"的学生则容易被忽视。

5.归属感

● "良好的师生和伙伴关系"与"积极的学习投入"

夏荷初一和初二的时候是在浙江某个中学就读的,那段时光对夏荷来说非常难忘,主要原因是其与老师和同学建立了良好的师生关系、伙伴关系,夏荷觉得那个时候学习非常开心,因此在学习上也表现得十分积极。她说:"刚上初中的时候,从湖南来到了浙江的一个中学读书。那时候非常幸运,遇到的老师和同学都非常非常好,我觉得那时老师对我的影响挺大的,现在的一些'三观'很多都是受那段时间的影响。我当时有很多关系比较好的同学,我们经常在一起学习、一起玩。不知道为什么,我那时候一直保持一种很积极向上的姿态,然后成绩特别好,一直保持在班里的前三名。当时不知道学习为什么,就是觉得很单纯很快乐,那段时间是我最开心的时候,我觉得。现在回想起来,我觉得主要是因为当时和老师、同学的关系都特别好的原因吧!"从夏荷的叙事中不难看出,夏荷在学习上的积极投入,以及所取得的良好学习成绩,很大一部分原因是由于和老师及同学所建立的良好关系,这种关系给夏荷营造了一个良好的学习环境(物质的和心理的),使得夏荷在学习过程中产生了比较正向的、积极的情感体验。

6.已有学习经历

● 从"被别人教"到"教别人"

夏荷大二、大三的时候开始去做兼职,主要是去做家教和在辅导机构上课,后来也去过当地的一所小学实习,在做家教、辅导机构上课以及实习的经历当中,夏荷对学习及自身的看法和认识发生了明显的改变。这种改变主要体现在从"被别人教"到"教别人"的两种不同认识上。夏荷说道:"在学校的时候,总以为自己是学生,老师让干什么就干什么,尤其是在大学以前,感觉一直都是被别人牵着鼻子走,我们只要做好老师要求做的就够了。上了大学才发现,原来当老师并不是像我之前想象的那个样子,当老师一点儿都不能被动,你必须主动地去教学生,主动地与学生沟通,遇到难题也必须主动地想办法去解决。而学生就不一样,什么事情都由老师操心,不会做的题问老师就行。在做兼职和实习的时候我才发现,天呢,要做的事情太多了,我要想办法给学生讲明白学习的内容,想办法激发他们的学习动机,当他们做错题的时候思考应该如何帮他们避免以后再犯类似的错误。我自己要学好多好多的东西,比如,要学习如何进行教学设计,学习如何制作微视频教学课件,等等。总之,以前就是等着别人教,而现在是思考应该如何去教别人。而在教别人的这种角色中,真的有好多好多东西要自己去学习。"夏荷做兼职和实习的经历对她自身产生了巨大的影响,她觉得当自己是学生身份的时候,主要是接受式学习,即从教师那里接受知识,学习只要跟着老师走即可。而当她扮演了不同的角色时,如准教师的角色,她发现学习根本不是接受式的,而是需要自己不断地学习和探索。其实,在夏荷做兼职和实习的过程中,一方面,她依旧保留了学生身份,因为她仍然是学校里的学生;另一方面,当她在实习、教别人的情境中,扮演了准教师的角色。在这种准教师的角色情境中,夏荷具有了新的身份,即学习者的身份,她需要改变对学习的已有认识,需要主动地承担起学习的职责,需要自主地从事学习活动,例如,夏荷主动地学习教学设计和微视频制作,自主地反思等。由此可以看出,不同的身份使得夏荷表现出了不一样的学习姿态,从一个被别人教的学生转变为一个教别人的"准教师"角色的学习者。

四、常青的故事

(一)常青其人

常青是四川某县的一个男孩子,"95后",性格比较外向。常青自幼家庭经济条件比较不错,小学在县里最好的一个小学就读。在小学的时候,他的学习成绩非常不错,深受老师和其他人的表扬和喜爱,为了保持优异的学习成绩,常青学习很勤奋、努力,他会买很多学习资料主动去学习。常青有一个哥哥,比他大4岁,在常青小的时候经常教他学习,这也是常青学习成绩比较好的一个重要因素。而到了初中,常青进入了青春期,他出现了一些比较"叛逆"的表现。例如比较在意自我的形象,开始注重别人对他的看法,也很容易受到他人的影响。学习方面,不再像小学时候那么投入,有时也会逃课、厌学、故意与老师作对等,学习成绩也有所下滑,不过由于常青基础还比较不错,整体学习成绩也还不错。

到了高一的时候,常青被分在了一个理科"尖子班",常青对于这个理科班有较强的归属感,他觉得班里的学生都比较聪明,也十分活泼,他与同学之间的关系也都不错。不过,后来文理分科的时候,由于某种原因,常青选择了文科,在刚开始进入文科班的时候,他对文科班是有看法的。回顾整个高中,在高一、高二的时候,常青还是比较贪玩的,虽然知道要高考,但是并没有真正予以重视,而到了高三,常青才真正开始紧张起来,并非常努力地学习。到了大学之后,由于学习环境和方式的改变,在很长的一段时间内,常青感觉到很茫然,不知自己的学习目标是什么,后来慢慢适应了大学的学习和生活后,才开始慢慢地规划自己的学习。现在的常青,正在为未来的生活努力准备着。

(二)常青的学习者身份图像

1.认知感

● 做一名"三好学生"

高中以前的常青是一个典型的"三好学生"形象,不仅学习成绩好,勤奋踏实,而且还非常听老师的话,深受老师的喜欢,"三好学生"是此时常青的自我图像。常青说道:"记得上小学的时候,'三好学生'是一项巨大的荣誉,人人都希望得到这个称号,老师不仅会发一张大大的奖状,还会在家长会和班会上专门进行表扬。其实'三好学生'除了要成绩好,最主要的还是要听老师的话,不能叛逆,要遵守纪律,和老师关系好,不能顶撞老师。'三好学生'这个称号给谁不给谁都是由老师决定的。因此,我无论是平时上课还是课后学习,都是那种老师眼里的乖学生,学习很勤奋很踏实,上课认真听讲,课后按时完成作业,老师说什么就做什么,因此,从没有受到过老师的批评。可以说,高中以前的我就是那种典型的三好学生。"从常青的叙事中可以看出,常青在高中之前,一直是以"三好学生"为榜样,并保持着"三好学生"的良好形象。而要成为一名"三好学生",一个重要的基本前提就是成为老师眼中的"好学生""乖学生",言下之意,学生的言谈举止、学习习惯等都必须符合一定的"模型",如果不符合这个"模型"的要求,那么就没有机会获得"三好学生"这份荣誉。然而,这份荣誉的背后其实有很多主观的局限性。例如:决定权完全取决于教师,其结果很有可能是一些学习成绩好但又十分个性的学生失去获得这种荣誉的机会,而一些学生为了"合模"可能会隐藏自己的个性。常青的叙事更能体现出他作为后者的一面,常青为了成为"三好学生",努力地成为他人(尤其是老师)眼中的图像。尽管常青这里没有明确提及学习,但是从"老师说什么就做什么"的话语中可以看出,他的学习多为一种被动的学习,他所体现出来的身份图像也更倾向于一种典型的学生身份。

● 小学到大学:学习方式上的转变

从小学到高中,我们的学习都是被计划好的、安排好的,学什么不学什么,什么时候学都是统一的,都是在老师的引导下进行的,而到了大学,以前那种由他人所计划、所推动的学习方式发生了明显的改变,自己要对自己的学习负责,这在常青的叙事中有着非常明显的体现。"以前小学、初中、高中,就是学那些书本上的知识就够了。我们就是那种典型的学生,老师让你学这个就学这个,让你学那个就学那个,自己也不用想太多,按着老师教的内容学就是了。以前感觉学习目标很明确,比如高中的时候,就只有一条路——高考。现在呢,到了大学就不一样了,大学主要是自主学习,没人要求你要学这个那个,选择的机会太多了,而且也没有人赶着你学了,现在反而不知道该怎么办了,没有学习目标就不知道学啥了,我们就是从那种体制下过来的。"从常青的叙事中可以发现,常青对于学习有两种认识,即认为大学以前的学习是一种被动学习,而大学时期的学习是一种走向自主学习的转变。因为在大学以前,学习的所有事务都是由老师负责的,作为学生的常青不需要也不用去考虑太多,只要跟着老师的步调走即可,用常青的话来说就是"典型的学生"。而大学的学习与小学和初高中时期有很大的不同,由教师主导和计划的学习情况不存在了,常青认为,长期的体制内的学习使得自身养成了一种依赖教师的习惯,而一旦将这种教师支持撤离之后,就会感到比较茫然,不知道该怎么办。当面临自主学习的情境时,学生个体不再适应了,需要经历一种由被动到主动的转变。

2.动机和情感

● "希望持续受到表扬"

常青小时候的学习动力主要是源自外界的表扬,他希望持续受到老师和其他人的关注和赞许,因此,在学习上表现得十分积极主动,放学回家的第一件事情也是完成作业,同时常青还有提前预习的学习习惯。常青叙说道:"小时候的积极主动,我觉得还是有原因的。在我没有上学之前,我哥就在家教我,教写字、认字之类的。上小学之后,由于很多东西我之前就已经会了,所以第一次考试我就考了我们班第一名。然后开家长会的时候,老师就会表扬我,说我多么多么聪明啊,然后其他家长会把他们的孩子同我对比,反正也是夸奖我的意思。那个时候就希望持续受到表扬,希望一直站在那个位置,如果下次考了第二名,我就不甘心。"一方面可以看出,外界的表扬是常青学习的直接动力,另一方面也可以看出,常青也有着比较强的自尊心,他希望自己一直保持第一的位置,既包括外部动机也包括内部动机,且这种双重动机具有较长的稳定性,有利于维持个体持续地投入学习。

● "和老师的主动和解:英语成绩的提高"

高中时期,在某一个阶段,常青由于和英语老师关系比较紧张,在学习英语时非常消极和被动,导致英语成绩出现了明显的下降。后来,和老师的关系得到了缓解,并受到了老师的鼓励和关注,常青的英语成绩又有了很大的提升。他说道:"刚上高二的时候,我的英语成绩是全班第一名,到了高二快要结束的时候,我的英语跑到了班里二十多名去了。那时候我的英语老师找我谈过话,也不知道啥矛盾,反正她看我不爽,我看她不爽。和英语老师的关系持续恶化,基本上上英语课我就是连书都不愿意拿出来的那种。然后到了高三,不知为什么,英语老师突然找我来"和解",也开始主动关注我了,我每次做的作业,老师也会在后面写上批注,如这次有进步,加油之类的。后来我和老师的关系又变得特别好,就像朋友一样。我的英语成绩就从高三刚开始的90多分慢慢到了120多分、130多分、140多分,我们现在关系很好,还经常联系。"在常青的叙事中,师生关系是影响他学习的一个非常重要的因素,这在常青的英语学习经历中表现得非常明显。当师生关系紧张时,常青对英语学习非常消极,而当师生关系比较亲密时,常青对英语学习又非常积极主动,并获得了明显的学习效果。这一特点与常青初中语文学习具有较高的一致性,初中时期语文老师对常青非常关注,师生关系融洽和谐,常青的语文成绩一直名列班级第一。

3.意义

● 学习:大学以前为别人,大学以后为自己

关于学习的意义,在现在的常青看来,大学是一个分水岭,大学以前是为别人而学习,大学以后才是为自己而学。常青叙说道:"我觉得读大学以前,说真的,我并不知道学习的意义是什么,学习总是被计划安排好的,父母要让你好好学习,老师要让你好好学习,考高分、考大学,所有的一切都是别人赶着往前走的。虽然在高中的时候,知道自己要高考,但我并不知道高考对我而言意义是什么,高考有多么多么重要都是他们整天所念叨的。而到了大学,学习就真的不一样了,不再有人管你学或者是不学,学习全凭自己自觉,大学之后的学习才是完全属于自己,为自己而学习。学得好了没人奖励你,学得不好也没人批评你,学习的目标、未来想做什么都是自己的事情。"不同的学习阶段,学习的意义是不一样的,小学和初高中时期,学习都是在老师或父母的监督和督促下进行的,所以常青觉得那时的学习对于他人的意义可能更大一些。而到了大学之后,自己要对自己的学习负责,因此,学习对于自身的意义要更多一些。

● 什么都懂一点儿,生活才精彩

大学之后,常青对学习有了更多的感悟。在以前小学和初高中的时候,为了获得外界的表扬和赞许,为了升学、考试,常青和很多学生一样,也只关注于书本知识的学习。到了大学,常青才觉得,学习应该是自己的事情,学习本身就是生活的一部分。他说道:"现在回过头来看,以前真的是浪费了很多时间,把时间和精力都花在了一些现在看来并无多大意义的书本知识上,也并不是说以前的学习没有用,而是说书本知识的学习不应该成为小学到高中学习的唯一核心。那时凡是与学习无关的,在父母老师眼里都不被允许,只能专心学习考试,没有个爱好,别的什么技能也不太会……我希望大学能够多学点东西,多知道些东西,不管有用没用,这样即使在和别人聊天的时候也不至于什么也不知道什么也不懂。生活嘛,还是什么都懂一点儿,这样才精彩。"从常青的叙事中可以发现,现在的常青对学习意义的理解与以往有了很大的转变,他认为学习的意义也是生活意义的重要组成部分,学习应该是与生活紧密关联在一起的。因此,不应该仅仅关注到学习本身,还应意识到学习在生活中的价值,他用"什么都懂一点儿,生活才精彩"概述了学习与生活的联系,学习应该如同生活一样是个广义的概念,而不仅仅是考试考什么就关注什么,什么有用就学什么。"什么都懂一点儿"就是要关注学习的不同方面,培养广泛的学习兴趣和爱好,"生活才精彩"说明了学习可以使生活变得更加有意义,学习中的一些

技能可以运用到生活当中,作为通往美好生活的一种途径。

4. 话语和行为

● "和老师关系好的最有机会回答问题"

上课回答问题是学生表达自我、行使话语权的一种重要途径,然而学生的这种话语权主要由教师所决定,因此并不是每个学生都享有平等表达自我的机会。在初中的物理课上,常青很少有表达自我的机会。他说道:"我们初中的物理老师有一个特点,他总是喜欢让和他比较熟悉、关系比较好的学生起来回答问题,而那些不太听话或是表现很一般的学生常常被忽视。比如说我们班的物理课代表,老师很喜欢他,几乎每次他举手都得到了准许。而我,可能是由于之前上物理课顶撞过他,我一般举手都是被视而不见的。除非是在我干其他事情的时候,老师才会点名让我起来,但很明显,这是一种变相批评,而不是鼓励我回答问题。因此在物理课上,我也不怎么参与,想听课了就听课,不想听课了就悄悄地干其他事情。"学生的话语决定了他们的学习行为,从常青关于初中物理课的叙事中可以发现,简单的话语表现可以对他在物理学习中的参与产生显著的影响。例如,常青想要回答问题,想通过正式渠道表达自我的话语诉求受到了忽视,因此他在物理学习中采取了一种消极的态度,想参与就参与,不想参与就做与课程无关的事。当学生在学习过程中无法有效地表达自我时,他们的学习在很大程度上会受到消极的影响。此外,在课堂教学中,学生的话语权往往是由教师所赋予的,尽管我们说每个学生都应该具有平等的话语权,但是在师生双方并未真正处于平等对话状态的前提下,教师依然单方面地主导着话语权,是话语权的拥有者和支配者。教师会依据自己的标准选择谁可以发言,谁能够在有限的课堂教学中表达自我。这种话语权的局限性既是长期以来教师教学和学生学习二元对立的一个表现,也是学生身份本身的一个局限。

5. 归属感

● "老师叫不上名字,没有归属感"

常青在小学时候成绩一直保持在班里第一名,而且经常会受到老师的表扬,因此他觉得很有存在感。这与初中时期形成了明显的对比,初中时期的常青并未得到老师的特别关注,很多老师都叫不上常青的名字,这让他觉得没有归属感。常青叙说道:"小学时候嘛,学习成绩好,老师们都比较喜欢我,感觉那时候我就是班里的核心和焦点。后来到了初中,是在市里面上学的,那时一个班规模很大,最少也有五六十人,而且一个老师会带五六个班。我当时的成绩比较一般,处于班里十名左右,很多老师基本记不住你,也叫不上你的名字。所以,我那时觉得很没有存在感,老师也不怎么关注你,反正就是觉得学习很没有意思,除了和我们班上几个同学关系好之外,其他的,好像对于这个班并没有多大的归属感。"从被老师关注、表扬到老师叫不上名字,常青心里的落差是十分明显的。

这种落差使得他对学习产生了比较负面的认识,即认为"学习没有意思"。同时,他对所在的班级也形成了比较消极的看法,归属感比较低。从常青的叙事中可以看出,他在学习过程中获得的归属感主要是来源于教师的关注,当能够得到教师关注时,他的归属感较高,反之,归属感偏低。而教师的关注一方面与学生的学习成绩有关,即学习成绩好的学生更能获得老师的关注;另一方面与班级规模的大小也有关系,小班化的教学环境有利于更多的学生获得老师的关注。这两方面的因素在常青的叙事中体现得非常明显。此外,还可以看出,归属感对常青的学习兴趣和学习投入也产生了重要影响。

●"文科班沉闷,理科班活泼"

在常青的固有认知当中,文科和理科还是有着明显区别的,文科班比较沉闷,理科班比较活泼,这是他对文理科班级的印象。当他从理科班转到文科班时,他对班级的归属感出现了一定的变化。他说:"我刚开始的时候上的理科班,理科班当时也是我们学校的'尖子班',我觉得我们班的同学都比较聪明、很活跃,整个班玩得都特别好。我们学校是重理轻文的。我刚去文科班的时候,内心就觉得文科班要比理科班差很多。还有,感觉文科班很沉闷,当时女生多嘛,女生多了就是一个小团体一个小团体的。下课了也一片死寂,好多人就在那里记呀背呀。我那一年基本没有和我们班的同学有啥交集,都是回以前的理科班玩。"班集体是每一个学生情感归属的重要来源,也是情感寄托的地方。然而,在常青的案例当中,他对后期所在的班级归属感很低,一方面他本身就已经形成了对文科班的偏见,另一方面表现为他不愿参与到新的文科班集体中,两方面的共同作用导致常青对新的班集体没有建立良好的归属感。当然,除了常青自身的原因之外,也与学校"重理轻文"的传统有关系,学校"重理轻文"的传统加深了常青对文科班要比理科班差的认识。

6.已有学习经历

● 初次"讲课"的体验:我想当一名老师

在常青二年级的时候,有过一次上"公开课"的体验,常青扮演的是一名语文老师,那次讲课的体验对于常青而言是一次非常大的鼓舞,他受到了很多老师的肯定和表扬,其中就包括他最喜欢的数学老师。常青说道:"相对于语文老师而言,我更希望得到数学老师的表扬。我们数学老师是很严肃的那种,也很少表扬学生。有一次我们有一节语文公开课,要上《赠汪伦》,语文老师让我去讲,就相当于让学生扮演老师嘛,当时有很多老师来听课。我讲了大概半节课的样子,讲课结束后,很多老师都表扬了我。正好第二节是数学课,一上课我们数学老师就当着全班同学的面夸赞我刚才讲得非常不错,很像一名老师。因为我很喜欢我们数学老师嘛,我就特别特别开心,那时我就想以后长大了要当一名老师。""讲课"的成功经历使得常青获得了诸多的赞许,尤其是数学老师的表扬,为这种愉快的经历打上了特殊的标志。数学老师的肯定对常青而言,是一种非常难得的

"奖励"(因为数学老师很少表扬学生),它对常青而言意义更为特别,这种奖励极大地激发和鼓舞了常青想当一名老师的期望,同时,老师的表扬也使常青获得了一定的自信,并建立了比较积极的自我认知图像。

第二节　实践转向的影响因素

一、个人层面

(一)人格特质

正如学习过程一样,身份建构也是一个高度个体化的过程,它需要个体大量的心智能量投入。其中,个体自身所固有的人格特征在此过程中发挥了至关重要的作用。从春丽的叙事当中可以看出,春丽是一个非常有自尊心的学生,她为了向父亲证明女孩子也适合读书学习,也能够取得好的学习成绩,就十分积极主动地学习。同样,在老师说她没用的时候,她表现出了痛哭、伤心、难过等负面情绪,并下定决心要好好学习,最终她取得了良好的学习成绩。良好的自尊能够促进个体主动地投入学习,并有利于其产生积极的主观学习体验。如兴趣,兴趣是指一种相对稳定持久且与某一特定话题或领域有关的某种心理倾向(动机取向、个人倾向或个人偏好)。[1]从夏荷的叙事当中可以看出,影响她对学习投入的一个重要因素就是自身的兴趣,夏荷对英语及小说的浓厚兴趣及积极投入就是一种体现。兴趣具有明显的时间属性,即随着时间的推移,兴趣可能会出现一定的递增或递减趋势。当然,除了自尊和兴趣之外,还有诸多个体的人格特质也能够对学生学习及学生对自身的认知产生重要的影响作用。如反思,反思有时也被称为自反性(reflexivity)或镜像自我,反思是理解自我、认识自我的一种有效途径。在学生的学习过程中,反思可以用来审视学习的意义为何,学习的方法有哪些,学习的结果是什么,我在学习过程所扮演的角色,等等,因此反思是身份建构的一种有益渠道。

(二)学业成就

在学校教育中,学业成就主要是指学生的学习成绩,其通常是以学生考试分数作为

---

[1]　涂阳军,陈建文.先前背景知识、兴趣与阅读理解之关系研究[J].心理研究,2009(03):84—89.

重要的衡量指标。考试分数不仅是当前学校所热衷关注的目标之一,也是社会评量学校教育质量的一项重要标准。在学生作为学习者的身份形成过程中,学业成就也会对其产生重要的影响。它主要是通过两个方面产生作用:其一,影响教师对学生的认知和关注。例如,在二东的叙事当中,初中时期,由于二东的学习成绩优秀,所以他经常受到老师的表扬和关注,而老师的表扬和关注反过来又促进了二东的学习,从而使二东获得了"年级第一"的荣誉。这种荣誉使二东对于学习和自身都形成较为正向的认知,并产生了积极的情感体验,在这种情境下,二东更愿意参与和投入到学习活动当中。同时,学习成绩好的学生更容易与教师进行对话和互动,教师更愿意给予这类学生更多的期望、机会和关注,而学习成绩一般或是不好的学生,获得的关注可能要少很多。其二,影响学生对自身的认知。学习成绩是学生学习结果的一种直接体现,学习成绩好的学生往往具有更好的自我效能感,相应的,学生也会提升对自身的信心,并善于肯定自我和鼓励自我。反之,学习成绩差的学生自我效能感也会偏低,有研究表明,自我效能感和学业成就之间具有显著的正相关性。[1] 此外,在基础教育领域,学习成绩/考试分数是作为评价学生最为主要的手段之一,学生也主要是通过考试的结果来定位自己的。学习成绩好,学生更易形成"我是一个好的学生"的认知,而学习成绩差,则学生更易形成"我是一个差学生"的认知。在二东等人的叙事当中,尤其是中小学时期,他们都将获得好的学习成绩作为某一时期最为重要的学习目标。

(三)身份防御

从二东、春丽、夏荷及常青的叙事中,我们还可以发现一种可被称为"身份防御"(identity defense)的影响因素。身份防御是随着身份认同或个体化一起发展起来的,它的作用主要体现在维持个体的身份认同上。当个体的身份认同受到挑战时,身份防御的机制就会被唤醒,防止已有的身份受到冲击或消解,也正因为如此,身份防御也在一定程度上阻碍着新的身份的形成。二东等人的叙事均体现了"身份防御"在学生身份向学习者身份转变过程中所产生的作用,由于长期的体制教育,二东等人具有了典型的学生身份,这种学生身份具有某些明显的外在特征,如学习活动多由他人主控,学习目标多以考试为主,对学习意义的认识较为模糊,等等。而当环境发生改变,外在的支持被消解,他们需要从一种体制内的被动学习转换成自主学习时,已有的学生身份就会起到干扰或阻碍作用。因为,在已有的身份中,他们已经形成了某种稳固的信念、行为和话语模式。上述案例中多次提到了这种情况,即以前学习都是跟着老师的步子走,学习书本上的知识就够了,而到了大学,学习完全是自己的事情,当自己面临选择时候,突然就不知道该干什么了,比较迷茫。可以说,这是学生身份的一种典型表现形式,当他们由学生向学习者

---

① 曾荣侠,李新旺.试论自我效能感对学生学业成就的影响[J].教育研究与实验,2003(04):53—55.

转变的时候,已有的学生身份就会起到防御的作用,防止已有的身份发生变革并阻碍新的学习者身份的形成。

(四)自我反思

反思,也被称为自反性,它是指一个人对自我的理解,以及一个人所面对的影响对其自我具有怎样的意义。托马斯·齐厄将其简明地定义为"一个联系自我的机会"。反思不仅仅是一种智能现象,而且在很大程度上是经验性和情感性的,一般来说是自我理解和身份认同的塑造。[①] 可以说,反思和身份之间有着非常紧密的关联。从二东等人的叙事中可以看出,反思在他们对自身及学习的认知方面具有重要的影响。例如,春丽大学时期的学习具有"什么有用就学什么"的特点,然而,这种"有用性"的确定并不是由学习内容本身而决定的,而是根据自己的需要来确定的。她的这种学习特点其实是对自我理解的结果,也即所谓的自反性,这种自反性使春丽建立了与学习的联系。同样,在二东和常青的叙事中,他们对大学以前的学习和现在的学习进行了对比,发现以前的学习是一种被"牵着鼻子走"的学习,而真正的学习应该是一种自主学习,由学习者自身所参与和负责的学习,通过这种对比,他们对今后的学习及未来的自我获得了一种比较清晰的目标、计划和认知图像,而这些目标、计划和认知图像其实是学习者学习必不可少的基本要素。

二、教师层面

(一)教师认知

这里的教师认知主要是指教师对学生的看法和认知,教师认知通常表现为两种层面:一是教师所认为的学生应该是什么样子的,例如"三好学生"的形象;二是实际中教师对每个学生的看法和认识。在教师认知的第一种层面中,每个教师心目中都勾勒或描绘出了一幅理想的学生图像,例如学习成绩好、听话懂事、上课积极发言、从不顶撞老师、尊敬师长、勤奋好学、遵守纪律等。教师总是在教学或是其他与学生的互动中有意无意地向学生传递着他们所喜爱的学生图像,当学生接收到了这种信号之后,会努力地向教师所期待的这种图像靠近。如在常青的叙事中,他为了争做一名"三好学生",就努力地达到教师所期待的样子。在教师认知的第二种层面中,即实际中教师对每个学生的看法和认识,由于每个学生实际上都有自己独特的个性和文化背景,不可能都能够成为教师所

---

① 克努兹·伊列雷斯.我们如何学习:全视角学习理论[M].孙玫璐,译.北京:教育科学出版社,2014:73.

喜欢的样子,除了少数学生能够做到以外,大部分都处于一种"平均或一般"的状态,有的甚至表现出了与教师第一种认知相违背的情况。对于这类学生,很多教师往往会形成一种"刻板印象",这种刻板印象一方面降低了其对学生的期待和关注,另一方面也固化和加剧了学生对自身的认知。

(二)教师关注

教师对学生的关注既是影响学生学业成就的重要影响因素,也影响他们对自身作为学习者身份的认知。在二东、春丽、夏荷及常青的叙事中,都有提到教师关注对他们所产生的影响。例如,在二东的叙事当中,由于学习成绩提高,他受到了老师的关注和表扬,而老师的这种关注和表扬,一方面进一步地促进了他良好的学习表现的维持,另一方面增强了他对自身的效能感,从而建立一种积极的自我认知图像。在夏荷的叙事当中,夏荷为了回报老师的关照,主动地投入英语学习当中,上课积极回答问题,与老师展开交流互动,夏荷的英语水平也因此获得较大的提升。对于学生而言,教师的关注不仅是对学生自身的一种肯定,也是学生存在感的一种表征,更是学生情感需要的一种寄托,尤其是在中小学时期。教师的关注对于学生的学业成绩及未来发展具有显著的促进和预测作用,心理学中的"期望效应"已经非常明确地体现了教师期待、教师关注对学生的影响。当教师对学生充满期待时,学生就能够感受到一种被关注和重视的体验,他们会更加积极,教师也会无意中投入更多注意,从而建立了一种良性循环,因此被教师关注多的学生更容易获得好成绩。

(三)师生关系

在二东、春丽、夏荷及常青等人的叙事中,师生关系也是影响其学习者身份的重要因素。"师生关系"问题从根本上来讲是教师和学生的地位与作用问题,即教师和学生在互动中所处的位置和扮演的角色。当前有大量的研究表明,师生关系是影响学生学习成就的重要因素之一,对于学生而言,良好的师生关系有利于学生安全感、信任感的获得,从而影响学生对教师的认知、学生的学习动机以及在学习过程中的心智能量投入。在常青的叙事中,常青的英语学习经历非常明显地体现出了师生关系对于其学习投入、学习兴趣和学习成绩的影响。在他与英语老师的关系处于紧张的状态时,他对英语的学习表现出一种抵制的倾向,而当与老师的关系得到和解之后,他重拾了对英语学习的兴趣和热情,并愿意积极投入英语学习当中。在春丽的叙事中,她换班之后,与新的班主任老师之间的关系处于一种比较微妙的紧张氛围当中,因此她在课堂正式学习中,以一种"不听课、不参与"的方式表达自己的不满情绪,然而,这种结果导致了她学习成绩的下滑,在高考的压力下,她又不得不以熬夜补习的方式进行补救。良好的师生关系可以促进学生对学业的进一步关注并在课堂学习中表现出合理的情感和行为。① 而负面的师生关系容易使学生产生一种消极的和被动的学习行为，也容易使学生产生负面的自我认知。因此，可以说师生关系能够对学生的方方面面都产生深远的影响。

（四）教师评价

除了上述三点以外，教师评价也是影响学生对自身作为学习者身份的关键因素。如果说教师认知多体现为教师期望学生是什么样的人或教师认为学生应该是什么样的人，那么教师评价则更倾向于教师认定或判定了学生就是什么样的人。教师评价通常来源于两种方式：一是学生的学习成绩，二是学生的行为表现。学习成绩是一种具体的、外在的表现形式，考试分数能非常直观地表现出学生学习成绩的状况。行为表现是一种相对较为外在的评判依据，主要是通过学生的日常行为表现来评价学生的整体素质。然而，由于当前的整个教育体制和社会背景在很大程度上仍以应试为导向，尤其是在传统的高考制度下，学习成绩依然是教师评价学生最为重要的参照指标。学生学习成绩好，教师评价就高，教师的关注也就越多；反之，学习成绩差的学生，教师对他们的评价往往偏低，教师的关注和期待也就相对较少。更重要的是，这种基于学习成绩的评价往往容易给学生贴上"好学生"或"差学生"的标签，既降低了学生向上流动的可能性，又强化了学生对自身的认知。

三、同侪层面

（一）同侪关系

在学校教育中，同侪关系也是影响学生身份不可忽视的重要因素。如果说教师和学生之间的互动是基于课程与教学的正式互动，那么学生与学生之间的互动则是基于兴趣爱好、同伴友谊、情感归属的非正式互动，这种方式的互动更加广泛，对学生的影响也更为具体、直接。例如，在春丽的叙事中，春丽参加了一个课题小组，该课题小组由几名学生所组成，他们之间有着共同的愿景，彼此之间能够相互支持、相互配合，分享自己的经历，在这个课题小组中，春丽获得了积极的自我认知图像，并在学习过程中产生了良好的、正向的情感体验。同样，在夏荷的叙事中，英语学习兴趣小组也对她的学习及自身产生了积极的作用，这些都是同侪互动的结果。在学校中，除了教师的作用以外，学生之间的交流互动也是个体整个学习历程的重要组成部分。同侪关系也是学生获得归属感中

---

① 王俊文，张野.师生关系对学生学习与心理发展影响研究——以初中教师与学生关系为例[J].沈阳师范大学学报（社会科学版），2007(03)：135—138.

重要的一种途径。现实中,每一个学生都有属于自己的"朋友圈",这个"朋友圈"是学生情感寄托和归属感的重要来源,它的建立往往是基于相同的兴趣爱好、共同的发展目标或某种其他需要等。在这个圈子当中,学生与学生之间能够建立亲密的伙伴关系,他们可以相互倾听对方的声音,倾诉自我内心的话语,分享彼此的经历。

(二)他者认知

在学生的学习过程中,作为他者的学生是每个学生认识自我的一面镜子。从身份的概念来看,学生不仅要认识自己眼中的"我",也要知道他人眼中的"我"。换言之,学生也是通过他人来认识自我的。这一点在基础教育时期显得尤为明显,在基础教育阶段,学生多是未充分发展成熟的个体,他们往往会比较关注自己在他人眼中的形象,在意他人对自己的看法和评价。这种看法和评价直接影响着学生同伴之间的关系和交往,而这种同伴关系恰恰是学生获得归属感的一种重要方式。通常,大多数学生都会以他人的评价作为认识自我的一个参照系,例如"大家都认为我很聪明,认为我是一个优秀的学生",而我为了维持这种"好学生"的形象,就必须做出某种行为或改变来继续保持这种形象。同时,学生自身也会采用与他人比较的方式来认识自我,例如:通过比较学习成绩来评价自己的学习结果,了解自身在班级中所处的位置;通过比较在教师眼中的形象来改变或重新定位自我。总而言之,在学生的整个学习历程当中,作为他者的学生总是在某种程度上以特定的方式对学生身份的形成产生着影响。

四、学校层面

(一)学校文化

学校是学生身份赖以存在的前提之一,学校文化对于学生作为学习者的身份建构也具有重要的影响作用。在常青的叙事中,常青高中所在的学校具有比较明显的"重理轻文"的传统。这种"重理轻文"的传统,一方面加剧了学校内部的潜在分层,如学校资源的分配、学校发展的地位等;另一方面也固化和强化了学生对他人、自我的"某种"认知,如较大一部分学生会形成"学不好理科才去上文科""理科的学生更聪明更活泼,文科比较沉闷"等认识上的偏见。学生作为学习者身份的建构也深受学校文化的影响。例如,学校文化影响着学生的学习心理和状态,影响着教师与学生之间的关系,影响着学生对学校的归属感等。学校文化既可以对学习者产生积极的作用,亦可产生消极的影响。学校在本质上是一种制度性的产物,学校承担了文化再生产的职能,它的一个显著特征就是将特定的文化灌输给受教育者,而在这种制度因素的作用下,学生的学习无可避免地带有被动的特征。例如,在常青的叙事中,他所说的"我们就是从那种体制下过来的"就是一个较为明显的例证。在教育体制难以变革的前提下,对于学校教育而言,努力营造一种自主学习的文化氛围是一项非常有益的举措。

(二)班级规模

从二东等人的叙事中也可以发现,班级规模对他们的身份和学习也产生了显著的影响。班级规模对学生的影响通常主要表现在:其一,影响教师对学生的关注度。在固定有限的课堂教学时间内,教师不太可能做到与每一个学生进行互动。教师的关注其实是一种非常重要的隐性资源,当班级规模过大,教师无法均衡地分配这种资源时,学生的学习机会实际上是不平等的。在常青的叙事中,他初中所在的班级规模过大,约有五六十人,教师通常只会关注到成绩比较好的学生,因此,他在话语权和归属感等方面都受到了负面的影响。其二,影响学生的学业成就。当前有大量的研究表明,班级规模与学生的学业成就之间存在显著的相关性。[①] 当班级规模保持在一定的合理区间范围之内(如10—15人)时,学生的学习成绩会得到明显提升,而当班级人数过多时,学生的学业成绩会受到消极的影响。当前发达国家或地区较为普遍的做法是班级人数保持在 13—25人。其三,影响师生、生生之间的互动和交流。在班级规模过大的情况下,例如常青所在的五六十人的教室,前排和后排、讲台和后排的学生之间仿佛是"隔海相望"的,教师往往所能关注的只是讲台正前方的某个区域,而无法顾及教室的每一个角落。学生之间的交流也主要集中在各自座位周围的区域,学生之间的相互交流、合作及讨论实际上也是受限制的。由于班级规模的原因,部分学生实际上处于一种"边缘状态",他们在长期得不到老师关注或表达自我的情况下,会逐渐失去对课堂参与的信心和积极性,[②]从而萌生出某种失落感,最后会对学习及自我产生一种消极的认知图像,这显然不利于学生的健康发展及积极自我的形成。

五、社会层面

在促使学生向学习者转变,建构学生作为学习者身份的过程中,社会层面的因素也对学生产生了不可忽视的重要影响。其一,当前的社会已经步入了终身学习的社会,这也就意味着终身学习不再只是一种发展理念和愿景,更是一种要立足于当下的学习能力。在终身学习社会,学习表现出了时时学习、普遍学习、多样化学习的特征。[③] 言下之

---

① 潘颖,李梅.班级规模与学生发展的问题研究[J].东北师大学报,2006(06):159—163.

② 邱德峰.边缘学生的形成及转化策略[J].黔南民族师范学院学报,2013(01):56—59.

③ 冯丽."互联网＋教育"助力终身学习新时代[N].中国教育报,2017-12-05(07).

意,学习不仅是发生在学校场域里的正式学习,也包括日常生活、工作场所、休闲娱乐等多种场域里的学习。然而,从当前的终身学习实践来看,终身学习的社会背景并未完全形成,一方面,它需要个体具有学习者身份来促进这种社会愿景的达成,另一方面,其又无法为个体学习者量身提供良好的外在支撑。因此,对于学校教育而言,这种矛盾性在一定程度上延缓了学生作为学习者身份的形成。其二,学习者的学习是一种个性化学习,它是对学校教育的一种解放、拓展和补充,当学校学习处于一种封闭的状态和模式时,个性化学习刚好补充了这种固有的局限和不足,然而这种个性化学习需要一定的外在物质基础作为支撑。例如,可随时随地访问的资料库、可灵活携带的移动设备设施、可公开获取的课程资源等。如果外在的社会环境不足以提供支撑个性化学习的平台和环境,那么学生的学习渠道将受到很大的限制。

第三节　实践转向的发展演变

一、基本要素的发展

(一)认知感的发展变化

1.自我的认知:从典型的学生到自主的学习者

个体对自我的认知总是处于一个动态的、不断发展变化的过程之中,这个过程既和个体的成长和成熟有着紧密的联系,也和个体的学习甚为相关。从二东、春丽、夏荷及常青的四个案例中我们可以发现,个体对自我的认知是一个从典型的学生[①]到自主的学习者的转变过程。典型的学生通常是这样定义自己的,即"我是一个学生,我的主要任务就是学习"。因此,他们往往对于学习并没有太多的概念,并不一定清楚学习是什么,自己为什么要学习,自己应该如何学习,以及谁应该对学习负责。例如,在春丽的叙事当中,小学时期的学习主要是与获得他人的表扬和赞许有关,初、高中时期的学习主要是为了考试和升学,而到了大学时期才开始真正地关注自我。同样,二东等人的叙事也有同样

---

① 典型的学生是常青的一个"本土概念",他在叙事中提到了自己在上初高中的时候是一个"典型的学生",从对话的语境来理解,应该是与主动的学习者相对的一个概念。

的变化轨迹。由关注外界到关注自身,这是由学生向学习者转变的一种标志。

个体自从进入学校之日起,就被贴上了"学生"的标签,个体认为"我是一个学生"是一件非常顺其自然的事情。同样作为学生,上课、写作业、考试、升学等也是不需要去多想、多问的事情,只要按照要求去做,只要跟着老师的引导走,只要符合学生的规范就没有任何问题。然而,这些看似习以为常的背后却有许多不容忽视的问题,很容易导致学生养成一些依赖、被动、顺从等习惯,而失去了批判、质疑、自主、创新的品质。随着个体的发展成熟,当个体开始意识到应该对自己的学习负责,认识到学习应该是一种自主学习时,原有的学生身份已经变成为一种干预、一种困扰、一种阻隔,而身份的改变并非是可以轻易实现的,它需要对已有身份进行解构,然后再建构新的身份。在新的身份得到确立之前,个体很容易产生身份认同危机,并伴随着茫然、焦虑、孤独、失落等情感体验和心理反应。然而,个体为了能够主动地适应外界变革的挑战,为了保持内在自我与外在自我的一致性和同一性,又不得不建立新的身份。总之,学生需要在学习过程中尽早建构一种主动性的身份,这种主动性的身份能够促使个体根据外界的改变来调适和整合自我。

2.学习的认知:从被动学习到自主学习

在常青的例子中,常青认为大学以前的学习是被动学习,老师教什么就学什么,只要跟着老师的步子走即可,学生对老师形成了很强的依赖,而到了大学之后,教师的教学方式发生了变化,学生需要在一定程度上对自己的学习负责,因此,他们必须要学会自主学习。特里·海克认为学生是学校教育的顺从者,他们寻求的是"知识"(knowledge),而学习者是提出问题、直接与内容互动、满足好奇心、自我指导的人,他们寻求的是"成功"(success)。[①] 同样,在二东等人的叙事当中,当他们是"典型的学生"时,他们并没有思考学习的意义,学习只是发生在学校里、课堂上的一种计划性的活动。教师根据一定的教育目标,按照一定的顺序组织教学内容,然后再通过一定的媒介将教学内容传递给学生,而学生只需要跟着计划往前走即可。在这个过程中,所有的环节都是被提前计划好的。学习是一种有着固定规范和结构的活动,学生在这个活动中主要是对教师的教学行为做出回应,而少有机会参与到其他的过程之中。所有学生均处于同样的教学内容、教学方法、教学进程以及学习评价之中,学生的主体性、个体化差异、多元化需求等都在一定程度上受到了忽视。因此,"典型的学生"即意味着一种被动的学习倾向。

学习者的学习需要个体在学习过程中以一种主动的姿态投入其中,他们在学习过程中具有比较充分的自主性和灵活性。能够知道自己为什么学习,如何学习,何时学习,采

---

① Terry Heick. The difference between children and students[EB/OL]. (2018-05-08)[2020-05-02]. https://www.teachthought.com/learning/clarifying-the-difference-between-students-and-learners/.

用何种方法学习,学习过程中应该和谁互动、何时互动、如何互动,并能够参与到对自身学习结果的评价之中。换言之,学习者的学习是一种自主学习、一种个性化学习,他们不仅需要对自己的学习负责,还需要在学习过程中根据环境及任务水平的改变对自我的学习动机、学习策略、心理状态等进行监控、管理和调试,而且能够根据自身的需要和身心特点制订学习目标,选择学习方法,计划学习进程,评价学习结果。更为重要的是,学习者的学习是一种持续性的学习,它跳出了固定的时间和空间限制,并整合了正式学习和非正式学习情境模式,例如发生在学校中的学习和日常生活中、工作场所中的学习等。总而言之,学习者的学习是一种可在他人协助下,自己主控、自己负责的学习活动。

3.总体的认知:渐渐清晰的自我图像

从二东等人的叙事中可以发现,他们的总体认知是随着时间的推移而渐趋成熟的,学习和自身之间的联系也开始由分立走向融合,并呈现出一幅渐渐清晰的自我图像。学生认知的这种发展变化除了生理原因之外,还有非常重要的一点儿,即个体与外界环境之间的互动。根据伊列雷斯的理解,任何学习都包含两个过程:获得过程和互动过程。获得过程既包括内容方面的获得,又包括心理方面的获得,获得过程的结果表现为个体经验的累积,而互动过程的发生使得个体与环境之间的联系更加复杂和紧密。在这两条主线下,个体对自我的认识变得更加清晰,例如在常青的案例当中,小学时候的常青是个"乖孩子",努力学习只是为了得到他人的赞许,这也意味着其关注他人要多于关注自我。到了初中时期,常青进入了青春期,虽然也开始关注自我,不过还是取决于他人眼中的自我形象。到了大学时期,日渐清晰的自我图像才慢慢凸显出来,常青知道了自己为什么迷茫、焦虑,开始反思自己的过往,并试图寻找真正有意义的生活。

(二)动机和情感的发展变化

1.动机和情感的来源

学习动机是学生从事和维持学习活动的一个主要动力性因素,而情感主要是指在学习过程中的一些情绪体验,二者是相互交织在一起的。在二东等人的叙事当中,学生的学习动机和情感来源主要有以下四种:一是来自家庭,例如想要获得父母的表扬和奖励,觉得父母很辛苦要好好学习回报父母,或者父母的强制性要求等;二是源自老师,例如老师很关心学生的学习,良好的师生关系,回报老师的关照,又或者是老师的要求等;三是自身的动力,例如维护自己的自尊心,满足自己的好奇心和求知欲,自身的兴趣使然等;四是外界的因素,例如考试的压力、社会的看法、就业的需要等。在不同时期,它们所出现的顺序以及对学生的影响程度是各不相同的。

就学习过程中的情感体验而言,无论是正向的还是负面的,它们反过来都会影响学生学习动机的激发与维持。例如在常青的叙事中,起初他与英语老师的关系比较紧张,他在英语学习过程中表现出了厌学、对抗、无聊甚至压抑等情绪体验,因此,常青在英语学习中的动机非常微弱,英语成绩也有明显的下降。而在后来师生关系得到改善之后,常青转变了对英语学习的看法,并在之后的英语学习当中产生了愉快、满足、自信等积极的情感体验,这种情感体验又进一步激发了常青的英语学习动机,最终使常青的英语学习成绩有了非常显著的提升。同样的趋势在二东、春丽及夏荷的叙事中也能够找到对应。此外,学习动机和情感体验还存在一定的正相关性,即学习动机强,学生在学习过程中所产生的情感体验就比较明显,反之,学习动机弱,学生在学习过程中所产生的情感体验也会偏低。因此,可以通过对情感因素的培养来激发或促进学生的学习动机,同时也可以通过维持一定的动机水平来为学生建立良好的学习情感体验。

2.动机和情感的发展变化特点

在由学生身份向学习者身份的转变过程中,学习动机和情感的发展变化也是较为明显的,其概括起来主要有以下几个特点:其一,从时间和空间维度来看,动机和情感由单一走向多元化。在学校教育情境下,尤其是在基础教育阶段,学生的学习动机较为单一,主要表现为升学和考试。学生考试是检验教师教学效果和学生学业成就的一种最为主要的手段,有平时的单元考试以及每学期的期中考试、期末考试,有不同学段的中考、高考等各种类型的考试。作为学生,考试是他们不得不面对的问题。其二,从个体与社会维度来看,动机和情感表现为由外部动机/情感向内部动机/情感转变。例如,在常青等人的叙事当中,在没有意识到自主学习之前,他们的学习动机主要靠外部因素所维持,无论是为了获得外界的赞许,还是为了应对考试的要求,其从根源上来讲都可被视为外部动机。而当他们开始认识到学习不仅仅是为了应对考试,更应该是一种自主行为时,学习的动机开始逐渐由外部动机向内部动机转移。不过,这并不意味着外部动机不重要,从长时间维度来看,内部动机更占主导作用。其三,从稳定与变革维度来看,学习动机趋于稳定,当以外部动机为主时,学习动机的稳定性相对较弱。例如,在二东的叙事当中,获得老师的表扬只是在获得了第一名的时候或是在成绩好的时候才会发生,而当这种情境不出现时,二东的这种学习动机将会受到影响甚至消失,他需要激发新的学习动机来维持其学习活动。当他意识到学习能实现自己想要的生活时,这种动机总体才趋于稳定,并使他能够保持一种持久性的学习投入。

(三)学习意义的发展变化

学习的意义感也是学习理论所关注的一个重要方面,它通常与学习目标、学习动机甚为相关,有时学习意义、学习目标及学习动机三者可指同一概念。在二东、春丽、夏荷和常青的叙事中就可以发现,他们对学习意义的理解与对学习动机、学习目标甚至是对学习的认知大体是一致的,尤其是在中小学时期,学习的意义和动机等具有很大的重合之处。在近代的学习理论中,"追寻完整的全人"既是学习意义的重要体现,又是学习目标之所在,追求意义感是重要的学习动机,创造意义(meaning making)也是学习力(learning power)的主要指标之一。对于学生而言,在不同时期,学习的意义是不一致的。从二东等人的叙事中可以发现,他们对学习意义的认识经历了从无意义感到有意义感的一种变化轨迹。无意义感并不是学习本身没有意义,而是学生没有感知到学习的意义。换而言之,学生也在进行着学习活动,但是他们不知道学习的意义是什么,学习与自身已有的经验有何联系,尤其是不知道学习对自身有何用处。有意义感是学生建立起了学习与自身的联系,知道自己为何而学,学到的东西有什么用。这种有意义感的学习过程,有研究者将其称为一种"有意义的学习经历",这种有意义的学习经历能让学生获取融入社会所必备的价值,能让学生更快更好地社会化。①

从个体与社会维度来看,学习意义表现为一种由他人意义到自我意义的转变。他人意义,即学生学习的意义主要在于他人,满足他人的需求,例如满足父母对学习的期望,满足老师对学习的要求等。这种他人意义在现实中非常普遍,尤其是在学生处于儿童期,父母为了不让自己的孩子落后于他人,从小就为孩子做各种筹划、各种准备,报兴趣班,参加各种竞赛、比赛,考取各种证书或等级。然而,这些并非都是基于儿童自身的选择和兴趣。相对于他人意义而言,自我意义则是根据自身的身心发展需要,基于自己的兴趣、爱好的个性化选择,自己对自己的学习负责。自我意义重在突出学习者自身的心智能量投入过程和结果。从稳定与变革维度来看,学习意义表现为从一种表层意义到深层意义的发展变化。表层意义是学习所产生的直接结果,它往往是不太稳定的,容易发生变动的。例如前文中所提到的他人的表扬和赞许,较高的考试分数,好成绩所获得的奖励,一份好的就业等。深层意义则是指学习结果背后的意义,深层意义一般较为稳定,是个体长期所追求的。例如学习的意义在于实现自己想要的生活,获得一种能力上的提升,作为自我实现的一种方式等。从无意义感到有意义感,从他人的意义到自我的意义,从表层意义到深层意义都体现了由学生到学习者的发展轨迹。有意义感、自我意义、深层意义三者之间其实是紧密相关的,同时也是学习者在学习过程中主动追求的。

(四)话语和行为的发展变化

话语是主体表达自身思想、情感、态度的主要方式,它代表着一种权力。它意味着谁有发言权,谁无发言权。从传统的学校和课堂结构来看,教师是话语的占有者,而学生在

---

① 宋善炎,丁向阳."有意义学习"与"有意义的学习经历"[J].教育科学研究,2010(03):63—65.

话语关系中多处于一种沉默或缺失的状态。学生的话语权是指学生这一特殊群体在教育活动中,作为一个独立的个体,理性或感性地表达自己的思想、情感、态度以及理念的权利。它是学生获得关于人类一切知识的必备权利,它决定着学生在教育活动中有什么样的话语方式(如何说或不说的权利)和话语内容(说什么的权利)。学生的话语具有以下特点:其一,话语权源自教师。这一点是显而易见,由于学校和课堂有着比较固定和规范的结构,学生在发言(提问或是回答问题)之前,都需要先表现出举手这一行为,然后教师再根据自己的一套标准来确定谁能够发言。其二,话语内容被规定。在我们的教学实践当中,教师的教学往往采用了一种比较保守的"忠实取向",即无论是最后的考试还是平时的上课回答问题,往往都有统一的标准答案。与标准答案一致的、相同的就是对的,与标准答案不一致的、不相同的就是错的,而那些与标准答案不太相关的、接近但也有合理之处的,甚至是具有启发意义的回答似乎并不被提倡。因此,学生的话语内容在一定程度上是被规定好的。其三,话语机会不平等。话语的主导权主要在教师,哪些学生能够正常行使自己的话语权是由教师而定的,因此,在实际中学生的话语权是处于一种不平等的状态,总是一些学生有更多的发言权,而一些学生有较少的发言权。学生的学习成绩、课堂行为表现,教师的教学风格、对学生的认知程度,座位的布局,以及师生关系等都是影响教师赋予学生话语权的因素。上述三点特征在二东等人的叙事中都有较为明显的体现,如二东的"想好了再回答",夏荷的"成绩好的学生回答问题",常青的"和老师关系好的回答"等。作为学生他们的话语总是受到限制的,他们的话语表现为一种服从性,即服从教师的抉择和分配。当学生意识到他们作为学习者的身份时,他们会主动地行使自己的话语权,寻求表达自我的机会。学生作为学习者身份即意味着个体主体意识的觉醒,他们会主动地参与到学习活动当中,通过与教师的平等对话(而不再是按指令行事),从一种"不能说、不敢说、不愿说"转变到"敢说、会说、乐说",从而来实现自我声音的表达。

(五)归属感的发展变化

在二东、春丽、夏荷及常青等人的叙事中,归属感对他们的学习产生了不小的影响,他们的归属感主要受师生关系的影响。归属感是人的社会性本质需要,如果生活环境不能满足人的归属需求,人们就会产生孤独、焦虑甚至无意义感。对于学生个体而言,他们的归属感主要体现在对学校的归属感、对班级的归属感以及对学校中的各类组织、团体的归属感等方面。马斯洛认为归属感是人的一种基本需要,它是个体在整个发展历程当中一直在探寻的情感需求。良好的学校归属感对于学生的积极情感(如乐观)、学业成就、自我概念、学校适应性、同伴关系都有显著的正向作用,反之,与消极情感(如抑郁、被排斥感)呈显著的负相关。相对而言,班级归属感更为具体和直接,因为班级是构成学校的基本单位,在学校中,学生往往是以"某年级某班学生"来识别他人和定义自己的。班级归属感主要是指学生对所在班级在价值观念、行为取向、情感意识和心理状态等方面的接受、认同和执行程度,主要体现为个体对班级的信赖和依附程度。班级归属感同样对于学生的自我概念、学业成就等具有显著的正向作用,与学生自主学习能力具有显著的积极影响。学校中的其他团体也是学生归属感的重要方面,如学生社团、学习小组、兴趣共同体等,它们对于学生人际关系的建立、兴趣爱好的培养、个性化的发展以及自我的提升等同样具有积极的作用。

在二东等人的叙事当中,有的强调了对学校的归属感(如常青),有的突出了对班级的归属感(如二东、春丽),有的也提到了对团体、组织的归属感(春丽、夏荷)。无论是哪种层面的归属感,它们都会在一定程度上影响学生对学习的体验和投入,当归属感较强的时候,学生更愿意投入学习当中,并产生积极的学习体验(如自信、满足),反之,学生则会表现出厌学、不满、孤独、无助等情绪感受,进而影响其对学习的投入。在学生归属感的影响因素方面,教师是其中最为重要的一个方面,其中教师的尊重和信任是影响学生归属感的主要因素。一般而言,学生越觉得教师尊重和信任他们,他们就会越喜欢学习,违纪行为就越少。教师的尊重和信任包括记住每一个学生的名字,鼓励学生的多元话语表达,对待学生一视同仁,给予学生公平公正的关注和投入等。同样,师生关系、生生关系也对学生归属感的获得有重要的影响,良好的师生关系、生生关系有利于学生形成积极的归属感。随着学生身份向学习者身份的转变,学生的归属感也会呈现出一些新的改变。从时间和空间维度来看,归属感类型逐渐多元化。在传统的学校教育情境中,学生多表现为对班级、学校、学校中一些组织团体的归属感,学习者的学习不再仅限于学校场域,这也就意味着学生归属感的种类必定多元化,如对网络学习共同体的归属感,对课外兴趣小组的归属感,学徒制中的归属感等等。从个体与社会维度来看,学生归属感的影响因素更加复杂多样,在传统的学校教育当中,学生学习的主要互动对象是教师,因此教师是影响学生归属感最主要的因素。当学习的方式和情境突破了学校的限制而呈现出多元化取向时,学生的互动对象也更加复杂,尤其是对于自主学习者而言,他们的归属感影响因素必将复杂多样。从稳定与变革维度来看,归属感也更加趋于稳定,学习者的学习是一种持久性的学习投入,且他们越来越能够向内寻求学习的动力,因此,对外界的依赖、受外界的影响程度也会降低。因此,当外界因素发生变化时,例如,遭遇二东、春丽、常青叙事中的"换班"事件,他们的归属感也不再会发生剧烈的变动。

(六)已有学习经历的发展变化

学习经历是记录和描述个体在学习过程中的行为和情感的统称,它是一个意涵比较广泛的概念,既包括个体在学习过程中的行为事实,又掺杂着一定的动机和情感因素。

经历有时也被理解为体验,因此学习经历也意味着学习体验。不过,经历更突出了一种过程性,有的经历是个体感知和体验到的,而有的却是真实发生而个体并未察觉到的。相对而言,体验重在突出个体心理上的、可被感知的情感因素。学习经历通常以叙事的形式得以体现,因此,学习经历包括了时间、地点、人物、事件、结果等多个维度。相对于学习者身份的其他五个基本结构要素而言,学习经历更具包容性,因为其他要素均可以在学习经历的描述中得到理解。在从学生到学习者的转变过程中,学习经历呈现出了一定的发展变化。其主要体现在两个方面:一是从一般学习经历向有意义学习经历的转变,二是从以正式学习经历为主向正式与非正式学习经历并重转变。

首先,在一般学习经历向有意义学习经历的转变层面,一般学习经历没有明确的表现形态,无论是学生感知到的还是未感知到的,有目的的抑或是没有目的的,都可以被称为一般学习经历。而有意义学习经历具有一定的特征,教育设计专家迪·芬克提出了有意义学习经历的六个要素:(1)学习如何学习(learning how to learn),这一要素包括成为一个更好的学生,具有明确的学习主题,以及如何成为一名自我引导的学习者。(2)基础知识(foundational knowledge),为了获取和维护基础知识,需要理解和记住所讨论的信息和观点。(3)应用(application),这一要素涉及在学习过程中所获得的应用技能以及批判性思考。(4)整合(integration),有效的学习是思想、自我和生活领域的整合。(5)人的维度(human dimension),学习需要对自己和他人进行理解。(6)关怀(caring),为了表现出真正的关怀,教师和其他指导者应该帮助学生培养新的感受、兴趣和价值观。[①] 从有意义学习经历的要素可以看出,学习是一种有着明确目的的、全人参与的、自我引导的活动,这种活动与学习者的学习活动甚为一致。

其次,在正式学习经历和非正式学习经历并重的层面,正式学习经历主要是发生在学校及课堂情境中的学习,这种学习的一个显著特征是教师按照课程的要求,组织学生在教室里系统地学习知识,学生依据设定好的日程进行学习。在正式学习中,学生到学校上课是强制性的,学习内容是由教师组织规划的,学习的动力主要是外部的。而非正式学习是一种高度个性化的学习方式,它不受时间和空间的限制,既可以发生在学校学习情境当中,也可以发生在学校情境之外;既可以包括与教师的互动,也可以指与教师以外的他人互动;既可以有明确的学习目标,也可以发生在一种无意识之中。非正式学习经历有多种表现形式,如课外兴趣小组中的学习、博物馆中的学习和互联网络中的学习,这些学习能够在不受时间和学校课程限制的情况下,将学生参与与学术内容联系起来。简而言之,非正式学习是一种基于学习者自身的特殊需求、兴趣和过去的经历,是自愿的、自我指导的学习,它为进一步的学习活动和后续学习提供了一个经验基础和动机。

---

① Fink L D. Creating significant learning experiences: an integrated approach to designing college courses[M]. Somerset: John Wiley & Sons Inc, 2013: 211.

从正式学习和非正式学习的简单描述和对比中不难发现,学生的学习多以正式学习为主,因为学生的学习是学校教育存在的一个基本前提,而学习者的学习打破了对学习简单化、单一化的理解,肯定了学习的复杂性、多元性及个性化,它既包括了正式学习又涵盖非正式学习,二者的相辅相成、优势并进才能实现真正的有意义学习。因此,在学习经历方面,学习者的学习是一种正式学习和非正式学习并重的学习经历。

二、总体上的改变

未来社会,学生不仅是一个学生,更是一名学习者。因此,我们应促使他们由学生向学习者转变。通过对二东等人的叙事研究及理论分析后发现,学生作为学习者的身份形成实际体现了以下几点意涵:

(一)学生作为学习者身份的核心

"我是一名学习者"的认知感(sense of recognition as a learner)是构成学生作为学习者身份最为核心的要素,这种认知感是建立在学生已有主观学习经历的基础之上。在过去的学习经历当中,学生通过与外界互动并借由自身的反思,逐渐产生了"我是一名学习者"的感知,最后形成了对学习者身份的认同。起初,学生处于学校教育之中,受各种文化习惯、制度和社会规范潜移默化的影响,学生对他们自身的认知主要表现为"我是一个学生",因此,他们主要以"学生身份"定义自己,他们的言谈举止、人际关系、思维认知等都尽量符合外界对学生群体的期待,学生自身也会通过其他学生来反观自己、认识自我。总之,学生身份成为他们在特定时空下的主要甚至是唯一的身份。然而,随着终身学习时代的到来,尤其是伴随着科学技术的巨大进步,教育及学习领域也表现出了非常明显的改变。学生的学习不再被看作学校教育中独有的活动,而变成了一种多元化、便捷化、需要学习者自身为其负责的个性化活动。较之以往,现在学习的最大特点是学校有边界,而学生的学习无边界,尤其是在互联网技术的协助下,学习变得触手可及,学生只需要一台终端设备就可以轻松地获取任何所需要的信息,这种学习方式打破了传统对学习的限制。对于个体而言,只要想学就能够学习,学习充满了无限的可能性。在这样一种背景下,学习活动的主体不再是学校中的"学生",而是处于学习活动中的"学习者"。对于学生而言,他们不仅要意识到"我是一个学生",更应该认识到"我是一名学习者",学生对"我是一名学习者"的认知感是其作为学习者身份的核心。

(二)学生作为学习者身份的实质

由学生到学习者的转变,实质上是一种由接受"他人认知"到建构"自我认知"的转变。在社会文化学视角下,学生和学习者都是某种特定类型的人,"学生身份"和"学习者身份"更是一种文化符号。从概念的来源上看,学生是特定教育制度和学校机构运作下的产物,因此他们的身份也是由教育制度和学校机构所赋予的。换言之,对于作为个体的学生而言,"学生身份"是一种"他人认知",是外界赋予个体的一种标签,当他们进入学校之后,自然而然地成为学生,并获得了"学生身份"。他们不需要质疑"学生身份"的合理性,也不需要反思获得"学生身份"的过程,只需要默认"学生"这一文化符号,并接受了这种"他人认知"的身份。在认知图像的表达上,学生会选择"学生身份"作为其唯一的合法身份,这种身份在学校教育中,具有极强的一致性和排他性,而一旦脱离了学校之后,这种身份又会出现断裂,并逐渐被其他身份所取代。学习者只是用于表达与学习活动相关的符号,它与某种外在的制度无关。"学习者身份"更是一种由学习活动本身所决定的身份,这种身份脱离了特定教育制度和学校的束缚,呈现出一种更加自由、个性化的身份姿态。从来源上看,学习者身份不是由外界所赋予的,而是由学习者自身在学习活动中所建构的,因此相对于接受"他人认知"而言,"学习者身份"是一种由学习者自身所建构的"自我认知",这种"自我认知"的建构是一种彰显学习者主体地位,发挥学习者自主性、主动性的体现。

(三)学生作为学习者身份的过程

由学生到学习者的转变过程是一个由被动学习到自主学习的转变过程。一直以来,学生学习总是受教学所制约。教师教什么学生学什么,一切都是被事先所预设好的,如统一的教学内容,一致的教学进度安排,相同的考试评估制度等。一些学生感兴趣的、重要但未纳入考试计划的则难以成为学习关注的重点,于是学习对于学生而言渐渐成了一种例行公事。在这样一种学习形态下,学生对于自身的学习并没有过多的主动性和话语权,学生很少能够参与其中,也不用为自己的学习进行负责。尤其是在考试制度及崇尚分数的外界强压之下,学生更少有自由发挥、灵活选择的空间。学生多是以一种"旁观者""局外人"的身份涉入学习当中,他们不善于自主学习,习惯于以一种被动的姿态充当一名信息的"接受者"。越来越多的研究表明,学习是一种学习者自身的意义炼制活动,需要学习者自身较高的心智能量投入,因此他们自主性的发挥在学习过程中具有不可替代的重要作用。建构主义者认为个体是通过主动与外界环境互动来获得对周围世界及自身的理解,从而发展了自身的意义,个体所获得的知识、技能、能力、信念、情感、价值观等都是学习者自身建构的产物。当学生意识到自身是一名学习者时,他们能够基于自身的兴趣、需要而自主地从事学习活动,并在学习活动中根据任务的实际情况做出适当的调试。在对教学和学生的看法上,他们也能够认识到教学只是促进学生学习的一种途径或方式,而无法替代学习活动本身。因此,学习者会对自身的学习负责,并投入更多的心智能量。

（四）学生作为学习者身份的标志

由学生向学习者的转变也存在某种标志，即由关注学习本身走向关注人的发展。一般而言，学生向学习者的转变并非像学生身份的获得与消解那样有着明显的标志，个体在未进入学校之前，并不具有学生身份，例如不符合入学条件的儿童，而学生身份的消解也是十分明显，即完全脱离了学校，如毕业等。因此，是否处于学校之中可被视为学生身份的标志。而学习者身份并不存在这样一个外在的标志，因为学习者身份是个体的一种内在身份，它可以被学习者自身所感知和认可，但很难被外界他人所识别。建构主义者乔纳森区分了学生和学习者的意涵，并认为学生是从教学中获取知识和技能的人，学习者则是从自己的经验中建构自己的意义的人。特里·海克也对学生和学习者的不同进行了区分，简言之，学生是学校教育的顺从参与者，他们寻求的是"知识"，而学习者是提出问题、直接与内容互动、满足好奇心、自我指导的人，他们寻求的是"成功"。① 关注学习本身主要表现在对所学的知识、技能的关注，在学校教育中主要是对学生学习成绩、考试分数的关注，如哪些学习内容是考试所要求的，采用哪种方法学习才能提高学生的考试分数，以及如何评价学生的学习成绩等。关注人的发展则主要表现在对人主体性及可持续发展的关注，如采用何种方式学习才是对人主体性的彰显，学习哪些内容才有利于人的可持续发展，学习者自身在学习过程中扮演了怎样的角色，他们需要怎样的心智能量投入，如何评价学习者的学习等。由关注学习本身走向关注人的发展需要在一个自主学习的过程中才能够得以实现。

（五）学生作为学习者身份的基础

就学生作为学习者身份的形成过程而言，已有主观学习经历是学习者身份建构的前提基础。学习经历从本质上来讲应该是一种客观发生的，是个体实实在在的经历。然而，并不是所有的学习经历都能够成为个体自身的一部分，学生的主观学习经历才是学生作为学习者身份建构的基础，这种主观学习经历主要是指个体能够感知到的、察觉到的，在学习过程中能够引起学生认知、情感、信念等发生改变的学习经历。这些经历能够引起学习者的注意，并涉及个体有意识的心智能量的投入和使用，并最终保存在个体的记忆当中。在表现形式上，学生的主观学习经历主要是指一些关键时刻，如正向或负面的遭遇和情感体验，此外，一些并无多大起伏变动、具有持续性或持久性的学习刺激也是学生主观学习经历的重要组成部分。在学习经历的组织形式上，"叙事的模式"（narrative mode）是一种较佳的方式，叙事是个体自我认同建构的核心，我们应该学会采用叙事的方式来组织我们的学习经

---

① Terry Heick. The difference between children and students[EB/OL]. (2018-05-08)[2020-05-02]. https://www.teachthought.com/learning/clarifying-the-difference-between-students-and-learners/.

历。透过叙事内容,我们得以定义我现在是谁,我过去是谁,未来我可能成为怎样的人,以便理解自己和他人的生活。叙事的经历并非是所有的经历,而是对个体有意义的、个体能够感知到的、保存在个体记忆中能够自我唤醒的主观经历。由此,对于学生个体而言,已有主观学习经历是理解自我的前提,是学生作为学习者身份建构的基础。

(六)学生作为学习者身份建构的重要他人

在学校教育中,教师是学生作为学习者身份建构中的"重要他人",这点应该是毋庸置疑的。一方面,教师为学生提供了系统化的知识技能,而这些知识技能构成了学生主观学习经历的经验基础;另一方面,教师是学生认识自己的一面镜子,学生往往基于教师的评价来看待自我、建构自我。在基础教育阶段,尤其是在小学时期,教师的话语对于学生而言具有较高的权威,教师对学生的看法往往会成为学生自己的认识,这种认识是学生作为学习者身份认知感的初步来源。在学生的学习动机、学习目标和学习意义方面,教师是其重要来源之一,例如在前文的叙事研究当中,有的学生的学习动机来自教师的表扬和鼓励,学习中的情感体验也主要是与教师互动中产生的情感体验。同时,对学习意义的认识也是基于教师的阐释与解说。在学生以"学生身份"为主时,教师是学生学习的主导者、教授者,而当学生向学习者身份转变时,教师是学生学习的协助者、促进者。因此,可以说教师不仅是学生作为学习者身份建构的重要他人,也可以被视为学生作为学习者身份建构的结构要素。

(七)学生作为学习者身份的形成轨迹

"合法的边缘性参与"可以用来描述学生作为学习者身份的形成轨迹。"合法的边缘性参与"最初是莱夫和温格实践共同体中的一个概念,它用来描述新手参与到实践共同体中的参与和学习发展变化情况。具体而言,学习不是通过传递知识或复制他人作品而进行的,而是在周边共同体的"学习型课程"中,通过向心性的"参与"而发生的。在当前的研究当中,合法的边缘参与用在解释新手教师的学习较为常见。[①] 其实,学生作为学习者身份的形成轨迹也是一种合法的边缘性参与,因为学生对"我是一名学习者"的认知与其参与和从事的学习活动有关,学生学习投入的越多,参与得越充分,获得的学业成就和自我效能就越高,其对自身的学习者身份的认识才会更加敏感和深刻,这种认识的形成与发展也是一种由边缘性到充分性的变化过程。"合法的边缘性参与"也体现了身份发展的动态性,其正如实践共同体中的学习和参与一样,一直处于动态的发展变化之中,需要个体不断地从事学习活动加以稳固和维持。

① 李子建,邱德峰.实践共同体:迈向教师专业身份认同新视野[J].全球教育展望,2016(05):102—111.

第五章　学生作为学习者身份的培养

随着学习型社会的不断向前发展,学习者身份必将是未来社会的一种新的身份图像,而作为一种新的身份,学习者身份不仅能够主动地适应未来社会的发展需求,更能为个体所不断从事的学习活动提供内在的支撑。教育一直承担着为社会培养人才的职能,而要促使"我是学习者""人人都是学习者"的终身学习愿景的达成,学校教育应该主动促使学生向学习者的转变,帮助学生建构作为学习者的身份。

第一节　主体角色认知的改变

从自我和他者的关系视角而言,身份不仅意味着个体自身对"我是谁"的感知,也意涵着在他人眼中"我是谁"的图像。因此,对个体身份的确定既要从个体自身的角度出发,也要结合外界(重要)他人对"我"的看法。在促进学生身份向学习者身份转变的过程中,教师认知的转变和学生自身认知的转变是最为关键的前提条件,在二者转变的基础上,学生作为学习者身份的建构才成为可能。

一、教师认知的转变

(一)教师对自身的认知

长期以来,教师对自身角色的认知主要停留在专业层面,即专业人员是教师个体的主要角色,教师将自己定位为一名专业的教学人员,旨在通过教学活动促进学生的发展。然而,这种专业角色具有很强的权威性,其主要体现在教师对学生学习及课堂教学活动的把控。例如,在课堂教学过程中,教师有权决定教学内容的选取与教学进程的安排,教师往往在课程开始实施之前,就基于一定的教学经验制订了该门课程的教学计划,并按照该教学计划实施教学,而学生并没有机会参与其中。在课堂的交流互动方面,学生的话语权也掌握在教师手中,教师往往能够决定谁能够发言,什么时候发言。作为专业的教学人员,教师所做的一切都被视为合理的,他们的权威也完全被视为是理所当然的,然而,这种权威导致了我们中的大部分已经不再注意教师指导学生学习的程度,而是将关注的重点集中在了对自身教学的实施效果上。

众所周知,在学校教育中,教师是影响学生学习最为关键的重要他人,因此,要促进学生作为学习者身份的形成,离不开教师的参与和支持。要做到这一点,首先应该转变教师对自身的认知,即教师的职责不仅是向学生传授知识技能,更重要的是要作为学生学习的协助者和促进者,激发学生的学习动机与兴趣,为学生的学习创造机会、提供支持性条件,并在学生遇到困难的时候为其提供帮助。根据维果茨基的最近发展区理论,教师应该着眼于学生的最近发展区,为每一个学生创造一种属于自身的最近发展区,从而促进学生发展。在以学习者为中心的课堂中,教师要密切地关注每个学生的个体发展,设计适当的学生"刚刚能够处理的难题"。学生自身带有一定的经验进入学习情境当中,并具有一定的学习能力,教师的作用在于在学生需要帮助的时候提供适当的协助,而不是忽视每个学生的已有学习经验,不加区分地统一教授。而当教师真正地意识到自己是学生学习的促进者和协助者时,教师的专业性才不会被权威性所替代,他们会真正地理解自身"传道、授业、解惑"的使命。

(二)教师对教学的认知

教学是什么? 不同的立场有不同的理解。例如:将教学视为一种认识活动,即学生理解和掌握已有的文化科学基础知识和基本技能的认识活动;将教学视为一种实践活动,即教学是教师的存在形式和生活形式;将教学视为一种交往活动,即教学是师生之间以对话、交流和合作为基础进行文化传承和创新的特殊交往活动;等等。以上是对教学活动本质的不同认识,反映了不同的教学价值取向。那么对于教学活动主导者和实施者的教师而言,他们对自身所从事的教学活动有着怎样的认识和看法呢? 教师对教学活动所秉持的不同信念不仅决定教学质量的好坏,更影响他们对作为教育对象的学生的认识以及学生对自身的认识。当教师将教学活动看作对人类已有文化的传递活动时,教师的教学活动多在于教授和灌输,学生的自主探究受到了削弱;当教师将教学视为对话、交流活动时,容易使教师的话语替代学生的话语,学生的主体性得不到彰显,从而不利于学生自我身份的形成。

要促使学生作为学习者身份的形成,教师不仅要意识到自身是学生学习的协助者和促进者,也要对教学活动的认知发生一定的转变。首先,教师对教学应该秉持一种开放的态度,这种开放的态度体现在三个方面:(1)开放的教室;(2)开放的课程;(3)开放的教材。言下之意,学习的场所不是固定不变的,并不仅限于教室空间,"教室"应该是一个多元的、开放的概念,可延伸至博物馆、工作坊、科技馆等。课程同样也是开放的,除了国家或教育部门所制定的正规课程以外,还应包括灵活的校本课程、综合实践活动课程、社区课程等。教材更应该是开放的,应从一纲一本到多纲多本转变,知识对于学生而言有着不同的意义和需求,单一的教材或课程载体只会限制学习多样性和个体差异性。其次,教学不应该是一种知识技能的传递活动,而应该是充分地建立在学生的认知水平和个体差异基础上的一种协助或促进学生发展的活动。言下之意,教学不应该是一种固定不变的、有着严密结构规范的活动,而应该是一种灵活多元的、形式多样的师生平等对话和互动的活动。教学活动的主要目的在于促进学生的自主学习,使学生能够对自身的学习负责,而不是被动地依赖于教师的指导和教授。同时,教学要为学生的个性化学习创造便利的条件,教师应在了解学生已有经验的基础上,采用一种个性化的、适合不同学生发展的教学方式来促进学生的学习。

(三)教师对学生的认知

长期以来,教师对学生的认知主要是将学生视为不成熟的、未充分发展的人,因此,教师渐渐主导了学生的学习,并决定了学生的话语权。教师自认为所做的一切决定都是对学生最有益的,其实教师的这些决定对于自身而言或许比对学生更有利。换而言之,作为教师,我们所做的决定并不都是对学生最为有利的,我们对学生学习所做的决定也不都是学生本来就想要的或会这样做的。这种情况的出现主要是由于教师对学生认知存在一定的偏差,即认为学生不能够、没有能力做出在教师看来适合他们自己的做法和决定,需要教师来帮助管理他们的学习。实际上,每一个学生都是具有能动性的个体。尽管在基础教育阶段,学生的身心处于迅速发展的时期,学生在某些方面的认识尚未成熟,但是这并不意味着他们不具有对学习负责的能力。首先,教师需要转变对学生的认知,即学生并不是没有能力的尚未成熟的个体,并不是被动的知识接受者或信息加工者,而是带有一定的已有学习经验参与到学习活动中的、具有一定自我管理能力和决定意识的学习者。其次,教师也应该更加重视学生的个体差异,以及不同学生的不同经验水平和认知风格,切勿采用"一刀切"式的教学和评价方式。应该鼓励和允许学生的个性化学习,为学生创造适合自己的学习环境和条件。例如,除了参与课堂正式教学以外,也可以促使和激发学生通过其他途径进行学习,包括通过多媒体网络终端设备等进行自主学习。在学生自主学习的过程中,学生能够逐渐地积累更多的学习经验,形成一定的独立学习的能力,这种能力反过来会推动学生在课堂学习中的参与和表现。最后,坚持以学习者为中心,教师应该形成这样的认识,即每个学生都有自己的信念、理解、文化实践,他们在进入课堂之时,就已经将这些背景也一并带入到学习之中,并且在学习的过程中建构自己的意义。教师应试图了解每个学生知道些什么、关心什么、能做什么、想做什么,主动为学生搭建起与学习内容之间的桥梁。此外,更重要的是要导正长期以来升学主义下的过分注重智育的偏颇,真正意识到学生生命价值的所在,重视学生在现实生活中的体会,同时也帮助和引导学生学习探索生命的意义,认识自身意义和价值。

二、学生认知的转变

(一)学生对自身的认知

学生对自身的认知主要表现为对"我是谁"的看法和认识,有时也被视为认知感,不过,相对而言,后者不仅反映了个体对自身作为某种角色的看法,还体现了个体对作为特定角色的感受,侧重于情感体验方面。认知或认知感是构成身份的前提要素。在当前的学校教育中,学生对自身的认知主要表现为"我是一名学生",早在前文的分析中就已经提及,这种"学生身份"是由教育制度和学校机构赋予的,正如教师身份一样,它是一种制度身份。然而,同样是制度身份,作为学生的制度身份与作为教师的制度身份仍存在显著的区别,教师在其自身的身份建构过程中具有较大的自主性,而学生则是被动地接受其身份。因此,从学生所从事的学习活动来看,学生身份具有明显的被动色彩。在这种看似合理的制度背后,学生实际上丧失了其自身想要成为某种特定类型的人的机会和选择,大部分学生都是在相同的情境中被加工的,除了统一的学生身份,他们并无其他身份可言。同时,学生渐渐地养成了接受学习的习惯,他们并没有意识到自身是作为学习者身份参与到学校教学和学习实践当中的。

要促使学生对自身作为学习者身份的感知,首先要让学生意识到自身是一个自主能动的个体,他们能够对自身的学习负责。而要做到这一点,需从以下三个方面进行考量:其一,促进学生的反思意识,教师要经常性地鼓励和引导学生进行反思,反思对学习内容的掌握情况,反思在教师教学过程中的参与情况。让反思成为一种习惯,成为一种学习和生活方式,学生既可以反思自身在学习过程中的心智能量投入,也可以反思自身情感体验方面的发展变化。通过反思,学生能够形成一定的自我意识,这些自我意识是建构学生对"我是谁"认识的前提。其二,尊重学生的话语表达,声音是人表达自我、展开对话的一种媒介,它蕴含和传递着某种意义、理解和思想。借由声音,人们能够了解他人、倾听自己,并在世界中找到自己的位置,从而决定自己参与的行为和互动。当学生的声音受到尊重,学生有机会表达自我时,他们才能够感受到自身的存在。其三,加强学生在学习过程的自我管理、自我调适和自我监控,这一过程实际上是将学习权交给学习者,由学生自身对其学习活动负责。他们可以管理学习内容的难易度,根据自己的实际掌握情况调整学习的进程,并监控在学习过程中出现的问题和挑战等。以上三个方面的协同能够促使学生在学习过程中主观能动性的发挥,并有助于学生主体意识的形成。

(二)学生对学习的认知

当前学校教育面临的一个主要难题是教与学关系的错位与模糊,教师是整个教育的中心,教师控制着整个教育的流程,控制着整个学习的过程。① 出现"以教代学"的现状后,学生成为"边缘人"和"服从者"。因此,学习对于学生而言是一种外在于自我的、不得不去面对的任务。教师教什么,学生学什么,不教的不学,学习成了一种例行公事,被动学习逐渐成为一种常态。同时,学生对学习的理解也主要是应付考试,获得高分、取得好成就或者升学就业是学习的主要目标和动力,尤其是受工具理性主义的影响,这种情况越来越普遍,而学习具有的其他意义则受到了忽视。此外,学生对学习的认知也仅仅局限于学校里面的学习,例如课堂教学、考试、课后作业、小组讨论等,很明显这是一种具体的、单一的、狭隘的学习观。在这种学习认知的遮蔽下,一些其他重要形式的学习,如个性化学习、基于场所的学习(place-based learning)等,并未能够引起学生的注意,这显然与终身学习社会情境下的学习理念不相适应。

学习是一种学习者自身的意义炼制活动,未来的学习更是如此,教师不能再控制学习过程,而应该由学生自己控制,因此由"教"走向"学",将是未来教育的一个基本特征。这也就意味着教师将学习的自主权交给了学生,学生可以根据自身的特点制订自己的课程、学习计划等。在这种情境下,学生对学习的认知将会发生一定的转变,学习既不是对教师教学的被动回应,也不是单纯地学习某些特定的知识技能,学习是一种个性化的、多元化的促进个体自我实现的一个过程和一种方式。在这个意义上,学习跳出了学校教育的范畴,变得更加宽泛、包容,不仅教师对课程内容的讲授是一种学习,而且观看一部影视作品、和同伴围绕某个主题聊天、参观某个博物馆或作品展,甚至是娱乐游戏中都包含有丰富的学习元素。当学生意识到学习的多样性和开放性时,学生总能够选择某种适合自己学习风格的学习,从而对学校学习起到推动和补充的作用。此外,还应建立学习内容与已有学习经验和自身生活的关联,让学生体验到学习的意义所在。

三、基于师生有机体的对话协商

倘若把学习看作人与意义的"关系重建"(retexturing relations),那么学习的实践就可以重新界定为:学习者与客体的关系,学习者与其自身的关系,以及学习者与他人的关系。学习活动则是建构客观世界意义的活动,是探索与塑造自我的活动,是编制自己同他人关系的活动。学习的第一种对话实践是同客体的对话,换言之,这种对话的主要目的在于获得对客观世界的理解与认识,学习者通过对客观事物的观察、实验和操作获得了有关的概念、原理,符号化和概念的使用是学习者实现与客体对话的一个标志。然而,在学习者与客体的对话过程中,教师扮演了至关重要的角色,尤其是在学习者的认知水

---

① 朱永新,徐子望,鲁白,等."人工智能与未来教育"笔谈(上)[J].华东师范大学学报(教育科学版),2017(04):15—30.

平和自主学习能力有限时,教师所发挥的作用是非常显著的。我们当前的学校教育重在对知识和技能的传授,这些知识和技能是学生认识客观世界的重要媒介和渠道,然而这种与客体对话实践的形式在认识主体上产生了一定的扭曲,学生与客体对话的过程被教师替代了,学习本应该是学生主动的探究过程,但事实上,这种探究过程始终是以教师直接讲授的方式进行着的。

学习的第二种对话实践是学习者与自己的对话,学习者在获得客观世界意义的同时,也在通过与自己对话的形式,内化、加工和改造着自己的经验结构,并建立了客观世界与自身的意义关联。在这种与自身的对话关系中,语言是展开对话的一种必要媒介和工具,维果茨基认为,语言正是有可能体会经验的人所特有的工具。人通过运用体会经验的语言这一元认知工具,建构客观世界的意义,同时建构跟客观世界对峙的自身,以及重新建构自身。所谓的"自我探索"其实也是一种内在的自我对话形式,个体通过对自身内在需求、兴趣、个性特征等的剖析,从内部寻求从事学习实践的动力。然而,这种同自我的对话在制度化的学校教育中也是会受到限制的。在课堂上,学习者自身生活的"时间"、"空间"和"关系"被剥夺了,个体展开自我对话的条件——独立自主的学习,实际上也被剥夺了。如果课堂的学习活动被限定为传递现成的内容和正确的答案,基于每个学生的兴趣爱好或以各自的学习步调而进行的学习没有得到良好的创设,那么自我的对话依旧难以正常开展实施。

学习的第三种对话实践是个体与他人的对话实践,该过程发生在个体与他人的互动、沟通之中。例如,课堂里的学习就是以教师和学生的对话形式而开展的,这种对话的一个基本理念是一切学习都是内蕴了同他人之关系的社会实践。即使是在个体独立学习的时候,这种关系依旧存在。不过这种对话关系存在一个明显的弊端,即对话权利主体地位的对等性问题,这是进行有效对话的一个必要前提。然而,在制度化的学校当中,师生交往地位的平等性一直是一个难以克服的难题,教师的权威和学生服从的文化习惯仍旧根深蒂固,其不仅影响着对话的顺利展开,更影响着对话双方对自身的主体地位的理解与认识。由于课堂沟通的语言不是作为对话的语言,学生学习中同他人的对话实践、学习实践也会受到限制。例如,在传统的课堂上,"教师提问、学生回答、教师评价"是基本的沟通形式,然而,这并不能被看作真正意义上的对话,一般对话所体现出来的二项式、即兴式性质被剥夺了。①

基于上述有关学习对话三种实践的考量,如要学习对话实践的过程得到有效的开展,一个重要的前提就是平衡和优化教师与学生之间的这种多元复杂关系,在教师与学生之间创建一种"师生有机体",师生有机体是师生关系的一种理想状态,它是教师与学

---

① 佐藤学.学习的快乐——走向对话[M].钟启泉,译.北京:教育科学出版社,2004:43.

生之间的一种本质的、内在的、构成的关系,是一种相互动态生成的关系。^① 这种"有机体"有一个重要特征——共生性,即教师和学生是和谐共生的,追求差异化发展基础上的多样性统一。在这种基于共生的师生有机体基础上进行对话协商,可以消除以往学习对话的诸多弊端和局限,并有助于学生身份的发展。其一,这种基于共生的师生有机体为教师和学生的交往和对话创建了一种和谐的氛围,这种氛围打破了教师高高在上的权威,降低了学生对教师指令的盲目服从性和接受性,为学生主体意识的觉醒和正常发展提供了有利的条件。其二,在这种师生有机体中,教师和学生都是各自角色的中心,教师和学生都要为各自的角色负责。这种"各自角色中心"不意味教师和学生都要将自己限制在自己的角色范围之内,而是说他们之间应该是一种处于"秩序"之中的相互促进和相互依存的关系。换而言之,教师的"教"在于服务学生的学习而非替代学生的"学","教"的方式通常会以"指导""协助""促进"等形式进行,而"学"反过来也会促进和改善"教"的进行,如提供某些有益的反馈。教师和学生都在各自的角色范围内进行对话,这样就避免了对话中越界行为的发生。其三,师生有机体凝聚了共同的愿景。在这种情况下,教师和学生之间处于一种和谐共生的状态,师生双方不会再为了话语权或是主体地位的问题而产生隔阂,这种师生机体之间达成的共同愿景,即"共同学习"。这里不仅学生是学习者,教师也是学习者,他们都能够以学习者的姿态展开对话。

在整个对话过程中,"协商"是一个非常重要的环节,它贯穿于对话的始终,在需要的时候总能够起到关键性的作用,协商的目的在于解决对话中所出现的张力,促使对话能够达成一种师生共同接受的结果。基于师生有机体的对话和协商有助于创造一种师生之间的和谐关系,其中也包括教学和学习之间的共生,而当教师的"教"不再替代学生的"学"时,学习的对话实践就能够得到有效展开,学习主体的学习者身份自然也得到了塑造。

第二节 以学习者为中心的教学

对学生而言,教师是最为关键的"重要他人",教师不仅影响着学生对学习内容的掌握,也影响学生对自我的认识和其身份的习得。在传统的课堂上,教师控制着学生的学习过程,从而导致学生的学习动机、自信心和对学习的热情不可避免地受到一定的负面影响。众所周知,学校应该是学生作为学习者发挥才能的阶段和地方,而教师非常重要

---

① 陶丽.师生机体论——机体哲学视域下师生关系的建构[D].西南大学,2017:32.

的任务之一就是要培养学生终身学习的技能以及使用这些技能的自信心,重塑学生对自身作为学习者的认识和理解。对于教师而言,要实现上述愿景,就要坚持以学习者为中心的教学。以学习者为中心的教学具体可从以下四个方面进行考量:

一、寻求互动中的教学权利平衡

在批判性教育学者看来,教师的权威身份不能给予学生知识,课堂教学的过程实际上是权利和资源的分享过程,而在当前的教室内,权利分享存在着一定的不平等,而这种不平等会对学生的学习结果产生负面的影响。长期以来,我们的教育或多或少地突出了对学生学习过程中竞争意识的教导,而在学生合作意识方面的培养并不很成功。这一结果也使得在权利的分享方面不太理想。而如果要真正做到以学习者为中心,就必须要注意到课堂上的权利分享问题:谁在施行权利,为什么,以及有什么影响和好处。当教学是以学习者为中心时,权利与其说是被全盘转移了,还不如说是被分享了。言下之意,教师仍然对学习做关键的决定,但是不再是做所有的决定,学生也能有机会参与其中。教师对权利的分享并不意味着放弃了对课堂的管理,更不等同于放弃了合法的教育责任,相反,这对教师的角色和作用提出了更高的要求和更大的挑战。例如,学生在学习如何做正确的决定、如何为自己承担责任的过程中,教师并非袖手旁观或者放任不管,而是会对学生行使权利划定界限,避免一种无组织、无边际的状态出现。也就是说,给学生机会表达意见或提出建议并不等于让他们做决定,让学生在某一两件事情上做决定并不等于让他们对学习的全程做决定,教师要在一定程度上进行指导和干预。权利的分享是一个循序渐进的过程,教师按照学生使用权利的能力的大小把权利分配给学生,换而言之,即根据学生在学习过程中对自我管理和对自身学习所能承担责任的程度把权利分配给学生。

权利分享既有利于学生和学习,也有利于教师、教学和课堂学习环境。权利转移最大的受益者是学生。以学习者为中心的教学,将做决定的权利分享给学习者,学习者要主动地承担起学习的责任。起初,他们会犹豫地行使他们的权利,他们需要教师的反馈和鼓励,才能更加自信地前进。而当学生融入课堂潜心学习时,他们会付出更多的努力。更重要的是,权利的分享使学生具有了一定的话语权,他们能够表达自己的心声、内心的疑惑和想法。权利分享的实践策略可从以下方面考虑:其一,活动和作业的决定。学生可以有多种方式,在不同层面上参与课程活动和作业的决策,教师可以为学生提供一份作业清单,然后由学生自主选择他们的作业内容。作业内容应该是丰富的和有梯度的,这样既能满足学生自主选择的机会,又能检测学生对学习内容的掌握情况,判定他们的最近发展区水平。其二,课程规定的决定。学生也可以参与到课程计划的制订当中,以往的课程规定都是由教师完全负责,学生并没有机会参与其中。其实,学生也可以对课程规定的制订提出自己的建议,例如,什么样的课堂是学生乐意参与的,教师制订的课程计划与学生所期望的课程计划有何关联,如何促使学生积极地参与课堂教学,学生是如何看待他们在课堂中的表现等。其三,课程内容的决定。课程内容为学生提供了一个参与决策的舞台,教师应该允许学生参与课程内容的决策,如在教学框架内,让学生决定要预习、讲授和复习的课程内容,这些内容多半是学生感兴趣的或是学习存在困难的。其四,评价活动。评价一直是教师的权利范围和工作职责,其实学生参与的评价无论对于教师教学,还是对于学生学习都很有帮助,学生可以参照一定的标准,或是借由一定的工具、技术的帮助参与到对自身的评价当中,评价的过程也即学习的过程。[①]

二、加强课程内容与学习的联系

权利对学习者的影响有时难以察觉,然而对学习内容的阻碍作用却是十分明显的。如果教师在教学过程中过多地依赖教材内容,那么以学习者为中心的教学必然会受到极大的阻碍。关于课程内容对教学或学习的影响,我们通常并未给予足够的关注,对于教师而言,尽管教师具有一定的课程内容选择的权利,但是这种权利有着明显的限定。课程、教材甚至教辅资料一般都是由国家或地区教育行政部门统一计划安排的,尤其是在核心科目方面,学校的自主权都非常有限更遑论教师。教师能够做的是在具体的课时安排、课程比例设计、教学内容组织顺序等方面有一定的灵活性,而学生自始至终都没有发言权。教师在对课程内容的看法方面,一般主要有两种典型的取向或认识。其一,忠实于课程内容的实施,即教师往往会根据教材的内容将课程内容原封不动、完完整整地教授给学生;其二,课程内容总是越多越好,教师总是想法设法地让学生学习越来越多的课程内容,强调知识内容对学生的"覆盖",以为教的越多学生学习的就越多,其实这种认识与弗莱雷所批评的"银行储存式"教育甚为相似。然而,现在的知识更新变化速度极为迅速,学生所需要掌握的内容实在太多,教师不可能将学生所需要学习的内容都统统传授给他们,这就需要学生在接受正规的学校教育之后再进行学习,这也正体现了终身学习时代的呼唤与要求。

香港课程发展会议(1999)曾指出:"课程将课堂教学、课外活动及社群活动连结起来,学生的学习贯通校内校外,从教室开始,走入社会,体会终身学习。"[②]这也就意味着课程的内容已经超越了我们以往的理解。在以学习者为中心的教学下,内容与学生学习之间的关系已经发生了新的改变。学生不仅学习作为特定事实知识的内容,也学习作为知识本质的内容。换而言之,学生依然在学习知识,但同时也在学习如何学习。内容主要

①　玛丽埃伦·韦顿.以学习为中心的教学——给教学实践带来的五项关键改变[M].洪岗,译.杭州:浙江大学出版社,2006:23—28.

②　李子建.校本课程发展、教师发展与伙伴协作[M].北京:教育科学出版社,2010:222.

通过三种方式教导学生学习:其一,我们"运用"内容(而不是"覆盖"内容)作为培养学习技能的工具。言下之意,我们帮助学生掌握全部学习策略、方式和技能,使学生在面临某些情境的时候可以对知识加以使用。其二,我们使用内容来提升自我学习意识。学生需要意识到自己是学习者,也需要培养自己处理学习任务的能力或自我效能,学生的自我意识是使自己成为自信、自主和自我调整的学习者的基础。其三,当我们让学生使用他们能直接学习、经历的内容时,内容才起到促进学习的功用,即建立学习内容与学习者自身的联系。① 总而言之,内容不是被覆盖的,而是被用作发展知识的基础,尤其是对于新知识的习得;内容被用来发展学习技巧,它包含了策略性的成分;内容还被用来创造学习者的意识,内容的习得并不是唯一的目标,最终的目的在于培养学习者的一种自我意识,这种意识有利于学生对自身作为学习者身份的认知。

三、厘定课堂教学中的教师角色

以学习者为中心的教学对教师提出了更高的标准和要求,例如,在权利的平衡方面,教师需要重新调整课堂中的权利分配和使用,赋予学生更多的自主权利,以便能够激发学生的学习动机。在课程内容上,教师不仅要教会学生这些内容,更重要的是要帮助学习者通过对内容的运用去发展他们的学习技能和自我意识。我国《基础教育课程改革纲要(试行)》(2001)中就提到:"教师在教学过程中应与学生积极互动、共同发展……教师应尊重学生的人格,关注个体差异,满足不同学生的学习需要。"而关于教师角色方面,常常会有一些形象的比喻,如将教师的角色视为"园丁",然而,园丁所做的是准备土壤、耕种和培育,但是他并不能代替植物的生长。尽管园丁对植物最后的发展(如开花、结果)有所贡献,但是生长仍旧属于植物本身。这也说明了教师教学无法替代学生学习。在以学习者为中心的教学背景下,教师作为指导者和促进者的角色不是一种教师的角色选择,而是一种必然的要求,这种要求需要对教师教学和学生学习的关系重新界定,以及将学习者置于学习的核心地位。

如果学生没有亲手去"做"一些学习任务来促进学习的发生,那么学习者对内容的掌握和学习者自身的发展将难以获得效果。作为教师,到底应该如何扮演好指导者和促进者的角色呢? 以下原则可能非常有用:(1)教师少替学生完成学习任务。言下之意,教师要减少或降低学生对教师教学的依赖,例如,将组织学习内容、提出问题、回答问题、总结讨论、问题反思等过程交还给学习者,由学习者根据自身的经验水平来完成学习任务。(2)教师少讲,学生多发现。教师要变革讲授式的习惯传统,改变"讲的越多,学生学习的

---

① 玛丽埃伦・韦顿.以学习者为中心的教学——给教学实践带来的五项关键改变[M].洪岗,译.杭州:浙江大学出版社,2006:35—36.

越多"的错误认识,教师要灵活运用多种教学模式,并鼓励学生积极探究学习的内容。例如,发现式教学、自主合作探究模式等都是这一原则的体现。(3)教师做更多的设计工作。由于教师不能够将全部的权利移交给学习者,学生也并非能够完全地主控学习过程的发生,教师的主要角色在于为学习者提供更多的设计工作,然后鼓励学生参与具体的实施进程。(4)教师应该做更多的示范工作。教师的工作职责还体现在为学生提供更多的范例,学生根据范例进行自主学习,如"范例教学"就是这一思想的一种体现。(5)教师应该给学生创造更多的互相学习、共同学习的机会。教学的过程既是学生学习的过程,又是教师学习的过程。教师和学生其实可以相互学习,所谓的"教学相长"就是这层意思。尤其是在多元的社会背景下,教师和学生可以互为指导。(6)教师要营造学习氛围。教师应设计和实施各种活动来创造和维持有助于学生学习的环境,还可以通过共同体文化(如学校文化、班级文化)的创设来营造有利于学习者为中心的学习氛围。(7)教师应做更多的反馈工作。教师应该投入更多的时间、经历和策略为学生提供及时、有效的反馈。

四、归回学习者的固有学习责任

无论教师如何改变,扮演何种角色,学习终究是作用于学习者身上的事,如果离开了学习者的参与,或者失去了学习者对学习的责任,那么再好的教学、再有利的外界支持也仍旧是徒劳的、无效的。当前,为了能够让学生参与到教学过程之中,我们设定了一些外在要求、规范和纪律等,如规定了学生上课能够做什么、不能够做什么,应该保持怎样的参与热情,应该什么时候完成作业任务,应该达到怎样的标准水平等,并用一些具有强制性或规定性的纪律条例、规则守则将上述要求以书面和公开的形式合法化地传达给每个学生。除了一些规章制度以外,教师也会通过一些外部动力来激发学生对学习的投入,如定期通过测验的方式来检测学生对学习内容的掌握程度,并以分数的形式给予他们一定的评价和反馈。当然,也会采用一定的惩罚措施来防止学生脱离学习任务,学生为了避免受到教师的惩罚,也会促使自己参与到学习活动当中。然而,以规定为基础的教学方法和依靠外部动力来维持的教学并不是最为有效的,这种方法虽然能够促使学生涉入学习活动当中,但其本质仍旧是外在的干预,容易使学生成为"被动的"学生。因此,在以学习者为中心的教学背景下,应该促使学生主动担负起对学习的责任,提倡学生学习责任意识的回归。根据齐默尔曼的研究,当学生承担起了对学习的责任时,学生就能够明白自己知道什么,想要什么,需要克服什么,换言之,学生逐渐成为自主的学习者。

在以学习者为中心的教学背景下,要促使学生学习责任的回归,就要创造有利于学生主动学习的学习氛围。教师能够通过一定的行为或措施影响学生的决定,可以设法强迫学生承担学习的责任和作为学习者成长和发展的义务,但是不能替代和控制学生。首先,要创造有利于学生学习的氛围,可以让学生也参与其中,例如:让学生描绘出他们理想的课堂是什么样子的;要建立这种理想的课堂教师应该做些什么,学生自身又应该做些什么;如果有些因素阻碍或是影响了这些课堂学习氛围的形成,应该采取怎样的解决策略和应对措施。其次,让学生承担学习责任的一种可取方式是鼓励学生参与到制订责任的决策过程中,明晰他们所享有的权利,同时把他们所应承担的责任以备忘录或正面的形式呈现给他们。再次,赋予学生自己解决问题的权利也是一种有效的措施,这就需要教师对学生的解决问题的实际能力有一定的了解,并向学生提供具有梯度性的、适合学生最近发展区的任务。

第三节　培养学生自主学习

自主学习,又被称为自我调整学习,它可以被看作一种学习方法、学习取向或一种学习范式。自主学习理论者相信,学习并不是发生在学生身上的一些事情,而是由学生所创生的事情。如果学习要发生,那么学生必须要在内在、外在两个层面上产生"前瞻式的投入"(proactively engaged)。因此要促使学生学会学习,形成一种自主学习的能力,需要从内在层面和外在层面着手,双管齐下,共同提升学生自主学习的意识和潜能。

一、建立多元取向的学习目标

任何学习都具有一定的动机和目标,而在当前的动机研究领域,目标取向(goal orientation)是透视学习动机的一个重要路径和视角。该视角把焦点置于探讨学习者从事学习工作的理由与目的上,而不是去分辨学生有没有动机。因为真正值得关注的并非是学习动机"有"和"无"的问题,而是学习动机取向的不同,所以探讨学习者不同的目标取向与其学习历程的关系才是研究者所应重视的议题。就学习目标而言,Ames(1984)及 Leggett(1988)的研究涉及两大目标取向,精熟目标(mastery goals)和表现目标(performance goals)。[①] Lau&Lee(2008)曾研究香港中学生的成就目标取向,结果显示,一方面学生的精熟目标取向是他们策略使用(strategy use)的最强预测因素,另一方面,学生的表现目标(较多自我偏向)和工具性取向(perceived instrumentality)对精熟目标和策

---

① 李子建,邱德峰.学生自主学习:教学条件与策略[J].全球教育展望,2017(01):47—57.

使用也有正面的影响。① 此外,学生所感知的精熟取向课堂环境(mastery-oriented class-room environment)与学生的精熟目标、表现目标和工具性取向的关系也较密切。这些结果引申出学生在竞争的学习环境下的多元目标取向,也彰显出工具性取向在香港社会中的重要性,因此教师在协助学生订立学习目标时,要兼顾学生的学习兴趣和学习带来的效果。学生在目标制订的过程中具有一定的功利性倾向,如果他们觉得学习任务有用,那么他们则表现出较强的行为动机且能够激发更多的学习策略。从文化角度分析动机和学习对自我调整学习的作用,如儒家文化强调教育成就、对孝道和权威的尊重、对情绪的自我控制,倾向于团体取向。自我调整技能可以通过社会模仿、社会引导和回馈及社会协作而获得,因此社会文化对自我调整技能的掌握有一定的作用。

从对学生学习目标的取向分类来看,学生在学习过程中往往持有不同取向的学习目标,因此,教师应注意学生的学习目标取向,可考虑采用多元的学习目标,包括外在的、实用的表现目标和强调兴趣学习的精熟目标。学习者的多元目标取向与其学习历程、学习结果之间有着紧密的联系,持不同目标取向的学习者在学习策略、兴趣、目标再设定、成功时的努力归因和失败时的难度归因上有差异。不同性质的目标取向也会对学习者的自我调整学习历程和学习表现有不同程度的影响。如学习者随着年级或年龄的增长,他们的工作价值、能力信念、期望成功、正向情感、讯息处理策略、后设认知策略、努力、工具性求助等自我调整变项呈现全面下降的趋势,但是在负向情感、逃避求助及自我障碍等与学习结果有负向联结的变量上却呈现出全面上升的趋势,学习者所持的多重目标可以调节其认知、动机、情感、行为等自我调整学习成分的下降趋势。此外,在学生的学业成就上,学生的学术目标取向比学术规划或学术目标订立对学生的学术表现的影响大,如果学生的学术目标取向与精熟目标(如读书为了学习的兴趣)较一致的话,这种取向对其学习成绩较为有利。只有当学生有较高的学习目标取向(academic goal orientation)分数时,学习目标的订立才会对成绩有正面的作用。因此,教师应注意学生学习目标取向的养成,以及强化学生对学术规则的重视。总而言之,多元化学习目标取向对学生自主学习的形成具有积极正向的影响,当前已有大量的研究印证了此见解,因此,应鼓励学生在学习过程中持不同的、多元化的目标取向,并引导不同学习目标取向下学生自主学习内在成分的提升。

二、制订富于个性的学习计划

假若自主学习不能陷入"顺从性的认知"(compliant cognition)的状态,那么便要突

---

① Lau K L,Lee,J C K. Validation of a Chinese achievement goal orientation questionnaire[J]. British journal of educational psychology,2008(02):331—353.

出"自主学习"内涵中有关"自我是整个历程中的'主体'(agent)"的概念。自主学习的理论和设计,若是缺乏一个具有"意愿"和"感受"的主体,那么这个模式就是冰冷和僵化的。Paris 提出"信念—需求—行动"的序列,强调自主学习的动态历程。这个含义就是,学生在一连串的学习任务中,经由各种的角色和认同,表现出"信念—需求—行动"的序列,自主学习的动态便在此历程中出现。基于"自我的主体性"的考量,Paris 等人(2001)在面向自主学习的设计时提出"教室经验的结构"(structure of classroom experiences)的观点。他们认为,教室经验的结构来自教室中进行的学习任务。促进自主学习的学习任务,应以"开放性的"(open-ended)设计为主,如小型项目、专题研习。专题研习的一个重点是推动学生自主学习、自我监控和自我反思,促进学生把知识、能力、价值判断与态度结合起来,并通过多元的学习经历建构知识。假若这些学习任务是"封闭式"的,强调竞争、背诵和管理,那么学生可能只会将学习任务视为"忙碌的事情",可能倾向成为"受管理的学习"(regulated learning)而已,因为在这种"顺从性的认知"中,"自我"可能并没有涉入其中。自主学习不能只当做一种"教授有效的学习策略的课程",而脱离了学生的目标、角色和认同。学生们在学业的行为表现以及行为的理由,必须要从学生"个人发展"的角度上来解释。①

从学校层面来看,要将自主学习落实到学校实践之中,制订个性化的学习方案是一种非常有益的方式。在建立自主学习方案时,首先,应框定自主学习方案的实施范畴,自主学习能力的养成不是某些特定学生才需要的学习经验,而是每个学生都应该体验到的学习历程。因此,在学校层面,自主学习应从学校整体环境的角度来思考,设计全校性的方案。其次,建立个人层次的学习计划。个人层次学习计划的定制,需要思考的是"自主学习如何发生"的问题。就我们当前的学校教育文化而言,学生的学习以传统的教师权威主导的方式为主,学生缺乏机会经历自主学习的过程,例如,思索自己的学习动机,进行自我的选择、规划和反思等历程,因此,基于自主学习内涵和 Paris 等人(2001)教师经验的结构主张,自主学习方案可以运用自主学习者的内在核心要素和学习活动设计的要件,设计出个人层次的自主学习架构。最后,教师和同侪提供的支持,可以起到协助学生维持"动机"和"后设能力"的作用,以促进"自我认同"逐渐发展。一个学习者假若能在此情境滋养之下,则较有可能产生自主学习的行为表现。②

三、创设适宜的小班教学环境

"自主学习"与小班教学有着密不可分的关系,要促使学生自主学习习惯的成功养

---

① 梁雲霞.从自主学习理论到学校实务——概念架构与方案发展[J].当代教育研究,2006(04):171—206.
② 梁雲霞.从自主学习理论到学校实务——概念架构与方案发展[J].当代教育研究,2006(04):171—206.

成,创设小班化教学环境至关重要。小班教学是一种教育理念,意在发挥"个别化、适应性及多元化"的教学精神,以满足个别学生学习的需求,实现因材施教。个别化主要体现为重视学生的个别差异,且不只是差异的事实,而是个别的变化与发展。适应性则是依学生的特质而给以适切的教育。多元化则强调整个教育活动中,除了要意识到学生特征的多元化之外,还应重视学习的多元化、教材教法的多元化以及评估的多元化等。多元化的目的主要是为了满足学生学习的不同需要,达成个别化与适应性的目的。小班教学的学生人数会保持在一个合理的区间,理论上来说,通过对学生人数的控制,教师与学生互动应会增加,教师有更多的时间可以关怀个别的学生,协助学生多元化的发展。小班教学主要有三个目标:(1)尊重学生个别差异,提供适切的教育机会;(2)改善班级师生互动关系;(3)提高教师教学品质,让学生将学习视为乐趣及主动探索的历程。[①] 在小班环境下,教师更应善用有利条件,为学生的自主学习提供必要的提示与策略。

小班教学能够让所有同学都可以充分参与"自主学习"的课堂。当前的教育现状是大部分班级人数过多,并不是每一名同学都可以在课堂上充分地发表自己的意见。小班教学能让学生有更多的空间和机会进行分组合作学习,让学生可以有更多的机会去实践自己所学。小班教学让教师可以在推行自主学习的同时,还能照顾学生的学习差异。实施小班教学还可以使"自主学习"的推行变得切实有效,当学生跟不上学习小组的学习进度或不明白课堂所学时,老师可以容易地察觉到,并立刻进行适当的引导,为学生不明白的地方做出解释,使每一名同学都能掌握所学。由此可见,自主学习可以让学生在老师的辅助下主持课堂,一方面可以让学生表现自己,另一方面则可以让教师从学生的表现中了解他们学了多少、掌握了多少。同时,小班教学能够使教师教学更具个别化、策略多样化,提升教师的士气,改善教育生态。在小班教学的实施下,教师的课程内容得以减少,教师可以腾出更多的时间,与每一个学习小组进行交流,为学生主持的课堂提供具体的意见,让他们能弄清主持课题的要点,同时亦可以确保他们的预习质量,继而提高他们主持教学的素质。要使教师从传统、单向的教学模式转而改变为以学生为本、互动的探究式学习模式,是需要教师真诚配合的。小班能够让教师产生大的实施"自主学习"的驱动,为不同水平的学生设计与自主学习有关的课程,如制作同程度的"导学案"(引学生进行课前备课的工作纸)等,让学生都可以享受"自主学习"课堂的乐趣。

四、寻求多重领域的策略支持

有效的学习者能够自发地发展有效的认知及后设认知学习策略,并弹性地评估其所使用的策略。根据 Zimmerman 与 Kitsantas(1997)的观点,自我调整的学习者具备三个

---

① 王金国.表现有效教学行为,发挥小班教学精神[J].国教辅导,2000(02):20—24.

条件,除了要有动机、能够对学习历程进行监控外,还要能使用策略。自我调整的学习者因以下两点而与一般学生有所不同:其一,能觉察学习策略的使用情形与学习结果之间的关联;其二,能够使用策略去达成课业目标。因而自我调整学习策略的主动使用是自我调整学习者的重要特征之一。而在 Pintrich(2000,2004)所提出的自我调整学习通用架构中,自我调整学习策略涉及了认知(cognition)、动机/情感(motivation/affect)、行为(behavior)与脉络(context)等四个主要领域。认知领域的学习策略包括学习者实际地选择与使用各种记忆、学习、推理、问题解决与思维的认知策略;动机/情感领域的学习策略包括一些用以调整情感状态与维持学习动机的策略,如正向自我对话、外在目标的唤起、建立内外在兴趣与任务价值等;行为领域的学习策略包括调整努力投入的程度、坚持或放弃、表现求助行为与时间管理等;脉络领域的学习策略包括能塑造、控制与建构其学习环境的各种策略,针对学习任务进行任务协商等。

根据已有研究者所归纳的自主学习介入领域,我们将自我调整学习策略区分为认知、动机/情感、任务、环境、时间以及求助资源等六大面向,并试图从该六个面向促进学生的自主学习[①]:

(1)认知领域的自我调整学习策略。它包含认知策略与后设认知策略。认知策略是指为促进认知信息的选择、获取、建构与整合的复诵、组织化与融会的策略。后设认知是指个人有能力觉察与调控自己的认知历程与认知的结果,包括学生在学习前对认知策略的使用进行规划的计划策略,学习中监控自己对学习材料的了解与吸收程度的监控策略,以及在学习过程中随时调整自己的学习技巧、步骤与速度的调整策略。

(2)动机/情感领域的自我调整学习策略。它是一系列能使学习者持续投入学习活动、提升学习动力的过程与方法,包括透过正向自我对话提升自我效能、安排自我奖惩、唤起外在目标、增加内在兴趣、保持精熟目标导向、提升课业任务价值、使用自我肯定策略、采用自我对话以控制负向情感与焦虑、召唤负向情感与防御性悲观等。

(3)任务领域的自我调整学习策略。在课业学习中,学生往往需要接触各种不同性质的课业学习任务,依科目性质或教师要求而有所不同。对于学习者而言,任务的调整比起其他向度的调整更为困难,因为有时候任务的性质并非学习者可以直接控制。在进入学习历程前,学习者主动地对与任务有关的信息进行充分了解,知悉任务的难易度、进行方式、考试或评分标准等。学生有时候会试图与老师进行任务协商,即向老师争取降低任务要求以使课业任务更容易执行与完成。

(4)环境领域的自我调整学习策略。环境指的是学习者在进行学习或研读活动时所处的物理空间。高学习成就的学生比低学习成就的学生更常进行读书环境的重整。环境重整意味着学生须为其每日进行的学习活动安排一个安静且不受干扰的读书环境,包

---

① 陈志怀,林清文.国中学生自我调整学习策略量表之编制及效度研究[J].辅导与咨商学报,2008(02):1—36.

括能够辨识影响读书专注力的干扰来源,选择不受外界打扰的读书地点,主动整理书桌,移除令人分心的事物,以及决定是否与他人一同读书等。

(5)时间领域的自我调整学习策略。时间管理的能力与课业学习表现有明显的正向关联,且时间管理行为能够预测学生所知觉的课业学习压力。时间管理策略包括:设定目标、切割任务、排定优先级、使用零碎时间、评估与计划每天的时间、列出待办事项清单、写下备忘录或随身携带笔记簿等。学习者需能觉察其时间使用状况,思考与计划如何运用时间,使用各种策略掌控与调配时间,方能提高学习效率。

(6)求助资源领域的自我调整学习策略。它指的是学生在学习过程中能与他人合作或求助于社会或非社会性资源。研究认为,学习成就越低者,其对外寻求协助的需求就越大,但表现出较少的求助行为。在学习过程中,学习者必须评估自己寻求或接受帮助的需要程度,且知道在学习环境中有哪些人或资源可以为自己提供帮助,并主动地请求协助。当遇到课业学习困难时,自我调整学习者的求助对象包括教师、同侪与父母,一些环境资源(如互联网、参考书籍以及文具等)也可以帮助学习者解决课业难题。好的自我调整学习者除了知道向谁求助外,也知道何时、为何以及如何求助。

第四节　建立个性化学习

个性化学习是实现学生作为学习者身份的绝佳途径,个性化学习是有别于传统学校教育下的学习新范式,它实现了正式学习和非正式学习的有机结合,采用了灵活多样的途径,学习内容的呈现方式也不再是静态的文本,而是以数字化和交互性资源为主。更重要的是,个性化学习在时间和空间上体现出了"灵活多变"的特点,学生可以根据自身的需求、兴趣及知识掌握情况等自定学习步调,实现由教师教授下的学习向教师协作下的自主学习转变。要促进学生的个性化学习,可从以下几个方面进行考量。

一、借力科技的多方支撑与协助

科学技术是个性化的一个关键组成部分,它使个性化学习成为可能。技术至少可以从三个层面改变传统的学习实践:其一,提供高质量的、可选择性的教育内容。在传统的学校教育当中,教育内容的选择与编排往往是比较严密和系统的,需要经过专门的筛选,然后以特定的方式和顺序呈现在教材当中,然而这种以纸质材料为载体,以书本知识为呈现形式的教学内容不可避免地具有一定的封闭性和滞后性。现在学习者的学习不仅是多样的,更是个性的、及时的,因此这就需要借由一定的科技手段作为支撑。例如使用平板电脑、智能手机和笔记本电脑等科技设备让学习者获取他们想要的信息和教育内容,这些内容能够在很大程度上满足他们的多元化需求。其二,给予教师更多的灵活性。在科学技术的帮助下,教师有可能改变以往的教学模式,如教师可以借由科技设备或产品,对学生给予更加有效的反馈,检测学生的学习变化情况,评价学生的学习结果等,教师可以通过学生数据发现学生在学习中所面临的共性问题,也可以对个别学习者所遭遇的难题给予及时的帮助。教师可以根据每个学生的风格和特点,制订个性化的学习路径,并追踪学生的发展变化情况。此外,在科技媒介的支持下,尤其在学生评价方面,教师能够让学生也参与其中,并提供客观、及时、精确的评价结果反馈,学生的主体性也能得到发挥。其三,促进交流与合作模式。一般而言,教学过程中的交流互动主要表现在教师与学生之间以及学生与学生之间,且这种交流互动多以面对面的方式为主。尽管这种方式能够使师生、生生双方获取详尽的信息,但是这种方式有着明显的时空限制,且参与者缺乏主动性。在科学技术的帮助下,教师和学生之间的互动既可以是传统的面对面式的互动,也可以是一种虚拟互动,如教师和学生借由一定工具、多媒体设备等实现实时互动、分享信息等。言下之意,互动不仅发生在课堂中,在课堂之外交流互动也可以时时发生。在合作层面,科技手段的介入使师生合作、生生合作模式更加创新和多样。如线上合作与线下合作相结合,基于问题解决和兴趣的合作,小组成员来源可以是多样的,且不受时间和距离的限制。

二、提倡学生参与学习路径定制

学习路径是学习者在学习过程中选择或被选择的一系列概念和活动的序列集合。在当前的教育系统中,大部分学生的学习路径基本上是统一的、一致的,主要是由教学设计者(如教师)预前设定好的。要使学习者都能实现有意义学习和高效学习,就需要基于学习者的知识和能力基础,分析其学习过程特征,生成满足其能力发展的个性化学习路径。个性化学习路径即意味着每个学生的学习方式和学习进程并不是统一的或一致的,而是紧密地与学生的发展特点、能力的掌握情况结合在一起的。该路径实现了对学习内容和学习活动的有机组合,满足了学习者最近发展区的需求,并由学习者根据自身自定学习步调。学生的个性化学习路径需要基于一定的数据作为支撑,因此这就要求教师和学生实时存取有意义的数据,以更好地提升每个学生的学习体验。在传统教育模式中,数据引用主要是指学业测试数据。个性化学习扩大了数据的定义,它包括学生的学习风格偏好,教学方法和成绩之间的相关性,学生的兴趣,以及其全部的个人信息。有了这些定期的、有深度的可用数据,采用特定的算法,通过复杂的平台和数据系统就可以转换成可用信息。教学技术的进步也将开发出更多复杂的学习平台和数据系统,不仅能更有效地明确学生的需要,还能更有效地方便教师对学生学习情况的把握,从而有利于教师为学生自主调整学习路径提供必要和准确的协助。此外,在整合理论、技术、数据等资源的基础上,结合未来智能教育云服务平台的使用来分析学生的学习动态并生成学习路径,实现个体能力的迅速增长。以上目标的实现离不开技术的支撑,技术的应用能为学生提供符合自己内容及格式要求的资源、工具、服务及其索引方式,为教师提供资源与工具的修改方式以追踪学生学习进展。技术还能弱化教师与学生之间的角色差异,让学生体验多种多样的教学模式与风格,增强真实及虚拟环境中师生交流互动的机会,实现互动式教学。

三、提供灵活及自主的课程选择

课程是一个意涵十分丰富的概念,一切旨在促使学生身心全面发展的教育性经验都可被视为课程①,无论是教师还是学生都应该对课程秉持一种开放的姿态。而对任何一种模式的个性化学习来说,选择什么样的课程学习都是至关重要的。在个性化学习当中,学习者可以自主地选择课程甚至创建课程,决定学习进程,并根据自己的学习目的制订实施学习活动的计划等。技术的应用能够增强课程的灵活性,为学生提供更多、更能满足他们需求及兴趣的课程。一方面,课程内容更加丰富全面广泛。个性化的学习需要访问全面的课程资源来满足广大学生的学习方式、水平和兴趣,而以教材等纸质载体为主的课程内容只是学生学习的一部分。从布鲁纳的视角来看,正规的学校课程应该为学习者提供以学科知识基本结构为主的内容,因为在有限的时间内采用一定的学习方式,对学科知识基本结构的掌握相对而言是最有效的。然而,正规课程毕竟只是学生经验来源的一个组成部分,而非课程内容的全部,还有其他很多对于学生而言非常重要的课程内容学校正规课程并未能够顾及。学生所需要的知识是多元的,这些多元化的信息和知识存于课本、教材及课堂以外的方方面面,借由技术协助这些知识能够成为课程内容的一部分。另一方面,课程呈现形式较为灵活多元。传统的课程呈现形式较为单一,有着较为固定的课程组织形式,如主要是纸质载体为主,且一旦成型之后较难以变动,难以适应不断变化的社会和学习者的需求。而个性化学习的课程呈现形式非常多元,除了传统的课程呈现形式之外,电子课程资源成为学习者的主要课程形式,这些电子或数字课程资源主要是以科技设备为载体,不仅课程内容丰富、更新速度快,而且学习者也可以在不同的课程材料之间进行灵活切换、自主选择,以满足他们的独特需要。如当前的移动设备(平板电脑、手机、笔记本电脑等)都可以用来作为课程展示的平台,学生可以随时随地访问课程资源,以满足自身的个性化需求。

---

① 新玉乐.课程论(第二版)[M].北京:人民教育出版社,2015:46.

四、建立差异性的学习评估模式

学习评价是教师工作的重要组成部分,它既是对学生学习效果的一种反馈,又可为教师的教学改进提供导向,它在一定程度上影响着教学过程。一般而言,学习评价是指"对学习的评价"(assessment of learning),这是一种由教师或评价专家所主导,以考试或测验为主要手段,借由量化的方式呈现评价的结果的一种评价。个性化的评价是一种差异性的评价,评价的目的不在于检测学生取得的共同进步情况,而在于促进学生的个性化发展。因此,评价的依据不单一,评价的时间和方式也变得灵活多样,是基于每个学习者自身的学习情况而定的。对于学校而言,学校必须建立严谨的跟踪评估体系。在这一体系内,学校能够在一个全体教师都可以访问、操作稳定的学校系统内管理学生数据,通过老师的定期评估、测试成绩等跟踪学生学习进度,定期(如每学期)收集数据供师生及家长共享。这就需要每所学校都建立一套系统化的、符合学生需求的评估体系对学生进行定期、有效的成绩评估及跟踪。对学习者自身而言,他们可以参与到评价过程之中,如进行自我评估、学生互评等,这就打破了教师对学生统一评价的垄断状态,学生可以在评价过程中逐渐发展一种反思意识和能力。评价本身即是一种学习的过程,也即"评价即学习"(assessment as learning)。[①] 当然,除了学生自评以外,学生也可以借由计算机协助评估,基于计算机的评价可以对学习者的学习数据进行保存和记录,并能够对学习者在知识点掌握、错题难度、成绩进退步、偏科情况等方面进行评价诊断,并通过可视化方式呈现给师生。这种评估往往能够为学生提供及时、准确、客观的信息,避免评价过程中出现的主观性偏差。学生参与的个性化学习评价可以让学生及时地了解自身的学习状态,自定学习步调。总的来说,无论采取哪种评价形式,都需要准确把握每个学生的进展动态、不同需求,因为它们的目的都是为帮助学生了解自身的学习进展情况以及达成设定的学习目标,帮助教师根据每个学生的进展情况提供出更准确的教学支持与服务。

---

① Earl L M. Assessment as learning: using classroom assessment to maximize student learning[M]. Thousand Oaks CA:Corwin Press Inc, 2013:149.

结　语

　　在变动不居的时代,学习永远是应对变革最为便捷、最为有效的方式,学习不仅是个体应该具备的一种能力,更应该是一种生活姿态和生活方式。尤其是在终身学习背景下,它总是无处不在,并以一种个性、开放、多元的方式随时随地发生。前文已多次提及,在未来的学习型社会中,学习者身份将是人们的一种新的身份图像,同时也只有学习者身份才能够促使终身学习型社会愿景的达成。因此,学校教育理应有所变革,并保持一种对未来社会发展趋势的前瞻和敏感。具体到教育教学实践层面,就是要积极地促使学生向学习者的转变,建构学生作为学习者的身份。学习者身份是个体在学习活动中逐渐形成的对自我作为学习者意义的感知与认同,也是个体在不同的学习情境下(正式的或非正式的)主观学习经历持续不断地建构的产物。学习者身份概念的提出以及学生作为学习者的身份具有重要的现实和理论层面的价值,一方面,其可以促使教师和学生观念上的改变。例如:当学生认识到自我是一名学习者时,他们会自主学习并对自身的学习负责;当教师认识到学生是一名学习者时,他们会改变自身知识传授者的角色,而在学生学习过程中扮演促进者、指导者和协助者的角色。另一方面,学生作为学习者的身份扩大了学习的概念意涵,将学生的学习从学校教育、课堂教学中解放了出来,赋予了学习个性化、开放性、多元化及包容性的特征。当学生以学习者身份自居时,他们的学习不再是对教师教学的一种被动回应,而是会采用多种方法、借由多种途径进行学习,如基于场所的学习、日常生活中的学习、电子学习、基于网络的学习等。总之,他们的学习是一种非常个性化的学习。同时,学习者身份的提出也丰富了身份的理论和身份的多样性,在社会文化学的视角下,学习者身份作为一种文化符号也具有概念工具的价值潜能。

　　既然学习者身份如此重要,为了能够使得学习者身份的这种工具价值潜能得到更好的发挥,我们需要对学习者身份进一步概念化,即从理论层面分析学习者身份的基本结构要素,并建构其理论模型。通过对学习理论和身份理论的梳理,以及对二者之间内在关联的分析,我们发现认知感、动机和情感、意义、话语和行为、归属感以及已有学习经历等六个成分可被视为学习者身份的基本结构要素。学习者身份的理论维度也可以从个体与社会维度、时间与空间维度以及稳定与变革维度三个层面获得理解。在个体维度层面,学习始终是发生在学习者头脑之中的意义建构过程,任何学习活动的发生都离不开学习者的大脑、注意力、认知风格、已有学习经验等的参与,因此,学习是一种个体性的行为,学习者身份具有个体性的一面。在社会维度层面,学习又是发生在与他人(如教师、父母、同伴、机器等)、与环境(课堂环境、教师环境、学校环境、社区环境等)的互动过程之中,在这种社会性的互动中,学习者的社会性得到了充分发展,包括合作技能、团队意识、交流能力、沟通技巧、同理心、责任感等。学习的社会属性使学习者身份也具有社会性的一面,学习者总是在某种程度上属于某个或多个学习共同体,他们在其中承担了一定的社会角色,这种共同体既定义了个体性的学习者身份,也定义了社会性的学习者身份。在时间维度层面,学习总是一种逐渐参与、逐渐习得的过程,从身份的角度来看,它是一种由浅入深、由新手到熟手、由边缘向中心过渡的过程。莱芙和温格等人认为,学习是一种"合法的边缘性参与"的过程,即随着时间的推移,学习者在某个共同体中的参与程度不断加深,学习者既获得了知识和技能层面的增长,也获得了意义的建构,形成了某种合法的、具体的身份。在空间维度层面,由于学习环境具有较强的情境性,即在不同的情境、不同的场合中,学习环境对身份建构的影响是有所不同的。在相对封闭保守的学习环境和以教师为中心的学习环境中,所建构的学习者身份不可避免地带有被动的特征,表现在学生的学习方面,学生难以充分地彰显出自主性和主动性,他们的学习总是被牵引着发生。而在较为开放的、以学生为中心的学习环境中,所建构的学习者身份是一种主动的概念,学生能够自主学习,对自身的学习负责。在稳定维度层面,学习者身份是一种稳固的身份,它是在长期地、持续不断地从事学习活动中所形成的身份,只要个体具有一定的学习动机,能够投入一定的情感参与到学习活动当中,能够进行自主学习并获得意义的建构,那么这种学习者身份将会随着学习活动的不断发生而得到巩固。在变革维度层面,任何身份既具有稳定性,也具有变革性,尤其是在当前变动不居的社会背景下,个体已有的身份必然面临着诸多的挑战,其中有些身份在各种冲击中或是环境变革中逐渐消解。学习者身份正如其他类型的身份一样,也有遭遇变革的可能。

理论层面的探索需要以实证的方式加以验证,因此,随之展开了对学生作为学习者身份的形成过程的实证研究。实证部分主要是采用叙事研究的方式进行,并以四个大学生样本为研究对象,并对他们作为学习者身份的发展历程及变化特征进行了较为深入的描述。研究发现:(1)学生对"我是一名学习者"的认知感是构成其作为学习者身份的核心要素;(2)由学生到学习者的转变,实质上是一个由接受"他人认知"到建构"自我认知"的转变;(3)学生到学习者的转变实质上是一个由被动学习到自主学习的转变过程;(4)由关注学习本身走向关注人的发展是学习者身份形成的标志;(5)学生的已有主观学习经历是学习者身份建构的前提基础;(6)在学校教育中,教师是影响学生作为学习者身份建构最为显著的"重要他人"因素;(7)"合法的边缘性参与"可以被用来描述学生作为学习者身份的形成轨迹。通过以上诸多层面的分析探究,最后提出了优化和建构学生作为学习者身份的策略路径,其可由以下四个部分来实现:其一,转变教育主体的角色认知;其二,坚持以学习者为中心的教学;其三,培养学生自主学习的意识能力;其四,实现个性化学习的支持。

参考文献

[1] EARL L M. Assessment as learning：using classroom assessment to maximize student learning[M]. Thousand Oaks CA：Corwin Press Inc,2013.

[2] FINK L D. Creating significant learning experiences ：an integrated approach to designing college courses [M]. Somerset：John Wiley & Sons Inc, 2013.

[3] GEE J P. Identity as an analytic lens for research in education[J]. Review of Research in Education，2009(01)：99—125.

[4] GORARD S,REES G. Creating a learning society? learning careers and policies for lifelong learning[M]. Bristol：The Policy Press, 2002.

[5] 莱夫,等. 情境学习：合法的边缘性参与[M]. 王文静,译. 上海：华东师范大学出版社,2004.

[6] JONES S R,MCEWEN M K. A conceptual model of multiple dimensions of identity[J]. Journal of College Student Development，2000(04)：405—414.

[7] LAU K L,LEE J C K. Validation of a Chinese achievement goal orientation questionnaire[J]. British Journal of Educational Psychology，2008(02). 331—353.

[8] PASUPATHI M,MANSOUR E,BRUBAKER J R. Developing a life story：constructing relations between self and experience in autobiographical narratives [J]. Human Development，2007 (02/03) ：85—110.

[9] ERTMER P A,NEWBY T J. 行为主义、认知主义和建构主义(上)——从教学设计的视角比较其关键特征[J]. 盛群力,译. 电化教育研究,2004(03)：27—31.

[10] SFARD A. On two metaphors for learning and the dangers of choosing just one[J]. Educational Researcher ,1998(02)：4—13.

[11] HEICK T. Clarifying the difference between students and learners[EB/OL]. (2018-05-08)[2020-05-02]. https:// www. teachthought. com/learning/clarifying－the －difference－between －students－and－learners.

[12] WENGER E. Communities of practice：learning, meaning and identity[M]. Cambridge：Cambridge University Press,1998.

[13] 德波顿. 身份的焦虑[M].陈广兴,南治国,译. 上海：上海译文出版社,2004.

[14] 焦尔当. 学习的本质[M]. 杭零,译. 上海：华东师范大学出版社,2015.

[15] 巴赫金. 诗学与访谈[M]. 白春仁, 顾亚玲, 译. 石家庄: 河北教育出版社, 1998.

[16] 弗莱雷. 被压迫者教育学(修订版)[M]. 顾建新, 等译. 上海: 华东师范大学出版社, 2014.

[17] 蔡继乐, 董鲁皖龙. "提升学生学习力为明天准备人才"——访十九大代表、北京十一学校校长李希贵[N]. 中国教育报, 2017-10-24(03).

[18] 曹永国, 韩绮君. 人的终结和教育目的: 后现代主义的现代意蕴[J]. 湖南师范大学教育科学学报, 2006(01): 5—10.

[19] 曾荣侠, 李新旺. 试论自我效能感对学生学业成就的影响[J]. 教育研究与实验, 2003(04): 53—55.

[20] 陈志怀, 林清文. 国中学生自我调整学习策略量表之编制及效度研究[J]. 辅导与咨商学报, 2008(02): 1—36.

[21] 程毅. "将身份放入话语中": 从话语维度谈当前身份研究的现状及趋势[J]. 文艺评论, 2016(03): 43—48.

[22] 申克. 学习理论(第六版)[M]. 何一希, 钱冬梅, 古海波, 译. 南京: 江苏教育出版社, 2012.

[23] 卡尔. 教育的意义[M]. 徐悟, 译. 北京: 中国人民大学出版社, 2015.

[24] 费梅苹. 行为主义理论及其研究范式「J]. 华东理工大学学报(社会科学版), 2000(04): 61—65.

[25] 冯丽. "互联网＋教育"助力终身学习新时代[N]. 中国教育报, 2017-12-05(07).

[26] 汉语大字典编辑委员会编纂. 汉语大字典(第二版)[Z]. 武汉: 崇文书局, 2010.

[27] 霍涌泉, 宋佩佩, 陈小普, 等. 试论布鲁纳晚年的心理学研究转向及其学术意义[J]. 心理学报, 2017(03): 416—426.

[28] 布鲁纳. 教育过程再探[J]. 邵瑞珍, 译. 教育研究, 1979(01): 61—66.

[29] 靳玉乐. 课程论(第二版)[M]. 北京: 人民教育出版社, 2015.

[30] 科学发展观丛书编委会. 建设学习型社会[M]. 北京: 党建读物出版社, 2012.

[31] 夸美纽斯. 大教学论[M]. 傅任敢, 译. 北京: 人民教育出版社, 1984.

[32] 李子建, 邱德峰. 实践共同体: 迈向教师专业身份认同新视野[J]. 全球教育展望, 2016(05): 102—111.

[33] 李子建, 邱德峰. 学生自主学习: 教学条件与策略[J]. 全球教育展望, 2017(01): 47—57.

[34] 李子建, 尹弘飚. 课堂环境对香港学生自主学习的影响——兼论"教师中心"与"学生中心"之辨[J]. 北京大学教育评论, 2010(01): 70—82.

[35] 李子建. 校本课程发展、教师发展与伙伴协作[M]. 北京: 教育科学出版社, 2010.

[36] 联合国教科文组织国际教育发展委员会.学会生存——教育世界的今天和明天[M].北京:教育科学出版社,1996.

[37] 梁云霞.从自主学习理论到学校实务——概念架构与方案发展[J].当代教育研究,2006(04):183—184.

[38] 刘静波.微学习:面向未来的学习方式[N].中国教师报,2012-10-10(014).

[39] 罗素.西方哲学史(上卷)[M].何兆武,李约瑟,译.北京:商务印书馆,1963.

[40] 马克思,恩格斯.马克思恩格斯全集(第二十卷)[M].北京:人民出版社,1971.

[41] 韦顿.以学习者为中心的教学——给教学实践带来的五项关键改变[M].洪岗,译.杭州:浙江大学出版社,2006.

[42] 富兰.变革的力量——透视教育改革[M].中央教育科学研究所,加拿大多伦多国际学院,译.北京:教育科学出版社,2004.

[43] 潘颖,李梅.班级规模与学生发展的问题研究[J].东北师大学报,2006(06):159—163.

[44] 裴娣娜.学习力:诠释学生学习与发展的新视野[J].课程·教材·教法,2016(07):3—9.

[45] 彭佳.论意义的双向性与贯通:一个符号现象学观点[J].福建论坛(人文社会科学版),2015(10):112—119.

[46] 邱德峰,李子建.学习者身份的意涵及教育价值探析[J].国家教育行政学院学报,2018(08):86—94.

[47] 邱德峰.边缘学生的形成及转化策略[J].黔南民族师范学院学报,2013(01):56—59.

[48] 宋善炎,丁向阳."有意义学习"与"有意义的学习经历"[J].教育科学研究,2010(03):63—65.

[49] 陶丽.师生机体论——机体哲学视域下师生关系的建构[D].西南大学,2017.

[50] 涂阳军,陈建文.先前背景知识、兴趣与阅读理解之关系研究[J].心理研究,2009(03):84—89.

[51] 汪凌."学生身份"的社会学思考[J].全球教育展望,2010(10):64—68.

[52] 王广新.网络环境下学习空间的特征分析[J].电化教育研究,2000(02):58—62.

[53] 王红艳.新手教师在学校实践共同体中的学习[M].重庆:重庆大学出版社,2012.

[54] 王继新,郑旭东,黄涛.非线性学习空间的设计与创建[J].中国电化教育,2010(01):19—22.

[55] 王金宝.后现代视角中的人的主体性及其困境[J].人文杂志,1997(04):

23—27.

[56] 王金国. 表现有效教学行为,发挥小班教学精神[J]. 国教辅导,2000(02):20—24.

[57] 王俊文,张野. 师生关系对学生学习与心理发展影响研究——以初中教师与学生关系为例[J]. 沈阳师范大学学报(社会科学版),2007(03):135—138.

[58] 文一茗. 身份:自我的符号化[J]. 山东社会科学,2017(08):61—66.

[59] 雅斯贝尔斯. 什么是教育[M]. 邹进,译. 北京:生活·读书·新知三联书店,1991.

[60] 阳泽. 论学校归属感的教育意蕴[J]. 中国教育学刊,2009(07):31—34.

[61] 伊列雷斯. 我们如何学习:全视角学习理论[M]. 孙玖璐,译. 北京:教育科学出版社,2014.

[62] 逸凡点校. 唐宋八大家全集(第1卷)·韩愈[M]. 广州:新世纪出版社,1997.

[63] 于泽元. 杜威与实用主义教育思想[J]. 今日教育,2007(03):24—25.

[64] 于泽元. 面向生命的教育[J]. 今日教育,2007(06):40—41.

[65] 张韵. "互联网+"时代的新型学习方式[J]. 中国电化教育,2017(01):50—57.

[66] 赵健. 学习共同体——关于学习的社会文化分析[D]. 华东师范大学,2005.

[67] 赵显通. 再谈教育目的——约翰·怀特教授访谈录[J]. 高等教育研究,2016(02):1—5.

[68] 朱永新,徐子望,鲁白,等. "人工智能与未来教育"笔谈(上)[J]. 华东师范大学学报(教育科学版),2017(04):15—30.

[69] 佐藤学. 学习的快乐——走向对话[M]. 钟启泉,译. 北京:教育科学出版社,2004.

[70] 于泽元,田慧生. 让教师走上充满意义的课程改革旅程[J]. 教育研究,2008(10):47—52.

[71] 本书编写组. 十八大报告辅导读本[M]. 北京:人民出版社,2012.

[72] 《党的十九大报告辅导读本》编写组. 党的十九大报告辅导读本[M]. 北京:人民出版社,2017.

附　录

附录1:第一次访谈提纲

1.基本信息

姓名、年龄、专业、家庭所在地、父母职业等。

2.访谈题项

请你描述一下小学时期的学习经历?

请你描述一下初中时期的学习经历?

请你描述一下高中时期的学习经历?

请你描述一下大学时期的学习经历?

你更喜欢哪个时期的学习经历?为什么?

请谈谈你对学习的意义的理解与看法?

请谈谈你是如何看待现在的学习和过去的学习?

请谈谈你对"学生"这个角色的理解与认识?

请谈谈你对"老师"这个角色的理解与认识?

请谈谈你对"学校教育"的看法和认识?

请谈谈你对升学考试的理解和看法?

请谈谈你对现在的自己和过去的自己的看法和认识?

学习过程中发生了哪些比较难忘、印象深刻的事情?

在不同学习阶段你的学习目标是什么?

在不同学习阶段你的学习动力有哪些?

你觉得哪些人对你的学习影响最大?为什么?

你觉得影响学习最重要的因素有哪些?为什么?

理想中的自己是什么样子的?

附录2:第二次访谈提纲

你对自己当前的学习整体情况满意吗?为什么,请举例说明。

你觉得自己的学习目标是否清晰?你制订学习目标的主要依据是什么?你觉得自己的目标是否能够实现?影响你实现目标的因素有哪些?

你觉得自己的学习更偏向于主动还是被动？为什么？

你的学习动力是什么？内部因素偏多还是外部因素居多？有没有发生过变化？

你比较喜欢哪种学习方式？为什么？

你觉得自己在哪方面的学习投入最多？为什么？请举例说明。

你认为别人对你的看法重要吗？你觉得哪些人更能对你的学习产生影响？为什么？

学习中有没有失落、孤独、无助的时候？你是如何面对的？你觉得对自身有何影响？

学习中有哪些开心的时刻，你觉得对自身有何影响？

你觉得学习有哪些途径？你觉得哪些途径比较好？为什么？

你最喜欢哪些课程？为什么？

你觉得小学、初中、高中和大学时期的学习有什么不同？

在小学、初中、高中和大学时期，老师对你有哪些评价？对你有何影响？

在什么样的情况下你觉得学习是一件快乐的事？在什么时候你又觉得学习是一件无趣或是痛苦的事？

你觉得师生关系是否会对你的学习产生影响？为什么？

你觉得同学/同伴是否会对你的学习产生影响？为什么？

你觉得学校文化/班级氛围是否会对你的学习产生影响？为什么？

你有哪些其他学习经历？有哪些收获？对你的学习有哪些影响？

你对自己有何评价？

你对未来有什么计划和期望？